KB190946

삶을 위한 요한계시록 강해 1

월드뷰 | 세상을 바로보는 글 04

삶을 위한 요한계시록 강해 1

저 자   이우제

발행인   김승욱
편 집   이영진
디자인   이영진
발행처   주식회사 세상바로보기
초판발행   2021.11.30.
출판등록   2020년 1월 31일 제 2020-000008호
주 소   서울 용산구 이촌로2가길 122, 103-1402
문 의   전화 02-718-8004 / 010-5718-8404
         E-메일 editor.worldview@gmail.com
홈페이지   http://theworldview.co.kr

ISBN 979-11-969723-8-7
값 17,000원

이 책은 저작권법에 따라 보호받는 저작물이므로 무단전재와 복제를 금지하며, 이 책의 내용의
전부 또는 일부를 이용하려면 반드시 저작권자와 주식회사 세상바로보기의 서면 동의를 받아
야 합니다.

파본은 구입하신 곳에서 교환해 드립니다.

삶을 위한 요한계시록 강해 1

이우제 지음

세상바로보기

주식회사 세상바로보기는 성경적 세계관에 기초
하여 삶의 각 분야를 조명하고 교회와 사회를 섬
기는 문서사역을 위해 설립된 출판사입니다. 기독
교세계관 정론지 **월드뷰**를 매월 발행하고 있으며,
YouTube에서 **월드뷰TV**를 운영하고 있습니다.

나의 요한계시록 강의와 설교에
함께한 모든 분께

목차

우리는 지금 전대미문의 위기의 시대를 살고 있다. 누구도 예상하지 못했던 코로나19의 역습으로 전 세계는 공포와 두려움에 떨고 있다. 그나마 백신의 개발로 코로나 종식에 대한 실낱같은 희망을 품고 있지만 아무래도 '위드 코로나(with corona)' 시대를 준비해야 한다는 것이 전문가들의 중론이다. 이쯤해서 다음 질문을 하지 않을 수 없다. 코로나와 함께 살아가야 하는 시대 속에 교회는 어디로 가야 하는가? 어떤 신앙을 회복해야만 코로나로 인해 더욱 심화된 교회적 위기를 돌파해 나갈 수 있을 것인가? 저마다의 처방과 해법을 내놓겠지만, 근본적인 논의를 위한 출발점은 성경이 말하는 신앙과 삶의 방향성을 점검하는 것에 모아져야 할 것이다.

성경은 신자 된 우리들이 어떻게 살아야 한다고 말씀하고 있는가? 다소 생소하게 들릴지 모르지만 성경은 신자들에게 '종말 신앙' 혹은 '종말론적인 삶'을 요청하고 있다. 종말론적인 삶이란 단지 죽음 이후에 가게 될 영원한 하나님의 나라에 대한 소망을 품고 살아가는 것을 의미하지 않는다. 또한 현실의 고난과 어려움을 애써 외면하기 위해 온통 다음 세상의 도래를 갈망하며 살아가는 것도 아니다. 그렇다고 해서 "낮에나 밤에나 눈물 머금고 내 주님 오시기만 고대합니다."라는 찬송을 부르며 하늘을 바라보는 몽상가가 되어야 한다는 의미는 더더욱 아니다.

오히려 성경이 밝히고 있는 종말신앙이란 우리의 관심을 '하늘'이 아니라 '땅'에 두는 삶을 말한다. 그저 하늘에 대한 향수에 젖어서 살아가는 것이 아니라, 잃어버린 세상을 향한 증인의 사명을 감당하는 것이다. 사도행전 1장의 예수님의 승천 기사가 이 점을 잘 말해주고 있다. 예수님이 승천하시는 광경 앞에 멍하니 하늘만 응시하고 있던 제자들에게 두 천사가 등장하여 왜 하늘을 쳐다보고 있느냐고 질책한다. 두 천사의 책망을 통해 알게 하시는 교훈은 분명해 보인다. 제자들에게 요구되는 것은 결코 피안의 세계에 대한 동경이 아니라, 승천과 재림 사이에 예수 그리스도의 증인이 되는 것이다. 여기서 강조하는 종말 신앙의 핵심은 미래에 하나님 나라로 가는 것이 아니라, 현재 이곳에서 하나님 나라를 힘 있게 살아가는 것이다. 오늘을 하나님의 나라의 증인으로 살아내는 것이다. 물론 증인이 된다는 것을 너무 거창하게 생각할 필요는 없다. 증인이 된다는 것이 모든 신자들이 예외 없이 복음 전도자(euangelistai, 유앙겔리스타이)가 되라는 것이 아니라, 복음(euangelion, 유앙겔리온)이 되라는 뜻이다. 우리들이 살아가고 있는 지금-여기(now & here)에서 복음 자체가 되어 그리스도의 향기로 드러나는 것을 말한다. 이러한 측면에서 우리 시대 가장 탁월한 설교자 가운데 한 사람인 존 오트버그(John Ortberg)는 그의 책, "인생, 영생이 되다"에서 다음과 같이 말하고 있다.

구원의 핵심은 우리를 천국으로 데려가는 것이 아니라, 천국을 우리에게로 가져오는 것이다. 구원의 핵심은 장소 이동이 아니라, 삶의 변화다. 구원의 핵심은 하나님이 '내게' 해 주시는 일이 아니라, 하나님이 '내 안에서' 하시는 일이다. 구원의 핵심은 하나님 나라의 삶이 한 번에 한 순간씩 내 작은 삶 속으로 스며들게 만드는 것이다.

다소 장황(?)하기는 했지만, 지금까지 설명한 것이 바로 종말론적인 삶의 실체이자, 마땅히 교회가 가르쳤어야 할 종말신앙의 방향성이다. 그런데 안타깝게도 그동안 한국교회는 건강한 종말 신앙으로 성도들을 하나님 앞에 세우는 일을 실패했다고 평가할 수 있을 것이다. 종말신앙의 궤도 이탈이 매우 심각한 지경에 이르렀다고 지적하지 않을 수 없다. 한국 교회의 종말 신앙은 마치 승천하시는 주님 앞에 서 있었던 제자들의 모습처럼 땅을 외면한 채 하늘만을 바라보는 치우친 경향으로 흘러간 것이 사실이다.

　도대체 왜 이런 일이 벌어지게 된 것일까? 그 이유는 무엇보다도 요한계시록에 대한 부재 혹은 왜곡 때문이라고 말하고 싶다. 전통적인 교회 안에서 요한계시록은 함부로 다뤄서는 안 되는 철저히 봉인 책으로 취급되어 왔다. 그동안 우리는 종교개혁자 존 칼빈(John

Calvin)도 요한계시록을 단지 3장까지만 주석했을 정도로 어려운 책이라는 변명을 늘어놓으면서 지나치게 신중한 입장을 취하게 되었다. 입산금지의 팻말을 여기저기 붙여 놓고 요한계시록이라는 산에 오르기를 포기했다. 이러한 요한계시록에 대한 기피가 매우 편협하거나 불건전한 종말신앙을 양산케 만든 주범이라고 할 수 있다. 그런가 하면 또한 요한계시록에 대한 왜곡도 매우 심각한 지경이다. 한국 교회 안의 대세는 요한계시록 본문을 강단의 설교 메뉴에 올려놓지 않는 것이지만, 모두가 그러한 자세를 취하는 것은 아니다. 교회 안에 만연해 있던 부재의 현실을 개탄하며 요한계시록을 주 메뉴로 삼아 식단을 꾸린 교회와 목회자들이 있어 왔던 것을 부인할수 없다. 이들은 요한계시록의 부재를 위한 대안으로 과잉의 자리로 나아가게 된다. 문제는 이렇게 요한계시록에 올인하게 된 사람들의 신학적이고 해석학적인 수준일 것이다. 건강한 문법-문예적 접근, 역사적인 이해, 신학적 해석, 그리고 묵시 문학이라는 형식(form)과 장르(genre)에 대한 고려 없이 요한계시록을 자신의 소견에 옳은대로 읽고 가르치는 오류를 범하게 되었다. 그것으로 인해 요한계시록 본문에 대한 바른 주해(exegesis)가 아니라 오해(eisegesis)가 발생하게된 것이다. 이처럼 요한계시록에 대한 기피 현상이나 잘못된 읽기로인해 한국교회의 종말 신앙이 위험한 방향으로 치달아가게 된 것은당연한 결과라고 할 수 있다.

이 책이 쓰여지게 된 이유와 목적이 바로 여기에 있다. 그것은 한 마디로 길을 잃는 한국 교회에 올바른 종말 신앙을 제시하기 위해서이다. 요한계시록에 대한 바른 이해에 기초한 설교를 통하여, 보다 많은 사람들로 하여금 요한계시록의 산을 만끽하도록 하는데 있다. 요한계시록이 신학자들이나 전문적으로 신학을 공부한 목회자들의 전유물이라면 신학적인 주석이나 심도깊은 주해를 다루는 책을 저술해야 하겠지만, 필자의 관심은 모든 성도를 위한 책을 저술하는 것이었기에 설교집을 내놓게 된 것이다. 설교가 심도 있는 주석이나 주해에 기초해야 한다는 것은 아무리 강조해도 지나치지 않을 것이다. 그러나 설교는 그저 본문에 대하여 앵무새처럼 말하는 것이 아니다. 어느 사람의 말처럼 설교란 본문에 대하여(about) 말하는 것이 아니라 본문을 통하여(through) 회중에게 말을 거는 행위인 것이다. 다시 말해서 본문을 통하여 우리 시대의 사람들(특히 성도들)과 소통하는 것이 바로 설교이다. 그러한 작업을 통해 그저 본문에 대한 신학적인 정보를 제공하는 것이 아니라 본문을 경험케 하는 것이 설교의 주된 목적이라고 할 수 있다. 이면에서 요한계시록에 대한 설교도 결코 예외일 수 없다. 성경 가운데 가장 난해한 책으로 알려진 요한계시록을 통하여 이 시대를 살아가는 사람들과 소통하는 것은 절대적으로 요구되는 작업이라고 생각된다. 왜냐하면 요한계시록이 제시하는 중심 메시지인 고난의 시대를 살아가는 오늘의 교회를 향한 값진 위로와 승리에 대한 확신의 메시지가 그 어느 때 보다 필요한 시기이기 때문이다.

끝으로 이 책이 나오기까지 깊은 관심을 가져주신 월드뷰 발행인이신 김승욱 장로님과 교정을 위해 수고해 주신 월드뷰 교정팀 김대식 목사님, 김정경 간사님, 박윤희 간사님, 그리고 손혜인 간사님께 깊은 감사를 드린다. 또한 언제나 나의 설교사역을 옆에서 응원해 주는 든든한 지원군인 아내 조혜정 교수와 늘 존재 자체만으로 기쁨을 주는 귀한 딸 주나, 그리고 현재의 나를 있게 해 주신 토대인 사랑하는 아버지, 어머니께 진심을 담아 고마움을 전하고 싶다.

2021년 11월
방배동 연구실에서
이우제

제1부

요한계시록 이해를 위한
서언적 고찰

Αποκάλυψις Ιωάννου

1. 요한계시록의 주제, 저술의도, 고정관념 깨기

들어가며

 일반적으로 사도 요한에 의해 기록된 것으로 여겨지는 요한계시록은, 한국 교회 안에서 두 극단적인 태도로 취급되어 온 것이 사실이다. 그것은 다름 아닌 지나친 결핍이거나, 그렇지 않으면 지나친 과잉의 모습으로 드러난다. 안타깝게도 대부분의 건전한 기독교 신앙을 표방하는 교회 안에서 요한계시록은 다루기를 꺼리는 책으로 여겨진다. 하나님의 감동으로 기록된 성경의 목적은 성도를 '교훈과 책망과 바르게 함과 의로 교육하기' 위한 것이며, 이를 통해 성도들이 온전하게 하고 선한 일을 행할 능력을 갖추게 하는 것이다. 이런 측면에서 요한계시록의 기록 목적도 결코 예외일 수 없다. 요한계시록은 철통 보완 장치와 함께 박물관 안에 보관되어야 하는 책이 결코 아니라, 적극적으로 읽히고 전달되어, 마지막 시대를 사는 성도들을 변화시키는 역할을 감당해야 할 책이다. 그런데도 교회 안에서 요한계시록이 마치 한 번도 그 자태를 제대로 드러내지 않은 처녀

림으로 남아 있는 것은 가슴 아픈 현실이다. 기존 교회의 형편이 이렇다고 보니, 요한계시록은 오히려 시한부 종말론 신앙의 온상이 되거나, 기독교 이단의 전유물처럼 여겨지게 되었다. 요한계시록에 대한 기존 교회의 지나친 결핍이 가져온 당연한 결과라고 할 수 있을 것이다.

산 등정에 비유해서 말한다면, 요한계시록에는 유난히도 높은 봉우리가 많이 있음이 분명하다. 그러기에 요한계시록을 해석하는 데 있어서 자만은 절대 금물이다. 한없이 겸손한 자세가 요청된다. 그러나 그렇다고 해서 요한계시록이 아예 정복 불가능한 책은 결코 아니다. 우리의 한계 때문에, 요한계시록을 통해 말씀하시는 하나님의 메세지를 완벽하게 파악하는 것은 힘든 일이지만, 요한계시록의 근간이 되는 메시지(교훈)는 너무나 확실하고 선명해서 모든 성도가 함께 공유할 수 있는 것이다. 이것이 사실이라면, 요한계시록이 신실한 성도들을 미혹하는 데 사용되는 단골 메뉴가 되지 못하도록 해야 할 것이다. 그러기 위해서는 요한계시록 앞에 붙어 있는 '접근금지'의 팻말을 떼어내고, 요한계시록의 숲속에 더 적극적으로 들어가야만 한다. 깊은 묵상을 통해 요한계시록이라는 산에 올라 오색찬란한 아름다운 정경을 보며 두 팔을 벌려 신록의 향기를 마음껏 맛보아야 한다. 그러기 위해서는 각 장으로 들어서기에 앞서서, 요한계시록이 어떤 책인지 전체적으로 개관할 필요가 있다. 이제부터 간략하게 요한계시록의 주제, 요한계시록의 저술 의도, 그리고 고정관념을 깨뜨리는 요한계시록 읽기의 방향성을 제시하고자 한다.

요한계시록의 주제

요한계시록의 주제가 무엇인지를 알려 주는 주제 성구는 요한계시록 17장 13-14절이라고 할 수 있다. "그들이 한뜻을 가지고 자기의 능력과 권세를 짐승에게 주더라. 그들이 어린 양과 더불어 싸우려니와 어린 양은 만주의 주시요. 만왕의 왕이시므로 그들을 이기실 터이요 또 그와 함께 있는 자들 곧 부르심을 받고 택하심을 받은 진실한 자들도 이기리로다." 이 성구를 통해 요한계시록의 주제를 보다 세분화해 보면, 세 가지로 설명될 수 있다.

첫째, 요한계시록은 싸움의 책이다. 짐승을 중심으로 한 악의 무리가 하나로 뭉쳐서 어린 양과 싸우게 된다. 그들은 어린 양을 이길 수 없다. 그렇다고 악의 세력이 순순히 백기를 들지는 않을 것이다. 그다음 공격 대상은 요한계시록 12장이 분명히 말하고 있는 것처럼, 교회 공동체가 될 것이다. 12장에서 용이라는 존재가 먼저 아이(예수님)를 공격하지만, 예수님께서 용의 공격으로부터 승리하신다. 성경은 승리한 예수님의 모습을 간략하게 다음과 같이 표현하고 있다. "…그 아이를 하나님 앞과 그 보좌 앞으로 올려가더라(5절)." 예수님을 삼키지 못한 용은 이제 다음 대상으로 여인(교회)을 공격한다. 그 결과 교회는 광야로 도망쳐야 하는 어려움에 직면하게 된다(6, 14절). 결국 요한계시록은 어린 양과 교회를 향한 공격과 그에 대한 응전의 이야기를 다루고 있다고 할 수 있다. 이 투쟁이 사실은 원시 복음으로 알려진 창세기 3장 15절의 약속의 말씀에 대한 최종적인 완결편이라고 할 수 있다.

둘째, 요한계시록의 주제는 어린 양의 승리이다. 이 싸움이 어떻게 될 것인지를 궁금해하는 독자들에게 성경은 예수님이 만왕의 왕이요 만주의 주이시므로 승리하게 될 것을 분명히 선포하신다. 여기서 우리가 주목해야 할 부분은 예수님을 어린 양으로 소개하고 있는 점이다. 요한계시록 안에서 예수님에 대한 가장 일반적인 표현이 바로 어린 양이다. 어린 양이라는 표현은 예수님의 십자가 사역을 생각나게 한다. 결국, 요한계시록은 십자가 사역으로 승리하신 예수님에 대한 복음의 메시지라고 감히 말할 수 있을 것이다.

셋째, 요한계시록의 주제는 교회의 승리이다. 어린 양의 승리는 우리를 위한 것이다. 교회 공동체가 짐승의 세력을 이기게 하기 위해, 우리의 대장 되시는 예수님께서 승리하신 것이다. 우리는 예수님과 운명 공동체이다. 그분의 승리가 우리 승리의 기초가 된다. 교회가 사탄의 세력으로부터 승리할 만해서 승리하는 것이 아니라, 예수님의 은혜와 공로로 이기는 것이다. 우리가 그분과 한편이기 때문에 그분의 승리에 동참하게 되는 것이다. 그것이 바로 "그와 함께 있는 자들, 곧 부르심을 받고 택하심을 받은" 자들이 이긴다는 말씀의 의미다. 그러나 예수님 안에 있는 승리는 어떤 노력을 기울이지 않아도 저절로 주어지는 '값싼 은혜'를 조장하지 않는다. 오히려 '값진 은혜'의 길을 걸어갈 것을 촉구한다. 그것이 바로 "진실한 자들도 이기리로다."라는 말씀의 의미이다. 주님의 은혜로 부르심을 받은 자들은 그분 안에서 거룩해져야만 한다. 교회 공동체에 진실이 중요한 이유는 요한계시록에서 악의 세력이 거짓말하는 자들이기 때문이다. 악의 세력과 뚜렷이 구분되는 교회의 표지는 진실이다.

결국, 정리하면 요한계시록의 중심 주제는 투쟁의 역사 속에서 어린 양의 승리와 교회의 승리이다.

요한계시록의 저술 의도

요한계시록의 주제를 알았다면, 이제 요한계시록이 어떤 의도로 저술됐는지 이해할 필요가 있다. 요한계시록의 저술 의도는 적어도 세 가지로 설명할 수 있다.

첫째로, 계시록은 고난받는 공동체에 미래의 운명을 제시함으로서 현재를 새롭게 재조정하기 위해 저술된 책이다. 일반적으로 요한계시록은 미래를 다룬 책으로 알려져 있다. 이는 과히 틀린 말이라고 할 수 없다. 그러나 요한계시록이 그저 우리가 기존에 알고 있던 미래학에 대한 논의라고 말할 수는 없다. 요한계시록이 미래를 제시하는 이유는 고난받는 교회 공동체가 새로운 관점으로 현재를 다시 살아가게 하기 위한 것이다. 성경이 말하는 종말론은 이원론적인 사고를 조장하거나, 현재로부터 도망치는 도피처로 사용되어서는 안된다. 종말론은 오히려 내일의 희망 안에서 다시 새로운 용기와 담대함으로 오늘을 살아내도록 만들어 준다. 그러므로 진정한 종말론은 미래 때문에 새로워지는 현재에 초점을 맞추는 것이다. 특히 요한계시록의 배경이 황제 숭배로 인한 박해의 상황 속에서 기록되었다고 할 때, 종말의 관점에서 현재를 바라보게 함으로써, 오늘을 다르게 인식할 수 있는 근거를 마련해 준다.

둘째로, 요한계시록은 교회가 저항 공동체로 살아갈 것을 독려하기 위해 저술된 책이다. 현재를 다른 관점으로 바라보게 된다는 것의 골자는 저항하는 공동체가 되는 것이다. 만일 요한계시록의 역사적인 배경이 도미티안(Domitian) 황제가 자신을 경배하도록 강요하는 상황이었다면, 현재를 재조정한다는 것은 좌절과 두려움에 빠져 있는 교회를 다시금 악의 도전 앞에 저항하게 하는 것이다. 저항이라는 단어를 결단이라는 단어로 대치해도 무방하다. 마지막까지 저항 혹은 결단의 자리로 나아가려면, 하나님이 언제나 진정한 왕이시라는 것에 대한 굳건한 신뢰가 있어야 한다. 환경의 어려움 때문에 마음으로 하나님의 왕 되심을 거절하게 될 때, 다른 힘의 세력 앞에 무릎 꿇게 되는 것이다. 이러한 이유로 요한계시록의 본격적인 계시가 시작되는 첫 마당이라고 할 수 있는 4장에서 하늘 보좌와 그 보좌에 좌정하신 하나님을 소개하는 것은 의미심장하다. 세상 보좌 그 너머에 진정한 통치자가 계신 하늘 보좌가 있다는 것을 강조하는 것이다. 교회가 하늘 보좌를 마음에 품고 있을 때 비로소 악을 향하여 끝까지 항거할 수 있는 것이다.

셋째로, 요한계시록은 오직 하나님께만 거룩한 입맞춤으로 나아가는 예배 공동체를 세우기 위해 저술된 책이다. 교회에 부여된 최대의 저항 행위는 무력적인 시위가 아니라, 끝까지 하나님께만 온전한 경배를 드리는, 예배하는 공동체로 서는 것이다. 계시록의 예배에 대한 독려는 곳곳에 울려 퍼지고 있는 피조물들이 하나님과 어린 양에게 돌리는 찬양의 메아리 속에서 확인할 수 있다. 이는 우리가 드리는 공적인 예배가 얼마나 소중한 것인지를 알게 한다. 그뿐 아니라, 요한계시록에서 예배는 공적인 예배를 넘어서 삶의 예배를 촉구한다. 그 대표적인 구절이 요한계시록 18장 4절에 있는 것처럼, 주의 백성들이 바벨론의 죄에 참여하지 않고 거기서 걸어 나오는 것이다. 우리가 바벨론 안에 들어가 살아야 하지만 바벨론이 우리 안에 들어오지 못하도록 늘 경계심을 늦추지 않고 사는 것이 우리가 드릴 진정한 삶의 예배다.

고정관념을 깨뜨리는 요한계시록 읽기의 방향성

첫째, 요한계시록은 두려움이 아니라, 고난받는 공동체에 희망을 주는 책이다.

인간이 직면하는 '가장 보편적인 문제'는 고난이다. 고통의 바다를 건너가야 하는 필연성 가운데 있는 우리를 향해 요한계시록은 '현실적 삶의 기대'를 충족시키기보다는 '우리의 궁극적인 운명'을 말해준다. 오늘의 현실은 암담하지만, 내일은 반드시 다시 태양이 떠오를 것이고, 궁극적으로 우리가 이길 것이다. 그것을 희망하면서 웃을 수 없는 상황 가운데서 웃게 하는 책이 요한계시록이다. 환경이 바뀌어서가 아니라 승리를 허락하시는 하나님의 계획과 승리자 예수 그리스도 때문이다. 우리로 춤출 수 없는 상황에서 춤추게 하신다. 신자는 '광야에서도 노래하는 이상한 새'이다. 현실을 보면 노래할 수 없지만, 광야에서도 식탁을 마련하시는 주님, 그리고 마침내 그 고난을 뚫고 가나안에 입성케 하실 수 있는 그분으로 인해 노래를 생산할 수 있게 한다. 힘겨운 삶 가운데 '모조품 희망'이 아니라 진짜 희망으로 감격하고 싶다면, 요한계시록을 읽어야 한다.

둘째, 요한계시록은 우주적 종말에 대한 청사진을 그려주는 책이 아니라, 우주의 종말이 누구의 손에 있는지를 명시하는 책이다.

요한계시록을 미래에 무슨 일이 일어날 것인지에 대한 퍼즐을 맞추는 책으로 이해하면 큰 문제가 발생한다. 물론 요한계시록이 미래를 말하는 것은 맞다. 그러나 요한계시록이 말하는 미래는 미래의 발생할 사건으로서의 미래가 아니라, 미래가 누구의 손에 있느냐는 의미의 미래이다. 요한계시록은 일종의 그림책이지 수수께끼 책이 아니다. 호기심을 자극하는 방식의 요한계시록 이해는 우리를 오류에 빠지게 만든다. 요한계시록 6장 1절에 분명히 밝히고 있는 것처럼, 요한계시록에서 종말은 어린 양이신 우리 주님이 이끌어 가는 미래이다.

셋째, 요한계시록은 난해하기에 평신도들에게 입산 금지를 명하는 책이 아니라, 우리의 영적인 성장을 위해 허락하신 책이다.

요한계시록을 어떤 측면에서 바라보느냐에 따라서 쉬운 책이거나 혹은 어려운 책이 될 수 있다. 요한계시록은 쉽다. 그러나 또한 요한계시록은 어렵다. 어떤 면에서 쉬운 책인가 하면, 요한계시록이 담고 있는 메시지가 명료하다는 점에서 그러하다. 포이트레스(Vern S. Poythress)의 주장처럼, 요한계시록은 "하나님께서 역사를 통치하시고, 그리스도 안에서 이를 완성하신다"라는 메시지를 담고 있다. 이런 측면에서 요한계시록의 전체 메시지는 너무 선명하다. 전체 숲에 관해 분명한 그림을 그려준다. 그러나 요한계시록의 상세한 내용을 구체화 시키고 현대와의 연결점을 찾는 것은 단순명료하지 않기에 어렵게 느껴진다. 이 땅의 어떤 탁월한 신학자도 요한계시록을 다 정복할 수 있다고 할 수 없다. 그 정도로 난해한 구절들을 가지고 있는 책이 요한계시록이다. 그래서 요한계시록은 우리에게 자신감과 겸손을 동시에 부여해 준다. 요한계시록 역시 하나님께서 우리의 영적 성장을 위해 허락해 주셨다. 그렇기에 우리는 진리에 대한 자신감을 가져야 한다. 그러나 요한계시록 본문의 내용을 다 풀 수 있다는 식의 영적 오만을 가져서는 안 된다. 요한계시록이라는 거대한 산을 오르기 시작할 때, 그것에 대한 다양한 해석이 공존할 수 있다는 태도를 취해야 한다. 요한계시록이라는 산을 겸허하게 올라야 한다.

넷째, 요한계시록은 65권의 성경과 다른 차원을 언급하는 부록이 아니라, 복음의 메시지이다.

요한계시록을 세속적인 종말에 관한 이야기, 혹은 지구촌의 미래에 관한 이야기로만 이해하면 우리는 요한계시록을 나머지 65권의 성경과는 성격이 다른 책으로 보게 된다. 성경의 전체 중심은 "예수 그리스도"이시다. 구약은 예수 그리스도를 바라보는 것이고 신약은 초림하신 예수 그리스도를 말한다. 요한계시록은 나머지 65권의 성경과 다른 새로운 사상이나 개념이 아니다. 성경의 다른 책이 그리스도에 대한 메시지라면 계시록도 역시 예수 그리스도의 복음에 대한 메시지이다. 요한계시록을 종말론으로만 풀어가는 것은 반쪽짜리 진리이다. 요한계시록은 복음으로 읽고 이해해야만 한다. 그렇다면 복음이란 무엇인가? 복음은 한마디로 기쁜 소식이다. 그렇다면 복음은 왜 기쁜 소식인가? 그것에 대한 답이 고린도전서 15장에 나와 있다. "형제들아 내가 너희에게 전한 복음을 너희에게 알게 하노니…이는 성경대로 그리스도께서 우리 죄를 위하여 죽으시고 장사지낸 바 되셨다가 성경대로 사흘 만에 다시 살아나사…." 물론 십자가와 부활로 대변되는 복음의 메시지가 이전의 다른 책에 비해서 빈도가 높지 않은 것이 사실이지만, 그 '무게 비중'만큼은 절대적이라 할 수 있다. 이전의 책들과는 달리, 요한계시록만 불쑥 복음 이외의 주제를 다루고 있다고 주장하는 것은 성경의 일관성을 깨는 것이다. 요한계시록 해석을 시도하는 적지 않은 사람들이 범하는 가장 커다란 위험은 바로 이 복음의 메시지를 상실한 채 두려움을 자극하는 공상 만화와 같은 허무맹랑한 해석들로 둔갑시키는 것이다. 필자가 요한계시록을 복음으로 전제하는 것은 다름 아닌 요한계시록에서 기독론이 강조되어야 함을 역설하는 것이다. 그 뿐만 아니라, 더 나아가 복음의 그리스도를 논하는 기독론은 반드시 교회 공동체를 위한 도전이 되므로 교회론으로 이어지게 되는 것이다. 이런 측면에서 요한계시록을 단순히 종말론으로 볼 것이 아니라, 교회론에 입각한 종말론으로 보아야 할 필요가 있다.

Αποκάλυψις Ιωάννου

2. 요한계시록의 형식

들어가며

그동안 한국 교회에서 요한계시록은 그야말로 편견과 오해의 책이었다. 요한계시록은 이전의 65권과는 성격이 판이한 주제나 내용을 다루는 책이거나 혹은 종말에 대한 별책 부록(別冊附錄) 정도로 다루어져 왔다. 과연 그럴까? 절대 그럴 수 없다. 요한계시록은 이전의 성경에 대한 이질적인 신(新)사상을 가르치는 책이 아니다. 오히려 65권의 말씀에 대한 최종적인 요약과 확증을 통해 거대한 드라마의 완성을 보여주는 책이다. 글을 쓸 때 결론의 금기 사항 중 하나는 새로운 아이디어를 제시하지 않는 것이다. 하나님의 구속 역사에서 결론에 해당하는 요한계시록도 마찬가지이다. 안타까운 것은 한국 교회에서는 이런 결론을 위한 철칙이 깨지고 있다는 점이다. 그로 인해 성도를 미혹과 혼란의 지대로 이끌고 가고 있다. 적지 않은 교회에서 요한계시록을 통해 듣지도 보지도 못했던 새로운 구원에 대한 교리를 제시하는 것을 본다. 예를 들면, 요한계시록 13장에 나오는 666표를 베리 칩(veri chip)과 연결해 베리 칩을 받으면 아무리 예수님을 잘 믿어도 지옥에 가게 된다는 주장 같은 것 말이다. 65권의 믿음을 통한 은혜로의 구원론이 자취를 감추고, 우리의 구원을 베리 칩의 수용 여부로 결정해야 하는 정말 웃지 못할 해프닝이 벌어지고 있다. 이것을 글쓰기로 말한다면, 결론에서 새로운 아이디어를 제시하여 그동안 본론에서 다룬 내용을 완전히 뒤집고 마는 격이다. 이런 자기 모순적인 모습은 글의 통일성을 스스로 무너뜨리는 오류를 범하는 꼴이 아니고 무엇인가!

요한계시록도 사도바울이 설파한 성경의 기록 목적에 따라 읽어야 하는 책이다. "모든 성경은 하나님의 감동으로 된 것으로 교훈과 책망과 바르게 함과 의로 교육하기에 유익하니 이는 하나님의 사람으로 온전하게 하며 모든 선한 일을 행할 능력을 갖추게 하려 함이라(딤후 3:16-17)." 한마디로 성경은 교훈, 책망, 바르게 함, 그리고 의로 교육하는 것을 통해 성도와 신앙 공동체를 온전하게 하며 선한 일을 행할 능력을 갖추도록 변화시키는 책이다. 삶의 참된 변화를 위하여 성경이 쓰인 것이다.

이것을 요한계시록의 말로 다시 풀어서 말한다면, 요한계시록이 말하는 변화란 바벨론의 가치가 지배하는 세상 속에서 하나님 나라의 정신과 가치를 따라 이기는 성도, 이기는 교회가 되게 하는 것이다. 요한계시록을 그저 이단들의 강력한 도전을 잠재우기 위한 수단 정도가 아닌, 성도들의 일상생활 속에 절대적인 영향력을 행사케 하는 삶을 위한 메시지가 되게 해야 한다. 요한계시록 당시의 성도들이 로마 제국으로 상징되는 바벨론의 도전에 직면해 있었듯이, 오늘날 성도들도 여전히 바벨론 제국의 도전 가운데 신음하며 살고 있다. 비록 박해의 형태를 띠며 바벨론이 우리 가운데 다가와 있지는 않지만, 일상적 제국의 모습으로 우리를 위협하고 유혹하는 세상 속에서 어떻게 하나님 나라의 다른 가치를 구현하고 살아가는 사람들을 만들어 낼 것인지가 요한계시록의 의도이자 목적이라고 할 수 있을 것이다. 다시 말해서, 신앙 공동체를 대항 문화적인 방식(countercultural way)의 삶으로 초대하는 것이라고 할 수 있다. 성경은 우리가 살아가고 있는 세상의 가치를 뒤집어엎는 하나님 나라로 초대하는 대안적인 음성(alternative voice)을 제시하는 책이다. 이에 대하여 요한 실리에(Johan Cilliers) 교수는 월터 브루그만(Walter Brueggemann)을 인용해 다음과 같이 말하고 있다. "성경은 낯설지만 구원하는 세상을 제시하며, 우리가 익숙하게 살아온 일차원적인 세상을 관통하여 놀랍게 만들고 자극하여 새로운 전망을 드러내서 새 세상으로 인도하며 복음적인 대안을 받아들여 살아내도록 이전 것을 벗겨내어 새로운 세상을 제시한다(Long, 1999, 26)." 이러한 대안적인 세계를 제시하여 세워지는 교회를 대안적인 공동체(alternative community)라고 할 수 있다. 성경 중에서도 이러한 대항 문화적인 삶의 목표를 가장 선명하게 제시하는 책이 있다면 그것이 바로 요한계시록이다. 이번 장의 관심은 이러한 대항 문화적인 삶의 지향점을 어떤 그릇 혹은 어떤 형식에 담아서 전달하고 있느냐 하는 것에 있다.

삶을 변화시키는 요한계시록 형식

요한계시록의 저술방식을 조사해 봐야 하는 이유는 사도 요한이 어떻게 공동체를 설득하고 있는지를 알기 위해서이다. 그것을 파악하게 될 때, 삶을 변화시키는 설교형식을 고려해 볼 수 있게 된다. 사도 요한이 위협과 유혹 속에 있었던 초대 교회 신앙 공동체의 삶을 변화시키기 위해 어떤 그릇에 메시지를 담았는지 논할 때 주목할 것이 있다. 그것은 인간이 가지고 있는 두 가지 형태의 사고, 즉 '명제적 사고'와 '내러티브적 사고' 중 그가 후자를 선호하고 있다는 점이다. 명제적 사고는 논리적, 분석적, 추상적 개념을 가지고 진리를 전달하는데 반해, 내러티브적 사고는 직관적, 구체적, 상상적인 접근을 통해 진리를 보여주고 있다. 요한계시록 가운데 끝없이 등장하는 이미지, 상징, 환상, 비유, 묵시적 묘사들은 이 책이 얼마나 철저하게 내러티브적 사고에 의존하고 있는지를 알게 해 준다. 한마디로 요한계시록은 상상력을 자극하는 방식으로 글을 전개하고 있다. 요한이 이렇게 정사와 권세에 항거하는 하나님 나라의 정신에 매료된 신앙 공동체를 추구하면서, 외관상으로 더 힘 있는 방식으로 보이는 명제적 진술을 통해 직접적 선포의 방식에 호소하기보다는, 공동체의 상상력에 주의를 상기시키는 이유는 신앙 공동체로 하여금 새로운 방식으로 세상을 바라볼 수 있게 만들기 위해서라고 말할 수 있다. 아이리스 머독(Iris Murdoch)과 스탠리 하우어바스(Stanley Hauerwas)가 잘 지적하고 있는 것처럼, 요한은 우리가 단지 눈으로 볼 수 있는 세계 안에서만 살 수 있는 존재라는 것을 알고 있었다. 그래서 요한은 대안적 세계를 볼 수 있게 하려고 환상과 이상을 통해 자신의 글을 기록한 것이다. 이러한 극적이고 시각적인 이미지와 비유를 통해, 요한은 교회가 두려움과 영적 마비 상태에서 깨어나 예수님의 이야기라는 빛 가운데서 새로운 방식으로 세상에서 살아야 할 것을 요구하고 있는 것이다.

대조의 방식으로 거짓됨의 폭로와 새로운 구축을

공동체가 대안적 세계를 다시 상상하도록 만들기 위해서 요한이 사용하고 있는 방식은 거짓된 세계를 폭로하는 것과 다른 한편으로는 새로운 세계의 비전을 보여주는 것이다. 먼저 요한은 정사와 권세의 거짓된 가면을 벗기기 위해서, 이 세상 제국의 실체가 다름 아닌 압제와 폭력 그리고 죽음의 대리자에 불과하다는 것을 밝힌다. 이것을 규명하기 위해서 요한계시록이라는 큰 화면 안에 짐승과 바벨론의 모습을 허상의 실체로 그리고 있다. 이를 통해 죽음의 세력에 대해 두려워할 것이 아니라, 오히려 강력하게 저항해야 할 것을 간접적으로 촉구하는 방식으로 글을 전개하고 있다. 예를 들어 요한계시록 13장 1-4절에는 바다에서 올라온 용의 하수인인 짐승이 등장한다. 요한은 이 바다에서 올라온 짐승을 스케치하면서 참람된 존재임을 분명히 한다. 이를 통해서 교회 공동체가 단순히 현존하는 권력을 행사하는 제국의 방식에 동조하거나 순응하지 않고, 급진적인 저항을 통해 그러한 세력으로부터 자유롭게 되기를 소망하고 있다. 또 하나 예를 들자면, 이미 살펴본 17장에서 그 당시 제국의 중심이었던 로마를 상징하는 바벨론을 단순히 모든 사람에게 진정한 평안과 안식을 제공해주는 도성이 아니라, 사람들을 미혹하여 헤어 나올 수 없는 죽음의 늪지대에 빠뜨리는 음녀로 지칭하여 그녀의 정체를 폭로하고 있다. 음녀라는 메타포를 통해 바벨론의 속성이 사람을 미혹하고 꾀이고 죽이는 것임을 밝히고 있다. 이러한 폭로는 교회 공동체에 저항할 힘을 제공해준다. 이렇게 요한계시록은 상상력을 자극하는 방식으로 악을 적나라하게 폭로하고 있다.

이와는 정반대로 요한계시록 안에서 대안적 세계를 큰 화면 안에 그려 신앙 공동체에 소망을 제시하며 그들이 더욱 강력하게 세상 나라에 저항할 힘을 제공해주는 방식을 선택하고 있다. 만약 계시록이 세상 제국은 반드시 망한다는 사실만을 독자들에게 상상하게 한다면, 반쪽짜리 희망을 제시하는 것이다. 그러나 다행스럽게도 계시록은 이 거짓되고 허상으로 가득 찬 세계 가운데서 진정으로 하나님의 궁극적이고 평화로운 통치의 세계를 대안적으로 그려볼 수 있게 한다. 바벨론의 실체와 반대되는 대안적 세계를 상상하게 하는 그림은 새 예루살렘의 모습일 것이다. 새 예루살렘은 정결함을 표지로 가지고 있는 어린 양의 신부이다. 어린 양의 신부인 새 예루살렘은 아름답고 영광스러운 존재로 완성된다.

이러한 요한계시록의 극적이고 대조적인 환상은 그 시대의 교회가 자신들의 싸움이 승리를 얻기 위한 싸움이 아니라 이미 승리를 얻은 자로서의 싸움이라는 점을 더욱 확신하게 한다. 이렇게 두 세계의 길을 확연히 구분할 수 있는 사람들은 반드시 거짓된 실체에 대한 순응과 충성의 길을 거절하고 참된 왕에게만 거룩한 입맞춤으로 나아오게 될 것이다.

상상력을 자극하는 방식으로 저술 형식을 따라 읽기

요한계시록이 상상력을 자극하는 방식으로 교회 공동체를 저항하도록 인도했다는 점을 존중하게 될 때, 먼저는 단순한 문자주의적 해석과 적용을 피할 수 있을 것이다. 오히려 우리의 설교는 계시록의 많은 이미지와 상징적인 장면들을, 두 대조되는 세계의 실체와 두 대조되는 삶의 길을 드러내기 위한 장치라는 점을 인정하면서, 조심스럽게 상징적으로 해석하고 적용해야만 한다. 예를 들어서 계시록의 숫자 가운데 하나인 144,000은 문자적으로 이해하면 아주 이상한 쪽으로 적용될 수 있다. 만약 이 세상에서 구원받은 총수가 어느 이단들의 주장처럼 문자적으로 144,000밖에 되지 않는다면, 우리가 그 숫자에 들어가기 위해서 얼마나 피나는 노력을 기울여야만 하겠는가? 우리의 믿음의 선조들도 구원받은 인원에 포함되지 않는다는 것이 과연 말이 되는 주장인지 의심스럽기 짝이 없다.

또 한 가지 상상력을 자극하는 방식으로, 요한계시록을 존중할 때, 요한계시록이 전하려고 하는 메시지 내용과 그 내용을 싸고 있는 형식에 동등한 무게를 두면서 읽어야 할 것이다. 토마스 롱(Thomas Long)의 표현처럼 내용과 형식, 두 가지는 구분이 될 수 있을지는 몰라도, 분리될 수는 없다. '어떻게 쓰였는지'에 대한 물음을 '무엇을 말하고 있는지'를 위한 장식 정도로 취급하는 것은 우리가 성경을 잘못 읽거나 풍성히 읽어가지 못한 이유 중 하나이다. 토마스 롱은 내용만 중시하고 형식을 간과하는 성경 읽기가 되어서는 안 된다고 주장한다(Cilliers, 2014, 26).

"우리가 자신에게 어떤 본문이 무엇을 의미하는지를 물을 때에, 우리는 그 본문의 아이디어를 찾아내려고 하는 것이 아니다. 도리어 우리는 그 본문이 독자에게 주는 전체적인 효력을 발견하고자 함에 다가 우리의 뜻을 둔다. 그리고 본문들에 있는 모든 것이 함께 작용 하여서 그 효과를 생성한다. 우리는 아무 생각 없이, 어떤 본문의 형 식과 내용을 마치 두 개의 다른 분야라고 구분 지어서 말할 수도 있 다. 그러하지만, 만약 내용을 의미라는 유사어로 쓸 수 있다고 하면, 형식은 내용의 급소(a vital part)로 보아야 할 것에 틀림이 없다. 아마, 이 두 가지를 합하여서 '내용의 형식(form of the content)'이라고 함이 더 정확한 표현일 것이다."

그동안 한국 교회의 요한계시록 해석이 미궁에 빠져있었던 원인 은 요한계시록의 형식 혹은 장르에 대한 몰이해에 근거하고 있다. 토마스 롱의 주장이 맞는다면, 요한계시록은 형식에 있어서 상징적 인 면에 치중해서 글을 전개하고 있기에 바울서신처럼 읽어서는 안 된다. 요한계시록은 지나치게 명제적이고, 교리적이며, 일방적 수용 을 강요하는 책이 아니라 감성적이고 상상적이며 그리고 쌍방 참여 를 제안하는 책이다. 마르바 던(Marva Dawn)의 주장처럼, 요한계시록을 본문에 충실하게(literal) 읽어야지, 문자 그대로(literalistic) 읽어서는 안 되 는 이유가 바로 여기에 있는 것이다.

요한계시록 1장 9절
⁹ 나 요한은 너희 형제요 예수의 환난과 나라와 참음에 동참하는 자라
하나님의 말씀과 예수를 증언하였음으로 말미암아 밧모라 하는 섬에 있
었더니

Αποκάλυψις Ιωάννου

3. 환난, 나라, 참음으로 푸는 요한계시록

들어가며

요한계시록 1장 9절에 등장하는 세 가지 단어, "환난", "나라", "참음"은 요한계시록의 전체 내용을 푸는 압축파일과도 같다. 편의 상 환난, 나라, 참음의 순서를 조금 바꾸어 (환난-참음-나라) 논의해 보면 손쉽게 요한계시록의 중심 메시지를 한눈에 조망해 볼 수 있을 것이다.

"위기를 막을 수는 없지만, 위기에 어떻게 반응할지는 선택할 수 있다."라는 말이 있다. 의미심장한 표현이다. 우리가 인생을 사는 동안에 위기에 직면하지 않고 살 수는 없다. 그것은 우리가 조절할 수 있는 영역이 아니다. 그러나 그 위기 가운데 어떤 태도를 취할 것인지는 선택할 수 있는 영역이다. 뜻하지 않게 찾아오는 집채만 한 큰 파도를 피할 수는 없지만, 거기서 서핑을 할 수는 있다는 말이다. 나이가 들어 인생의 황혼이 되는 것을 막을 수는 없지만, 노년의 때를 의미 있게 보낼 수는 있다는 것이다.

요한계시록을 기록한 저자인 사도 요한은 밧모섬에 유배되었다. 하나님의 말씀과 예수를 증언하는 것 때문에 밧모라는 섬에 정치범으로 수용된 것이다. 그런 이유로 지금 요한은 먼저 "환난"이라는 단어로 자신의 상태를 소개하고 있다. 가장 유력한 추정은 그 당시 "도미티안"이 황제 숭배를 강요하는 상황 속에서, 요한과 성도들이 그것을 거절했다. 그 여파로 인해 지도자 요한은 유배되었고, 교인들은 작고 큰 불이익을 감수하면서 힘든 삶을 살았던 것이 분명해 보인다. 환난을 원하는 사람은 없다. 요한도 마찬가지였을 것이다. 예기치 못한 환난이 찾아온 것이다. 중요한 것은 그 환난 앞에서의 요한의 반응이다. 그것은 바로 참음, 즉 인내로 견딘 것이다. 어떻게 환난에서 참음이 가능했을까? 중간에 있는 나라라는 단어 때문이다. 하나님 나라에 대한 비전이 있었기에 요한은 견딘 것이다. 이렇게 순서를 조금 바꾸어 환난, 참음, 나라라는 키워드를 중심으로 요한계시록의 핵심 메시지를 정리해 보고자 한다.

우리가 통제할 수 없는 것: 예기치 않게 찾아오는 환난

요한은 지금 뜻하지 않았던 환난의 자리에 놓이게 된다. 요한이 원한 것은 아니었지만 그에게 유배지에 갇히는 고통이 주어진 것이다. 이렇게 뜻하지 않은 고난이 우리를 엄습해 온다. 어느 날 박해의 손이 찾아와, 힘든 현실 속으로 우리를 밀어 넣는다. 통제할 수 없는 환난에 처할 때, 우리는 적어도 세 가지 잘못된 반응을 하게 된다. 죄책감에 시달리거나 분노하며 실족하거나, 그렇지 않으면 더 큰 두려움에 붙들려 냉담한 수긍의 자리로 가게 된다.

첫 번째 잘못된 반응은 죄책감으로의 여행을 하는 것이다. 보통 이런 뜻하지 않은 환난의 손에 공격을 당하게 되면, 적지 않은 신자들이 아차! 싶어 한다. 하나님께 자신이 뭘 잘못했는지에 대해 질문을 하게 된다. 신자의 대부분은 평소에 하나님의 뜻대로 못 살고 있다고 생각하기에 어려움이 오면 죄책감을 발동시키는 쪽으로 가는 경우가 많다. 이러한 자세를 취하는 것에 '순기능'이 없는 것은 아니다. 그러나 자칫 잘못하면, 주님이 우리를 얼마나 사랑하시는지를 잊어버리고 자신을 정죄하며 절망의 나락으로 떨어지고 만다. 물론 우리가 잘못 살아서 고통이 찾아오는 일도 있지만, 언제나 그런 것은 결코 아니다. 대부분의 고난은 우리가 특별해서 찾아오게 된다. 모든 사람이 고통을 당하지만, 특별한 고통은 특별한 부르심의 자리로 인하여 생기는 것이다. 특별한 부르심이 무엇인지는 본문의 "너희 형제요"로 답하고 있다. 요한의 고난이 그의 형제들을 향한 특별한 부르심 때문이라는 것이다. 고통을 통해 하나님은 요한이 형제들과 '연결되는 생애'가 되게 하시려는 것이다. 사도 요한, 그는 소위 말해서 고립된 생애, 자신만을 위해 살다가 마쳐야 하는 생애가 아니다. 공감대를 만드는 생애가 되어야 한다. 환난은 사람들을 연결해 준다. 특별히 남다른 고통을 당하는 사람은 주변 사람을 향해 나아가게 하시려는 '특별한 사명자'이기에 그 힘든 길을 걷게 하시는 것임을 분명히 알아야 한다.

두 번째 잘못된 반응은 실족의 자리로 떨어지는 것이다. 나름대로 주님 앞에서 괜찮게 살았다는 사람은 죄책감도 있지만, 그보다는 분노하며 실족하게 될 가능성이 크다. 왜냐하면, 나름대로 주님을 위해 열심히 살았는데 환난이 찾아온 것이기 때문이다. 사도 요한도 그러한 경우에 속한다. 하나님 말씀과 예수님을 증언하는 자리로 갔는데도 풍랑이 거세게 찾아온 것이다. 나름대로 주님이 원하시는 모습으로 살고, 주님이 분부하신 자리로 나아갔는데 이런 어려움을 겪을 때, 실족하게 될 가능성이 크다. 하나님을 향하여 분노하며 절규하게 된다. 우리는 주님의 말씀을 잘 듣는 사람이 되면 자동으로 어려움도 없어져야 한다고 생각한다. 그러나 꼭 기억해야 한다. 우리가 착하게 사는 것이 언제나 풍랑 없는 항해를 하게 만드는 보장책이 되지는 않는다. 그것으로 풍랑을 통제할 수 있는 것은 아니다.

　세 번째 잘못된 반응은 냉담한 수긍의 자리로 나아가는 것이다. 냉담한 수긍이라는 이 세 번째 옵션은 어쩌면 위의 두 경우보다 더 신앙적 수준이 있는 사람의 선택인지도 모른다. 어떤 경우에도 하나님을 원망하거나 항변하면 안 된다는 태도이다. 괜히 하나님께 소리쳤다가 더 밉보이면 그나마 남아 있는 축복도 빼앗겨 버릴 수 있다는 두려움이 엄습해 오기에 고난이 올수록 더 그분에게 '예쁘게' 서 있어야 한다는 식의 자세를 견지하는 것이다. 언뜻 보면 매우 멋진 신앙의 모습이지만, 실상은 하나님에 대한 잘못된 이해에 기인한 것이다. 냉담한 수긍의 태도는 매우 '정직성이 없는 태도'라고 할 수 있다. 이것은 일종의 신앙적으로 둔감해 버린 억압당한 자의 모습이다. 마틴 부버(Martin buber)의 말에 의하면 이것은 "나와 너의 관계"가 아니라, "나와 그것의 관계"로 인한 것이다. 하나님은 그렇게 피도 눈물도 없이 매정한 분이 아니다. 우리를 인격이 없는 어떤 대상으로 취급하시는 분이 아니다. 이러한 태도는 성경에서 말하는 기독교의 모습이 아니다. 예를 들어 시편 기자는 전혀 다른 모습을 취하고 있다. 시편 기자는 억울한 현실 앞에서 하나님께 소리 지르며 항변하는 자리로 나온다. 그러한 절규 앞에서 하나님은 응답해 주신다. 이렇게 하나님은 그분 앞에 정직한 자세로 나아오는 자들을 만나 주시는 분이시다. 요한계시록 1장 10절에서부터 보면 사도 요한도 영광의 그리스도를 경험하게 된다. 어떻게 그러한 주님을 만날 수 있었을까? 아마도 그의 정직한 절규 때문이었을 가능성이 크다. 그 분명한 증거는 요한계시록 5장에서 확인할 수 있다. 요한은 인봉 된 책을 열 자가 없다고 하자 크게 운다. 막 떼를 쓴 것이다. 그 정직한 항변에 위로가 찾아왔다. 그래서 해답 되신 그리스도를 다시 발견하게 된 것이다. 이러한 모습은 단지 하늘 보좌에서만이 아니다. 밧모에서도 동일한 자세를 취했을 것이다. 뜻하지 않은 고난을 만났을 때, 정직하게 아프다고 소리치는 것이 중요하다. 하나님을 다 이해할 수 있다고 하지 말고, 이해가 안 된다고 항변하는 것이 당연한 인간의 모습이고, 주님은 그런 모습을 미워하지 않으신다.

우리가 선택할 수 있는 것: 참음

다시 강조하고 싶다. 우리가 위기를 통제할 수는 없지만, 위기의 상황 속에서 통제당하지 않을 수는 있다. 환난 앞에서 산산조각이 나지 않을 수 있다. 참음이라는 단어는 오히려 그 환난의 자리에서 인내로 버티는 자리로 나갈 수 있음을 알려 준다. 요한만 그럴 수 있다고 말하려는 의도는 아닌 것처럼 보인다. 요한이 선택한 그것을 우리도 선택할 수 있다. 우리가 "밧모"에 유배당하는 것과 같은 환경을 피해갈 수 없을지 몰라도, 심령적으로는 우리 안에 밧모를 넉넉히 극복할 수 있다. 광야에 거하더라도 우리 안에는 광야가 거하지 않게 할 수는 있다. 어찌 보면 요한계시록은 고난의 시대를 사는 주의 백성들에게 '참음의 미덕'을 독려하는 책이라 볼 수 있다. 요한계시록의 수신자인 일곱 교회를 향한 메시지가 모두 '이기는 자가 되라'는 권면으로 끝나는 것은 의미심장하다. 이기는 자가 되는 길은 끝까지 신앙을 사수하는 데 있다. 신앙으로 사는 것이 참고 인내하는 것을 동반하게 되는 것이다. 그렇다면 이기는 자는, 곧 참음의 길을 걸어가는 사람을 의미하는 것이다. 얼마나 요한계시록이 인내를 강조하는지는 믿음보다 인내를 먼저 말하고 있는 다음 구절에서 확인할 수 있다.

> 사로잡힐 자는 사로잡혀 갈 것이요 칼에 죽을 자는 마땅히 칼에 죽을 것이니 성도들의 인내와 믿음이 여기 있느니라(계 13:10).
> 성도들의 인내가 여기 있나니 그들은 하나님의 계명과 예수에 대한 믿음을 지키는 자니라(계 14:12).

그렇다면 결국 요한계시록에서 말하는 믿음이란 한마디로 인내하는 믿음이라고 할 수 있다. 요한계시록은 "인내하는 믿음으로 승리하라"라는 메시지이다. 이렇게 인내의 길을 걸어야 하는 신자의 모습은 외적으로 보면 불행한 자 같으나 실상은 그렇지 않다. 어느 시각으로 보느냐에 따라서 달라질 것이다. 세상 사람들이 소중히 여기는 '편안함'이 기준이 된다면 사도 요한이야말로 불쌍한 사람이다. 그러나 성경이 중요하게 여기는 '평안함'의 기준으로 볼 때, 그는 참으로 행복한 사람이다. 사도 요한은 편안을 선택할 수는 없었다. 그도 역시 극심한 어려움과 고난의 때를 지나게 되었다. 그러나 결코 주님이 주시는 평안을 놓치지는 않았다. 성경은 신자들에게 언제나 편안은 보장하지 않지만, 평안을 약속하고 있다. 평안을 선택하는 자들에게 주님이 주시는 평강을 주시겠다고 하신다. 신자에게 편안은 하나님이 주시는 '선택사항'이지만, 평안은 '필수사항'이다. 편안해도 평안함이 없으면 우리는 지옥 같은 삶을 살게 되지만, 편안함이 없어도 평안함이 있으면 가난할지라도 천국의 삶을 누릴 수 있게 되는 것이다. 그러므로 주님 없이 편안하게 사는 사람을 부러워하지 말아야 한다. 중요한 것은 평안을 소유한 자로 평안을 누리며 살아갈 수 있느냐 하는 것이다. 그것만 있으면, 극심한 어려움 속에서도 사도바울처럼 외칠 수 있다. "주 안에서 항상 기뻐하라 내가 다시 말하노니 기뻐하라." 이러한 기쁨과 평안은 하나님의 선물이지만, 동시에 우리가 선택하며 누려야 할 사항이다.

환난에서 참음을 선택할 수 있는 비밀: 하나님 나라

뜻하지 않은 환난이라는 복병이 찾아올 때, 참음을 선택할 수 있는 비밀은 어디에 있는가? 환난과 참음 사이에 있는 단어인 나라가 이에 대한 답을 제공해준다. 요한은 나라, 즉 하나님 나라가 있기에 가능하다고 역설하고 있다. 하나님 나라의 소망과 임재 그리고 그 나라의 비전에 사로잡히면 능히 이러한 위대한 선택을 할 수 있다고 말한다. 신약의 다른 책들과 마찬가지로 요한계시록을 관통하는 핵심적인 주제도 역시 하나님의 나라라고 해야 할 것이다. 하나님 나라의 온전한 성취가 완성되는 최종적인 국면을 다루고 있는 책이 요한계시록이다. 요한계시록에서 하나님 나라를 성취하시는 분은 두루마리 책의 인을 떼기에 합당하신 어린 양 예수님이시다. 어린 양 예수님께서 인을 떼시는 것과 함께 심판의 역사와 구원의 역사가 완성된다. 심판의 역사가 하나님의 왼손이라면, 구원의 역사는 하나님의 오른손이다. 두 손의 기능이 다 있어야 하지만, 궁극적으로 왼손을 통한 심판은 오른손을 통한 구원을 위한 사전 조치인 셈이다. 이것이 사실이라면, 요한계시록이 밝히고 있는 하나님의 나라는 악인의 심판을 통해 성도들의 구원이 온전히 완성될 것을 약속하고 있다. 이 하나님 나라에 대한 궁극적인 소망이 바로 도미티안(Domitian) 황제의 박해 속에 있는 교회로 인내를 만들 수 있게 한 것이다. 희망이 있으면 견딜 수 있다. 희망은 빛이다. 이런 이유에서 요한계시록에서 하나님 나라(혹은 하늘)를 빛의 충만함으로 묘사하는 것이 아닐까! 유진 피터슨(Eugene H. Peterson)에 따르면, 예수님에 의해 완성될 하늘 혹은 하나님의 나라는 빛으로 충만한 세계이다. "빛은 시각 경험의 기본이다. 빛을 통해 무엇이든 볼 수 있다는 말이다. 천지 창조 때 맨 처음 한 일은 빛을 만드는 것이었다. 요한계시록의 첫째 환상은 예수님이 빛의 모습으로 서 계시는 분, 곧 세상의 빛임을 보여준다(계 1:12-16). 이제 마지막 창조는 하늘이 빛으로 가득 차 있음을 보여준다. 그리스도인은 우리가 그리스도 안에서 지각하고 따르는 그 빛이 어두움을 정복한다고 믿는다(Peterson. 2002. 253)." 이렇게 빛으로 충만하다는 것은 희망으로 충만하다는 뜻일 것이다. 우리를 둘러싼 환경이 아무리 어두워도 빛이 차단되지만 않으면 버틸 수 있는 것이다. 요한은 바로 그 산 증거인 셈이다. 몸은 비록 밧모에 있지만, 그의 심령은 하나님 나라로 인한 소망의 빛으로 충만해 있었기에 환난에서 참음이라는 미덕을 만들게 된 것이다. 그렇다면 신자 된 우리들의 승리는 다름 아닌 하나님 나라 소망의 빛을 응시하는 것으로 가능해지는 것이다. 주의 할 것은 하나님 나라를 응시한다는 것은 그저 하늘만을 쳐다보는 수동성을 의미하는 것이 아니라는 점이다. 미래에 다가오는 그 나라를 멀리서 바라보는 것이 아니다. 하나님의 나라는 우리가 소망하는 나라이면서 동시에 우리에게 현재적으로 침투해 들어오는 나라이다. 주님은 마지막 날에만 임하시는 분이 아니고 현재에 개입하셔서 자신이 부활이요 생명이심을 명명백백하게 드러내시는 분이시다. 주님은 그의 백성들이 너무 지치지 않도록 우리 삶의 자리에 임하시어 시시비비를 가려주시고, 참과 거짓을 분명히 드러내시는 분이시기도 하다. 이런 면에서 하나님 나라는 미래적인 국면만이 아니라 현재적인 국면도 가지고 있음을 알 수 있다. 현재적인 국면의 승리에 대한 구체적인 예를 밧모섬에 유배된 사도 요한의 경우로 설명해 보자. 사도 요한은 그저 하나님 나라의 궁극적인 승리를 바라보다 밧모섬에서 형장의 이슬로 사라졌을까? 그렇지 않다. 요한의 발자취에 대한 믿을만한 주석가인 그랜트 오즈본(Grant Osborne)의 언급을 들어보자.

"요한은 단지 짧은 기간 밧모섬에 있었고, 도미티아누스 황제가 죽은 후인 주 후 96년에 네르바(Marcus Cocceius Nerva) 황제의 사면령으로 밧모섬을 떠나 에베소로 가는 것을 허락받은 것으로 보인다(Osborne, 2008, 115-116)."

그의 주장이 사실이라면, 사도 요한은 미래에 죽어서 들어가게 될 하나님 나라를 그저 바라본 것만이 아니라, 현재 하나님 나라의 임재와 권능을 맛본 사람이다. 고난의 시대 속에서 그와 동행하시고, 친히 그 능력의 팔로 건지시는 하나님 나라의 주인공이신 예수님의 현재적인 통치와 현존을 맛본 것이다. 이러한 하나님 나라가 있기에 오늘 우리는 어떤 환난 속에서도 참음을 만들 수 있게 되는 것이다.

제2부

일곱교회 이야기

요한계시록 2:1-7

¹ 에베소 교회의 사자에게 편지하라 오른손에 있는 일곱 별을 붙잡고 일곱 금 촛대 사이를 거니시는 이가 이르시되 ² 내가 네 행위와 수고와 네 인내를 알고 또 악한 자들을 용납하지 아니한 것과 자칭 사도라 하되 아닌 자들을 시험하여 그의 거짓된 것을 네가 드러낸 것과 ³ 또 네가 참고 내 이름을 위하여 견디고 게으르지 아니한 것을 아노라 ⁴ 그러나 너를 책망할 것이 있나니 너의 처음 사랑을 버렸느니라 ⁵ 그러므로 어디서 떨어졌는지를 생각하고 회개하여 처음 행위를 가지라 만일 그리하지 아니하고 회개하지 아니하면 내가 네게 가서 네 촛대를 그 자리에서 옮기리라 ⁶ 오직 네게 이것이 있으니 네가 니골라 당의 행위를 미워하는도다 나도 이것을 미워하노라 ⁷ 귀 있는 자는 성령이 교회들에게 하시는 말씀을 들을지어다 이기는 그에게는 내가 하나님의 낙원에 있는 생명나무의 열매를 주어 먹게 하리라

Αποκάλυψις Ιωάννου

4. 에베소 교회를 향한 교훈

디모데후서 3장 16-17절은 성경이 과연 어떤 책이고 또한 그 성경이 사람을 어떻게 변화시키는지를 알려 준다. 먼저 16절에서 성경이 어떤 책인지를 설명해 준다. "모든 성경은 하나님의 감동으로 된 것으로 교훈과 책망과 바르게 함과 의로 교육하기에 유익하니…." 신적인 영감으로 쓰인 성경은 성도들에게 꼭 필요한 교훈을 주고, 때로 책망하기도 하고, 또 어떤 경우에는 올바른 길을 제시하기도 하고, 또한 사람들을 의로 교육하기도 한다. 우리에게 16절은 익숙하다. 그러나 17절은 종종 소홀히 다룬다. 17절을 잘 주목할 필요가 있다. "이는 하나님의 사람으로 온전케 하며 모든 선한 일을 행할 능력을 갖추게 하려 함이라." 17절은 성경이 신자들을 어떤 사람으로 세우는지를 두 가지로 나눠서 설명하고 있다. 성경은 하나님의 사람으로 온전하며 선한 일을 행하게 한다. 먼저, 온전케 한다는 것은 주로 성도들의 내적인 부분에 변화를 일으킨다는 것을 말씀하신다. 다음으로 선한 일을 행할 능력을 갖추게 한다는 것은 외적으로 행위나 열매들이 드러나게 하는 것이라고 할 수 있다. 하나님의 말씀을 제대로 배우면 두 가지 변화가 일어난다. being과 doing의 변화이다. 이 두 가지는 동전의 양면과 같이 중요하다. 두 가지 중 한 가지가 빠진다면 결코 성숙한 신자라고 할 수 없을 것이다. 그런데 우리가 여기서 반드시 염두에 두어야 할 것은 순서이다. 두 가지가 모두 성숙한 신자의 표지인 것은 맞지만, 내적인 변화를 거쳐 선한 일을 행하는 자리로 나아가야만 한다. 선한 일을 행하는 능력이 말씀으로 변화된 증표이다. 그렇다고 해서 모든 선한 행동이 내적인 변화의 결과로 만들어지는 것은 아닐 수 있다. 선한 일을 행하기는 하지만, 내적인 변화는 전혀 없는 상태로 행동할 수 있다. 어떻게 그럴 수 있는지 언뜻 보면 잘 이해가 되지 않는다. 그러나 곰곰이 생각해 보면 얼마든지 가능하다는 것을 알게 될 것이다. 예를 들어보자. 선한 일을 행하는 사람이 되는 것은 기독교인들에게만 해당하는 덕목이 아니다. 모든 고등 종교가 다 그것을 추구해간다. 어떤 경우에 불교 신자들이 기독교인들보다 더 긍휼함이 풍성할 때가 있다. 이슬람 사람들이 우리보다도 더 경건한 모습으로 드러날 때도 많다. 외적인 행동만을 가지고는 어느 사람이 하나님의 사람으로 변화되었다는 것을 확실히 보증할 수 없다. 중요한 것은 그러한 외적인 변화가 주님과 만난 내적인 변화 과정을 통해 만들어진 것이 되어야만 하는 것이다.

에베소 교회는 외적으로 많은 선한 일을 행한 교회이다. 여러 가지 장점으로 인해 칭찬할 만한 것이 많은 교회이다. 그러나 아직 위대한 교회는 아니다. 좋은 교회가 목표라면 에베소 교회는 나름대로 높은 점수를 얻을 수 있는 교회이다. 그러나 위대한 교회로 인정받기에는 결정적으로 내적인 것이 부족한 교회이다. "좋은 기업을 넘어 위대한 기업으로." 우리가 심심치 않게 접하는 문구이다. 교회의 목표도 마찬가지이다. 좋은 교회를 넘어서 위대한 교회가 되는 것이다. 이런 면에서 에베소 교회의 메시지는 어떻게 좋은 교회를 넘어서 위대한 교회로 나아갈 수 있는지를 알려 준다. 자! 이제 보다 구체적으로 에베소 교회를 통하여 주시는 교훈을 두 가지로 생각해 보자. 좋은 교회에서 위대한 교회로 나아가려면 어떻게 해야 하는가? 이에 대한 첫 번째 대답은 이것이다.

주님을 위하여 선한 일을 행하기에 힘쓰는 좋은 교회

에베소 교회는 주변의 거짓된 가르침에서 기독교 신앙을 지켜낸 교회이다. 교리에 정통한 교회이다. 오늘날로 말한다면, 정통 보수파 교회 정도 될 것이다. 꽤 유서 깊은 신앙 전통을 가지고 있는 교회이다. 성도들이 성경 지식으로 제대로 무장된 교회이다. 이렇게 겉으로 드러나는 모습으로 볼 때, 에베소 교회는 주님에게 칭찬받아 마땅한 교회처럼 보인다. 요한계시록 2장 2-3절에 보면, 우리의 예상대로 주님은 에베소 교회가 얼마나 좋은 교회인지를 알고 계신다. 주님이 에베소 교회를 인정하신다. 칭찬해 주신다. 칭찬의 내용이 2장 2-3절에 잘 소개되어 있다.

내가 네 행위와 수고와 인내를 알고 또 악한 자들을 용납하지 아니한 것과 자칭 사도라 하되 아닌 자들을 시험하여 그의 거짓된 것을 네가 드러낸 것과 또 네가 참고 내 이름을 위하여 견디고 게으르지 아니한 것을 아노라(계 2:2-3).

주님이 이 정도 칭찬하신 교회도 드물다. 확실히 에베소 교회는 평균 수준을 넘어서는 교회인 것이 분명하다. 이른바 좋은 교회라고 할 수 있다. 디모데후서 3장 17절로 말씀드리면 주님을 위하여 선한 일을 행할 능력을 구비 한 교회라고 할 수 있다. 좋은 교회의 중요한 특징을 구비 한 교회이다.

지금까지 에베소 교회가 주님에게 칭찬받는 모습을 통해서 주님을 위하여 선한 사역에 앞장서는 교회가 되어야 할 것을 논의했다. 그러나 결코 첫 번째 메시지가 전부는 아니다. 외적으로 선한 사역을 하는 것이 전부였다면 주님이 에베소 교회를 호되게 책망하실 필요는 없었을 것이다. 장점은 그대로 계승하되, 무엇인가가 잘못된 것을 고쳐야만 위대한 교회로 우뚝 설 수 있기에 주님이 책망하신 것이 분명하다. 주님의 책망 속에 담긴 좋은 교회에서 위대한 교회로 나아가는 두 번째 교훈을 함께 생각해 보고자 한다. 좋은 교회를 넘어 위대한 교회가 되려면 어떻게 해야 할까?

주님을 향한 사랑 안에서 선한 일을 행하는 위대한 교회

비록 주님께서 외적으로 펼쳐지고 있는 에베소 교회의 선한 사역에 대하여는 칭찬하시지만, 거기에 안주하면 안 된다고 경고하신다. 본문 4절에 있는 말씀처럼, 그러한 선한 일이 얼마든지 주님을 향한 첫사랑을 잃어버린 채 행해질 수 있다는 것을 경고하신다. 나름대로 좋은 장점이 많았던 에베소 교회를 책망 하신 이유가 여기에 있다. 선한 사역만으로 좋은 교회가 될 수는 있지만, 결코 위대한 교회는 될 수 없기 때문이다. 디모데후서 3장 17절을 가지고 말해 본다면, 얼마든지 하나님의 사람으로 온전케 되는 일이 없이 선한 일에 힘쓰는 교회가 될 수 있다. 주님을 향한 첫사랑을 잃으면 주님을 향한 선한 사역도 중단되어야 마땅하지만, 언제나 그렇게 되지는 않는다. 에베소 교회의 실례처럼, 내적으로 주님과의 첫사랑을 잃어버렸음에도 외적으로 선한 사역을 감당하는 모습으로 드러낼 수 있다. 주님과의 지속적인 사랑이 중단된 채 행해지는 선한 사역들은 의무감으로 행하는 사역이다. 위선의 모습이라고 할 수도 있다.

물론 에베소 교회가 처음부터 이렇게 첫사랑을 잃어버린 것은 아니다. 처음에 에베소 교회 성도들은 주님을 감격적으로 만났다. 그 감격으로 인하여 밥을 굶어도 행복한 날들을 보내게 되었다. 주님과 나누게 된 첫사랑의 달콤함 때문에 에베소 교회 성도들은 아름다운 열매들을 만들어 내었다. 주님을 위한 선한 역사에 힘을 쏟아부었다. 만만치 않은 수고를 해야 했지만, 주님을 향한 사랑 때문에 하나도 힘든 줄 모르고 그분이 원하시는 사역에 헌신했다. 주님에 대한 사랑 때문에 단호히 이단을 거절하는 자리로 나아갔다.

그러나 시간이 지나가면서 이러한 주님을 향한 첫사랑은 점점 빛을 잃어버렸다. 에베소 교회가 점차로 초심을 잃었지만, 외적으로 변한 것이라고는 아무것도 없어 보였다. 오히려 외적으로는 시간이 지날수록 더 화려하고 더 그럴싸한 모습으로 주님을 섬기는 것처럼 보였다. 문제는 겉으로 드러나는 모습이 아니라 주님과의 '내적인 관계'에 있었다. 어느 순간부터인지 모르겠지만, 점차로 그들의 내면은 주님을 향한 사랑으로부터 멀어져갔다. 점점 더 종교인으로 사는 자리에 익숙해졌다. 주님과 나누었던 짜릿한 사랑의 관계는 시들해졌다.

이러한 에베소 교회의 모습은 곧 우리의 모습을 예견하고 있다. 에베소 교회처럼 우리도 어느 순간부터인지 첫사랑을 잃어버렸다. 흥미로운 것은 첫사랑을 잃어버렸지만, 외적인 활동은 더 요란해졌다. 오히려 이전보다도 더 부산한 움직임으로 주님을 섬겼다. 더 안타까운 점을 첫사랑을 잃어버렸지만, 주님을 위한 사역에 불편함은 없어졌다. 타성에 젖었다. 익숙해졌다. 이러한 우리의 모습을 보면서 질문하게 된다. 도대체 어디서부터 잘못된 것인가? 이제 우리는 어디로 가야 하는가? 이에 대한 답은 분명하다. 첫사랑의 아름다운 시절로 되돌아가야 가는 것이다. 다시 주님과 친밀한 교제를 나누던 그 신선한 봄날로 되돌아가야만 한다. 그때 우리는 좋은 교회에서 위대한 교회로 나아갈 수 있게 될 것이다.

위대한 교회로 나아가기 위한 올바른 적용

　좋은 교회에서 위대한 교회로 나아가라는 교훈에 대하여 올바른 적용이 필요하다. 내적으로 주님과 첫사랑을 잃어버린 채, 외적인 활동과 사역들을 감당하게 될 때, 우리가 엉뚱한 결단을 하는 경우가 있다. 내적으로 주님과 올바른 관계를 맺지 못하고 주님을 위한 일을 하게 될 때, 즉각적으로 나 자신이 너무나 위선적이라고 느끼게 된다. 그때 많은 신자는 괴로워한다. 그러다가 그동안 행해왔던 모든 '선한 행위'를 중단하는 것으로 답을 찾는다. 그러나 이것은 아주 잘못된 답안지이다. 예를 들어, 어느 성도가 구역장으로 봉사한다. 그런데 도대체 내적으로 아무런 기쁨도 없고 만족도 없다. 매 주일 구역장 사역을 감당 하는 것이 너무 힘겹다. 의무감으로 하기는 하는데 마음에 주님을 향한 사랑이 없다. 그러다 보니 영혼들을 향한 사랑은 더더욱 없다. 이러한 상태로 괴로워한다. 그러다 급기야 어디로 가는가 하면, 구역장을 그만두는 쪽으로 결단한다. 그러한 판단이 매우 양심적인 듯 보이지만, 올바른 적용은 아니다. 내심령에 주님과의 첫사랑이 없어졌다고 선한 행위 자체를 아예 중단해서는 안 된다. 오히려 더 적극적으로 첫사랑 회복에 주력해야 한다. 에베소 교회의 모습은 사랑 없이 행하는 선한 사역이기에 보기에 따라서 위선적일 수 있다. 그런데도 주님은 에베소 교회의 선한 행위를 칭찬하고 계신다. 선한 사역에 힘쓰는 것은 잘못이 아니다. 아니, 우리는 억지로라도, 위선적이라고 느껴질지라도 끝까지 선한 일을 계속해야만 한다. 그것을 주님이 기뻐하신다. 그 선한 사역을 내려놓는 것이 대안은 아니다.

오히려 몸부림치고 고쳐야 할 영역은 첫사랑이 느껴지지 않는 내적인 상태이다. 우리가 나아가야 할 방향은 좋으신 주님께 첫사랑을 회복시켜 달라고 간청하는 것이다. 다시 강조하고 싶다. 우리의 문제는 첫사랑이 없어진 것이다. 선한 사역을 계속하는 것에 문제가 있는 것이 아니다. 첫사랑을 잃어버린 것을 한탄해야지 주님이 맡겨주신 선한 사역을 중단하거나 포기하는 것은 올바른 선택이 결코 아니다. 아무리 우리의 위선적인 모습에 죄책감이 느껴져도 우리가 행하는 사역들, 교회 안팎을 섬기는 봉사들, 그리고 세상을 향한 선행을 계속해야 한다. 결코 중단해서는 안 된다. 주님이 그것을 귀하게 칭찬하시기 때문이다. 우리가 참으로 아파해야 할 부분은 우리의 심령이 주님의 사랑으로 타오르지 못하는 것이다. 어디서부터 이렇게 되었는지를 깊이 생각해서 다시금 잃어버린 사랑을 회복하는 것이 올바른 방향이다. 좋은 교회에서 위대한 교회가 되려면 반드시 우리들의 심령이 주님의 사랑으로 지속해서 불타오를 때 가능하다. 그 결과로 선한 사역을 감당해야만 하는 것이다.

> "주님 잃어버린 첫사랑의 감격을 회복한 사람으로 주님의 선한 사역에 쓰임 받게 하옵소서!"

요한계시록 2장 8~11절

8 서머나 교회의 사자에게 편지하라 처음이며 마지막이요 죽었다가 살아나신 이가 이르시되 9 내가 네 환난과 궁핍을 알거니와 실상은 네가 부요한 자니라 자칭 유대인이라 하는 자들의 비방도 알거니와 실상은 유대인이 아니요 사탄의 회당이라 10 너는 장차 받을 고난을 두려워하지 말라 볼지어다 마귀가 장차 너희 가운데에서 몇 사람을 옥에 던져 시험을 받게 하리니 너희가 십 일 동안 환난을 받으리라 네가 죽도록 충성하라 그리하면 내가 생명의 관을 네게 주리라 11 귀 있는 자는 성령이 교회들에게 하시는 말씀을 들을지어다 이기는 자는 둘째 사망의 해를 받지 아니하리라

Αποκάλυψις Ιωάννου

5. 서머나 교회를 향한 교훈

들어가며

〈꽃 한 송이〉

민들레꽃 한 송이를

민들레가 피웠다면

하늘은 뭐가 되고

땅은 또 뭐가 되나

하늘이 피웠다 하면

민들레는 뭐 되나

위의 시는 민들레가 어떻게 꽃을 피우게 되는지를 흥미롭게 제시한다. 먼저는 하늘과 땅의 도움으로 가능케 되었음을 밝힌다. 하지만 그렇다고 해서 민들레의 노력을 결코 간과해서는 안 된다고 말한다. 민들레가 피어나는 이야기에 하늘과 땅의 기여와 민들레의 수고를 함께 바라보게 한다. 성경 해석도 이와 같아야 한다. 무슨 뜻금 없는 소리냐고 할지 모르지만, 성경도 신적인 측면과 인간적인 측면을 모두 존중해야만 제대로 의미가 드러난다. 신적인 요소와 인간적인 요소 가운데 어느 하나라도 소홀히 다루게 된다면 반쪽짜리 성경 읽기와 해석이 되고 마는 것이다. 이러한 조화와 균형, 통합과 상생의 해석학을 위한 신학적 근거는 예수님의 성육신이다. 성육신은 참 하나님(신적 측면)께서 참 인간(인간적 측면)이 되신 이야기이다. 하나님의 요소 없이 인간이 되는 것으로도, 인간의 요소 없이 하나님으로 계신 이야기도 아니다. 두 요소의 온전한 통합이 성육신의 역사를 가능케 한다. 우리들의 성경 해석도 성육신적 이어야만 하는 이유가 바로 여기에 있다. 그렇게 본다면 역동성을 상실한 기계적인 구속사적인 성경 읽기와 해석도 문제가 되고, 그저 영웅전 식으로 성경을 읽은 도덕주의적이고 인간 중심적인 성경 읽기와 해석도 우리가 서야 할 자리가 아니다. 전자는 인간적인 측면의 부재로 청중의 현실과 실존 그리고 삶을 향한 적용을 상실한 무미건조한 논의로 전락해 버리고 만다. 이에 반해서 후자는 성경이 일관되게 담아내고 있는 신 중심적 관점을 간과하는 치명적인 함정에 빠지는 위험에 처하게 된다. 그동안 한국 교회는 두 관점의 통합이 이루어지지 않은 채 각자 입장과 견해로 한 방향으로만 성경을 읽어온 것이 사실이다. 그러기에 신 중심적인 안목과 인간적인 측면을 포괄하는 성경 읽기가 그 어느 때보다도 절실히 요구된다고 하겠다.

우리가 다룰 본문은 서머나 교회에게 주신 말씀이다. 서머나 교회에 보내는 메시지를 두 측면으로 나누어 하나씩 고려해 보는 것으로 성육신적인 읽기와 해석의 한 실례를 제시해 보고자 한다.

하나님의 위대하심으로 이기는 교회가 된다는 사실을
한시도 잊지 말아야

하늘(하나님)의 도움 없이 민들레꽃 한 송이가 스스로 피어났다고
하지 말아야 한다. 민들레꽃이 피어나는 것은 민들레의 노력만으로
이뤄지는 것이 아니다. 꽃을 피울 수 있는 적당한 환경이 만들어져
야만 가능한 것이다. 이와 마찬가지로 하나님의 도우심 없이 신자
는 이기는 자가 될 수 없다. 서머나 교회는 빌라델비아 교회와 함께
일곱 교회 가운데 책망이 없고 칭찬만 있는 교회이다. 그만큼 주님
의 마음을 시원케 해 드린 교회라는 말이다. 이러한 이유로 자칫 서
머나 교회를 (빌라델비아교회도 마찬가지이지만) 이상적으로 표현하려는 경향
으로 흐르는 것을 본다. 그 의도는 충분히 이해된다. 서머나 교회의
장점을 최대한 부각해서 그것을 오늘을 사는 성도들의 삶의 지표로
삼으려는 것이다. 그러나 서머나 교회가 스스로 피어오른 것이라고
하면, 하늘은 뭐가 되고, 땅은 뭐가 되는가! 하늘과 땅의 은총이 없
었다면 민들레가 꽃 한 송이를 피어나게 할 수 없었듯이, 서머나 교
회의 위대함은 일차적으로 하나님의 위대하심의 결과인 것으로 보
아야 한다. 서머나 교회가 본래 탁월한 자질이 있어서 승리한 것처
럼 여겨서는 안 된다는 말이다. 오히려 정반대이다. 서머나 교회는
환난과 궁핍이 있는 교회이고 빌라델비아 교회는 적은 능력의 교회
이다. 칭찬만 들은 두 교회는 세상의 기준으로 보면 변방으로 밀려
난 교회들이다. 그러한 교회들을 하나님께서 함께 해 주신 것이다.
연약하기에 더욱더 짠한 마음으로 붙잡아 주신 것이다. 서머나 교회

의 위대함의 근거는 무엇보다도 하나님의 평가 기준이 세상의 기준과는 판이하게 다르기 때문이다. 서머나 교회 자신의 위대함에 기인한 것이 아니라, 그 교회를 다른 눈으로 바라보시는 주님의 시선 때문이다. 무결점 교회이기 때문에 칭찬만 받게 된 것이 아니다. 그렇게 읽어서는 안 된다. 오히려 서머나 교회를 통해 우리는 하나님에게는 인간적인 유능함이나 자질이 큰 의미가 없다는 것을 알게 된다. 하나님께서 함께 하시면 그 어떤 환난과 궁핍의 자리에 있는 신자도, 교회도 위대해질 수 있다는 것을 분명히 말해주고 있다.

분투(참음)로 이기는 교회가 될 수 있음도 절대로 간과하지 말아야

이제 두 번째 측면을 적용해서 교훈을 찾아보자. 하늘(하나님)의 도움으로 되었다는 것이 민들레 한 송이가 비바람을 견디는 인고의 과정 없이 피어올랐음을 뜻하지 않는다. 전적인 은혜라는 말은 하나님의 위대하신 주도권을 인정하는 말이 되어야지 인간의 책임과 의무를 다하지 않아도 된다는 의미로 이해해서는 안 된다. "은혜"와 "주권"의 반대말이 "분투"와 "참음"이 아니다. 이 둘이 함께 가야 한다. 우리는 하나님 은혜의 역사와 서머나 교회의 신앙적 분투가 함께 역설적 긴장 속에서 조화와 일치를 이루는 길을 찾아야 한다. 그렇다면, 어두운 환경 속에서도 서머나 교회가 칭찬만을 듣게 된 것을 이렇게 표현해야 할 것이다. 어두운 환경에도 '불구하고 이김'이라기보다는 어두운 환경 '때문에 이김'이라고 이해해야 한다. '때문에'라는 표현을 사용하면, 하나님의 은혜와 인간의 책임이 함께 공존할 수 있게 된다. 이 표현은 어두운 환경을 신자들을 기르시는 최적의 양육 장소로 만드시는 하나님의 놀라운 손길과 그러한 하나님을 붙잡고 끝까지 분투하는 성도들의 인내를 절묘하게 결합할 수 있게 한다. 하나님께 모든 영광을 돌리면서도 동시에 인생 편에서 그분께 드려야 할 올바른 반응과 책임 있는 응답이 있어야 하기에 환난과 궁핍에도 '불구하고' 이긴 교회가 아니다. 오히려 환난과 궁핍 '때문에' 이긴 교회라는 표현이 더 타당해 보인다.

이에 대한 구체적인 실례로 다니엘의 승리에 대하여 생각해 보자. 그는 어린 나이에 바벨론에 포로로 잡혀갔다. 조국을 잃고 노예로 살아가야 하는 삶이 얼마나 비극적인지 길게 설명할 필요가 없을 것이다. 그러한 척박한 삶의 자리에서도 다니엘의 모습은 흐트러짐이 없다. 올곧게 믿음의 길을 걷는다. 성경은 솔직한 책이다. 결코 인간을 영웅화하거나 미화하는 책이 아니다. 그런데 다니엘에 대한 기록은 칭찬 일색이다. 다니엘서에서 그의 결점을 찾아볼 수가 없을 정도이다. 본문의 서머나 교회의 모습과 유사하다. 차이가 있다면 다니엘은 개인이고 서머나 교회는 공동체라는 것 뿐이다. 그렇다면 다니엘을 어떻게 보아야 하는가? 남다른 신앙으로 포로의 환경에도 '불구하고' 승리한 신앙인의 표본으로 읽어야 하는가? 그렇지 않다. 이미 상술한 것처럼, 다니엘도 역시 포로의 환경 '때문에' 승리한 신자의 본보기로 제시되어야 한다. 우리 하나님은 천적 속에서 우리를 만들어 가시는 분이시다. 이러한 하나님의 관점 안에서 다니엘의 신앙적인 면들이 얼마나 귀한 것인지를 제시할 수 있을 것이다.

오늘을 위한 적용

날이 갈수록 느끼게 되는 것은 삶이 버겁다는 것이다. 한 때 〈아프니까 청춘이다〉라는 책이 베스트셀러였다. 이것은 아픈 청춘들이 그만큼 많다는 것을 방증하는 것이다. 그러나 청춘만 아픈가? 그렇지 않다. 이 땅의 모든 인생이 아프다. 그러니 아프니까 청춘이 아니라 아프니까 인생이라고 해야 할 것이다. 그런데 만일 이렇게 우리를 두렵게 하고 무기력하게 만드는 환경들을 그저 우리들의 강인한 믿음으로만 극복해야 한다면 그것은 큰 절망일 것이다. 그것은 마땅히 그래야만 하는 당위의 명령이 되고 만다. 우리는 그 당위의 명령으로만 일어설 수 있는 존재가 아니다. 당위의 명령을 알지 못해서 낙심의 자리에 있는 것이 아니다. 아는 대로 살지 못하는 것이 우리의 문제이다. 어두운 현실에도 불구하고 이기는 신자가 되어야 한다는 권면만으로는 충분하지 않다. 그것이 성경이 가르치는 진리의 전부라면 우리는 깊은 한숨을 내쉬고 말 것이다.

다행인 것은 우리 주님은 우리를 그저 당위의 명령으로만 몰아붙이는 분이 아니시라는 점이다. 우리의 문제를 더 노력하고 더 분투해야 할 영역의 부족이라고만 말씀하지 않는다. 일차적으로 그 어두운 환경 속에서도 나를 기르시는 분이라고 말씀하신다. 요한계시록 12장 6절이 이에 대한 확실한 증거의 말씀이다.

"그 여자가 광야로 도망하매 거기서 천이백육십 일 동안 그를 양육하기 위하여 하나님께서 예비하신 곳이 있더라."

여기에 등장하는 여자는 교회를 상징한다. 교회가 용의 공격을 피해 광야로 도망을 한다. 그러니까 광야는 도주한 교회가 머무는 비상 대피소이다. 비상 대피소의 현실을 기뻐할 수 있는 사람은 없을 것이다. 한숨이 나오고, 하나님을 향한 원망과 삶에 대한 두려움이 엄습해 오는 곳이 비상 대피소이다. 성경은 지금 그 광야 같은 현실을 마땅히 견디어 내라고 명령하지 않는다. 마침내 그 자리로 가야 하겠지만, 그 전에 한 가지를 상기시킨다. 그 광야, 비상 대피소가 하나님이 우리를 다루시는 '양육처'임을 알게 하신다. 그것도 하나님의 치밀한 계획과 섭리 속에서 예비하신 양육처라고 말씀하신다. 결코 광야가 손해되지 않게 역사하실 것을 천명하시는 것이다. 주님은 우리로 어두운 환경을 만나게 하시지만, 그 어두운 환경 때문에 패하지 않게 하신다. 오히려 이김을 보게 하시려고 우리를 광야로 인도하시는 것이다. 이 사실을 아는 것이 매우 중요하다. 내가 직면할 '암담한 현실'이 스스로 싸워내야 할 현실이 아님에 얼마나 위로를 받는지 모른다. 하나님께서 나를 빚어내시기 위하여 예비하신 양육의 장소가 되게 하실 것임을 알기에 어둠 속에서도 발을 내디딜 수 있는 것이다. 어두운 환경을 이길 힘은 없지만, 어두운 환경 때문에 이기게 하실 하나님의 인도하심을 따라 은혜의 물줄기를 역행하지 않고 몸을 맡길 수 있을 것이다. 너무도 무기력해서 장애물을 뚫고 헤엄쳐 나갈 수는 없지만, 어두운 환경 혹은 천적 속에서 나를 만들어 가시는 그분의 계획, 그 위대한 물줄기에 나를 맡기며 가야 한다. 그분의 인도하심과 반대로 역주행하지 않고 그렇게 인도하시는 물결을 타고 나아가다 보면 한 주, 한 주 시간이 지나가면서 나를 만들어 가실 그분을 발견하게 될 것이다.

이제 우리는 어두운 환경 때문에 오히려 우리를 이기게 하시는 하나님의 측량할 수 없는 반전의 드라마를 따라가야 한다. 우리를 향하신 하나님의 거대한 물줄기에 우리 자신을 맡겨야 할 때다. 그분의 인도하시는 길을 따라가다 보면 왜 우리에게 환난과 궁핍을 허락하셨는지, 다니엘처럼 어두운 환경의 자리에 놓이게 하셨는지를 분명히 깨닫게 하실 것이다. 반드시 어두운 환경 '때문에' 신자는 이기게 된다.

요한계시록 2장 12~17절

¹² 버가모 교회의 사자에게 편지하라 좌우에 날선 검을 가지신 이가 이르시되 ¹³ 네가 어디에 사는지를 내가 아노니 거기는 사탄의 권좌가 있는 데라 네가 내 이름을 굳게 잡아서 내 충성된 증인 안디바가 너희 가운데 곧 사탄이 사는 곳에서 죽임을 당할 때에도 나를 믿는 믿음을 저버리지 아니하였도다 ¹⁴ 그러나 네게 두어 가지 책망할 것이 있나니 거기 네게 발람의 교훈을 지키는 자들이 있도다 발람이 발락을 가르쳐 이스라엘 자손 앞에 걸림돌을 놓아 우상의 제물을 먹게 하였고 또 행음하게 하였느니라 ¹⁵ 이와 같이 네게도 니골라 당의 교훈을 지키는 자들이 있도다 ¹⁶ 그러므로 회개하라 그리하지 아니하면 내가 네게 속히 가서 내 입의 검으로 그들과 싸우리라 ¹⁷ 귀 있는 자는 성령이 교회들에게 하시는 말씀을 들을지어다 이기는 그에게는 내가 감추었던 만나를 주고 또 흰 돌을 줄 터인데 그 돌 위에 새 이름을 기록한 것이 있나니 받는 자 밖에는 그 이름을 알 사람이 없느니라

Αποκάλυψις Ιωάννου

6. 버가모 교회를 향한 교훈

들어가며

십인십색(十人十色)이란 '열 사람이 있으면 열 가지 색깔이 있기 마련'이라는 뜻으로 사람마다 생김새, 기호, 취미, 생각들이 제각기 다름을 이르는 말이다. 이렇게 우리는 모두 각양각색의 인생을 살아가고 있다. 인생이라는 이름으로 살아내야 하는 삶의 자리와 환경이 모두 다르다.

요한계시록 2장의 버가모 교회와 그 교인들도 남다르게 특별한 삶의 현실에 처해 있다. 그들이 처한 특별한 현실 앞에서 힘듦을 호소할 수밖에 없는 지경이다. 버가모 교회의 특수한 상황을 알아보자. 버가모는 로마 제국 아시아주의 행정 수도이다. 아시아에서 최초로 로마 황제를 숭배하기 위해 황제에게 드리는 신전을 건설하여 바친 황제 숭배의 중심지였다. 이러한 우상 숭배의 본거지 중에 바로 한 곳이었기에 사단의 권좌(보좌)가 있는 곳이라고 말하고 있다. 그들이 당한 극심한 환난과 박해를 짐작할 수 있게 하는 구체적인 예가 바로 안디바의 순교이다. 이는 버가모 교회가 극심한 박해의 상황 속에 직면해 있는 교회임을 알게 한다. 버가모 교회의 상황을 우리 개개인으로 대입해서 적용해 보자. 버가모 교회 같은 상황이 내가 직면한 현실일 수 있다. 그때 우리는 "주님 왜 나에게만 이렇게 힘든 현실을 주시는 것입니까?"라는 불만이 터져 나올 수밖에 없다. 남들은 다들 행복하게 보이는데 나에게만 유독 힘겨운 인생의 길을 허락하시는지 이해되지 않는다.

주목할 부분은 13절이다. 그런 교회와 신자를 향하여 주님은 아신다고 말씀하신다. "네가 어디에 사는지를 내가 아노니…." 사실 아신다는 것은 비단 버가모 교회를 향해서만 쓰신 표현이 아니다. 일곱 교회를 향한 후렴구로 주님이 아신다는 것이 반복해서 등장한다 (2:2; 2:9; 2:13; 2:19; 3:1; 3:8; 3:15). 일곱 번이나 후렴구처럼 반복된다는 것은 그만큼 중요한 메시지임을 강조하는 것이다. 무엇을 강조하려는 것인가? 주님이 알지 못하는 가운데, 즉 주님의 계획 밖에서 우리의 인생사가 펼쳐지는 것이 결코 아니라는 것이다. 그만큼 주님이 우리의 상황을 소상히 아시고 깊이 헤아리고 계신다는 뜻이다. 불꽃 같은 눈으로 감찰하신다는 것이다. 그중에서도 버가모 교회를 향해 내가 어디에 사는지를 아신다는 것은 큰 위로의 말씀이라고 하지 않을 수 없다. 강력한 황제 숭배의 도전으로 순교자들이 속출하는 박해 가운데 버가모 교회가 직면해 있었기에 더욱 위로를 받았을 것이다. 이것이 바로 첫 번째로 나누고 싶은 위로의 메시지이다.

우리가 어디서 사는지를 아시는 주님으로 인하여 위로를 얻어야

우리 삶의 상황이 누구와 비교해 봐도 참 힘든 것일 수 있다. 우리의 현실만 생각하면 그 어디에서도, 그 무엇으로도 참된 위로를 얻지 못할 수 있다. 그러나 중요한 것은 우리가 처한 현실이 아니라 주님이 우리의 처지를 알고 계신다는 점이다. 우리가 얼마나 힘들게 살고 있는지를 아신다는 사실이다. 비록 어렵지만, 그 현실이 다름 아닌 '주님 안에서' 혹은 '주안에서' 직면하게 되는 상황이라는 것이 얼마나 위로가 되는지 모른다.

흔히 "성경이 답이다."라고 하는데, 실상 성경은 우리가 알고 싶은 것에 관한 물음에 모두 답해 주지는 않는다. 대신에 우리에게 꼭 필요한 것에 대하여는 답을 허락해 준다. 만일 우리가 "왜 저에게만 이렇게 (버가모 교회 같은) 힘든 현실을 주시나요?"라고 묻는다면, 성경은 답을 주지 않을 것이다. 질문이 틀렸기 때문이다. 틀린 질문에는 성경은 침묵한다. 바른 질문을 해야 한다. 우리가 해답을 찾을 수 있는 질문은 이것이다. 우리가 처한 상황 속에서 주님은 누구이신가?

주님은 우리가 어디서 사는지를 아시는 분이시다.

주님은 우리가 어떤 시대를 살고 있는지 알고 계신다.

주님은 우리가 얼마나 억울한지를 소상히 알고 계신다.

주님은 우리가 얼마나 고통스러운 자리에서 살아가고 있는지를 알고 계신다.

위대한 영성 신학자인 헨리 나우웬(Henri Nauwen)은 예수님이 끝까지 녹록지 않은 도전 가운데 사명을 감당하게 된 비결에 대하여 예수님께서 늘 "이는 내 사랑하는 아들이요 내 기뻐하는 자라 하니라."
라는 음성을 들으셨기 때문이라고 주장한다.

버가모 교회와 같은 삶의 자리에서도 우리가 승리하기 위해서 들
어야 하는 음성은 "네가 어디서 사는지를 안다."이다. 기막힌 상황
속에서도 우리의 힘은 주님이 아신다는 것이다. 만일 우리에게 이
음성이 들리지 않으면 반드시 실족하고 말 것이다. 오늘도 주님은
힘들어하는 우리를 향하여 이렇게 말씀하신다.

> "사랑하는 아들과 딸아! 내가 너의 눈물을 너의 고단함을 알
> 고 있단다."

주님이 우리의 처지를 아시는 것으로 값진 위로의 자리로 나아가야

지금까지 위로가 중요하다는 것을 강조했다. 그러나 주님이 우리
의 형편과 처지를 아시는 것만으로는 충분하지 않다. 주님이 아신다
는 것이 '값싼 위로'가 돼서는 안 된다. 초라한 삶에 대한 면죄부가
되어서도 안 된다. 성경은 그저 값싼 위로의 교훈만 주지 않는다. 주
님은 우리가 값진 위로의 자리로 나아가기를 원하신다. 값싼 위로는
그저 힘들고 딱한 교회를 감싸 안고 칭찬만을 하는 것이다. 지금까
지 강조한 '우리가 어디에 있는지를 아시는 주님'에 대한 교훈은 주
로 버가모 교회를 칭찬하는 문맥에서 나온 말씀이다.

그러나 주님은 버가모 교회가 힘들다고 결코 칭찬만 하시지 않는
다. 동시에 호된 책망도 하신다. 주님이 아시는 것으로 신자들이 자

신들의 실패와 패배를 정당화시킬 수 없기 때문이다. 늘 현실 앞에서 무너지고 또 무너지면서 '주님 아시지요'라는 푸념을 연발하기를 원치 않으신다. 주님은 우리를 호락호락하게 다루기를 원치 않으신다. 값싼 위로로만 우리를 기르신다면 그것은 자녀를 망치는 길임을 잘 아시기 때문이다. 그래서 버가모 교회를 향해 '너희가 어디서 사는지를 내가 안다'라고 하신 주님이 이제 책망의 칼을 빼 드신다. 그들을 향한 긴장의 고삐를 늦추지 않으신다. 그들은 더 성숙한 모습으로 달려가야 할 교회이기 때문이다.

이러한 이유로 버가모 교회를 향한 주님의 모습은 어찌 보면 모순적이라고 할 수 있다. 주님의 이미지가 서로 조화되기보다는 충돌하는 듯 느껴진다. 버가모 교회가 어디서 사는지를 아시는 자상한 주님의 모습과 좌우의 날 선 검으로 싸우시겠다는 주님의 모습이 이율배반적이다. 흔히 그렇게 버가모 교회를 향한 상황을 깊이 공감해 주신다면, 위로 일색의 메시지가 되어야만 할 것 같은데 그렇지 않다. 주님은 그들의 형편을 아심에도 불구하고, 가슴 절절히 그럴 수밖에 없는 상황을 공감하심에도 불구하고, 그들의 실패에 대하여, 그들의 신앙적 궤도 이탈에 대하여 가혹한 심판의 말씀을 하고 계신다. 그 내용이 바로 본문 14절이다. 이스라엘 백성들이 발람의 유혹을 받아 발람의 교훈을 쫓은 것처럼, 버가모 교회가 발람과 같은 니골라 당의 교훈을 따르고 있는 상황을 심각하게 고발하신다. 외부적인 황제 숭배를 견디어 냈지만, 긴장이 풀어지면서 내부에 숨어들어온 우상 숭배의 세력과 행음하게 하는 세력 앞에서 넘어지고만 것이다. 이에 대해 주님은 만일 돌이키지 않으면 "내 입의 검"으로 버가모 교회 안에 니골라 당을 추종하는 자들과 싸울 것이라고 하신다(16절). 그 검은 12절에 나온 그 날선 검이다. 그들을 아시는 주님이 매우 자애로운 모습이라면, 심판을 위하여 예리한 양날의 칼로 싸우시는 주님은 너무도 준엄한 모습이라고 할 수 있다.

이것을 인간사로 말하면, 우리 주님은 공과 사를 분명히 구분하시는 분이시다. 내가 너의 딱한 처지를 아는 것 때문에, 너의 죄까지 묵인할 수는 없다고 하신다.

주님이 주시는 핵심 메시지: 환경 때문에 피해당해도, 피해자가 되지는 마라

그 어떤 경우에도 핑계는 없어야 한다. 환경이 어두워서 '피해'를 당할 수 있다. 그러나 환경이 어두워서, 아니 그것을 핑계 삼아 '피해자'가 되어서는 안 된다. 한번은 무너질 수 있지만, 결코 두 번 무너져서는 안 된다. 어느 사람의 말처럼 사탄은 두 번의 승리로 완전한 승리를 거두는 것이다. 환경이 어두워서 '피해'를 주는 것으로 첫 번째 승리를 얻고, '피해자'로 서서 원한을 갚게 될 때 두 번째 승리를 거두게 된다. 우리는 사탄의 공격으로 피해를 받는 불가항력적인 경우가 생긴다. 뜻하지 않게 인생에 흉년이 찾아오는 경우가 많다. 그러나 그것으로 인해 피해를 2차로 받아 내가 피해자가 되지는 말아야 한다. 그것이 한이 되어서 평생 상처로 얼룩진 삶을 살아가면 안 된다. 왜냐하면 주님이 우리의 억울함을 알고 계시기 때문이다. 우리가 주님의 십자가 이야기, 그분의 구속과 사랑 그리고 용서의 이야기 속에 연결된 생애이기 때문이다. 우리는 2차 피해로 가는 길을 차단해 피해자가 되지 않도록 우리 자신을 단속할 수 있다.

이를 위하여 제안하고 싶은 것은 평범한 일상의 삶 속에서 아픈 현실과 분투하며 싸우는 것이다. 주님의 위로를 붙잡고 나의 삶의 자리에 '의미'를 만드는 것이다. 아름다운 꽃을 피어오르게 해야 한다. 요한계시록 2장에서 주님은 날 선 검을 가지고 나오시는 분이시다. 원래는 주님의 백성들을 위해 대적과 싸우시기 위하여 그 검을 드신 것이다. 그런데 주님의 백성들이 우상 숭배와 음행에 빠지자, 자신의 백성들을 향하여 싸우겠다고 선언하시는 것이다.

그렇다면 이제 우리는 일상의 자리, 매일 매일의 시간 속에서 검으로 일하시는 주님을 초대해야 한다. 주님이 우리 편이 되시도록 우리가 그분 편에 서야 한다. 그분이 우리를 위하여 싸우시도록 해야 한다. 주님께서 우리 안에 있는 발람의 세력과 니골라 당의 세력과 싸우시게 해야 한다. 우리 안에 있는 허무와 공허와 싸우시게 해야 한다. 우리 안에 깊이 파인 상처와 피해의식과 싸우시게 해야 한다. 그때 우리는 비로소 어두운 환경에서 승리하게 될 것이다. 이것이 바로 우리가 '값싼 위로'가 아닌 '값진 위로'를 받는 길이다. 주님의 위로는 우리의 수고와 분투 그리고 몸부림 없이도 주어진다. 우리가 그분의 자녀이기에 위로는 언제나 넘친다. 그런데 그 위로로 수고와 분투의 삶으로 나아가지 못하면 그것은 값싼 위로로 전락해 버리고 만다. 주님의 위로가 진정 값비싼 위로가 되려면, 주님이 우리의 형편을 아시는 것을 힘 삼아, 어두운 현실과 싸워 이겨 낼 때이다. 참으로 값진 위로의 길로 나아가는 우리가 되자. 이렇게 우리가 이기는 자가 되면, 만나를 주시겠다고 약속하신다. 흰 돌을 주시고, 그 돌 위에 새 이름을 기록해 주실 것이다. 새롭게 존귀한 이름으로 우리를 불러 주시겠다는 것이다. 우리를 진정으로 알아주겠다고 하신다. 우리의 형편을 아시는 주님이 우리를 알아주실 때까지 분투하며 나아가자.

요한계시록 2장 18~29절
²⁴ 두아디라에 남아 있어 이 교훈을 받지 아니하고 소위 사탄의 깊은 것을 알지 못하는 너희에게 말하노니 다른 짐으로 너희에게 지울 것은 없노라 ²⁵ 다만 너희에게 있는 것을 내가 올 때까지 굳게 잡으라

Αποκάλυψις Ιωάννου

7. 두아디라 교회를 향한 교훈

들어가며

두아디라 교회는 사이비 혹은 신비주의 신앙에 넘어간 교회이다. 두아디라 교회 안에 적지 않은 신자들이 신비주의 신앙에 빠지게 되었다. 교회 안에 잠입해 들어온 제2의 이세벨로 불리는 여인의 미혹에 넘어가 잘못된 종교적인 열심 혹은 영적 체험을 추구하게 된 것이다. 그것으로 인해 불건전한 신비주의 신앙 혹은 우상 숭배와 영적 음행의 길을 걷게 된 것이다. 어쩌면 일곱 교회를 향한 메시지의 핵심은 일차적으로 '두아디라 교회처럼 되지 말라'로 집약할 수 있다. 두아디라 교회처럼 거짓된 가르침에 미혹되어 우상 숭배와 음행의 길로 나아가기를 중단하고, 건전한 신앙의 자리를 굳게 지켜 미혹에서부터 이기는 자가 되라는 메시지이다. 일곱 교회를 향한 교훈을 교차 대조(chiasm, 키아즘)의 방식으로 보면 이 점이 확연하게 드러난다.

a. 에베소 교회: 처음 사랑을 버렸느니라(2:4)

 b. 서머나 교회: 칭찬받는 교회, 자칭 유대인의 비방(2:9)

　c. 버가모 교회: 안디바의 죽음(2:3), 죽었으나 살았음

　 d. 두아디라 교회: 거짓 선지자, 우상의 제물, 행음

　c' 사데 교회: 살았으나 죽었다 (3:1)

 b' 빌라델비아 교회: 칭찬받는 교회. 자칭 유대인의 굴복(3:9)

a' 라오디게아 교회: 사랑하는 자를 책망하여 징계하노니 (3:19)

이러한 교차 대조 구조 안에서 제일로 강조되는 교훈은 d 부분에 해당하는 두아디라 교회를 향한 메시지이다. 거짓 선지자로 칭해지는 이세벨 같은 존재를 숭배하고 영적인 변절을 하게 되는 길이 가속화된 결정적인 이유로 '신비주의 신앙에 매료됨'을 꼽을 수 있다. 신비한 현상이나 체험을 추구하게 되면서 점차 기존의 신앙이 시시해 보이고, 보다 자극적이고 감각적인 것들을 붙들게 되는 것이다. 두아디라 교회는 신비주의 신앙으로 인해 무너진 것이다. 사탄의 깊은 것을 추구했다는 24절의 말씀이 그것을 반증하는 것이다. 이러한 두아디라 교회를 보면서 꼬리에 꼬리를 물고 생기는 질문이 있다. 그것은 다음 세 가지이다.

어떤 교회이기에 신비주의 신앙에 빠지게 되는가?

신비주의 신앙에 빠지는 과정은 무엇인가?

신비주의 신앙에서 벗어나는 길은 무엇인가?

궁금증 (1): 도대체 어떤 교회이기에 신비주의 신앙에 빠지게 되는가?

이 질문에 대한 답은 참 충격적이라고 할 수 있다. 그 충격이 되는 부분은 두아디라 교회가 잘못된 신비주의 신앙에 빠질 만한 교회가 아니라는데 있다. 두아디라 교회의 성도들은 저급한 신앙, 값싼 믿음 생활을 한 사람들이 아님에도 불구하고 사이비 혹은 신비주의 신앙에 깊이 빠진 것이다. 신비주의 신앙과는 거리가 멀어 보이는 두아디라 교회가 거기에 빠진 것이 놀라움이다. 두아디라 교회는 너무도 멋진 교회이다. 소위 말해서 '모범생 교회'이다. 장안에 좋은 소문이 난 교회이다. 하나님을 향한 열심이 특별하고, 신앙의 수준이 매우 높은 교회이다. 그런 교회가 신비주의 신앙에 넘어가고 만 것이다. 두아디라 교회가 얼마나 괜찮은(이단에 빠질 수 없는) 교회인지가 19절에 잘 나타나 있다. 주님은 그 교회를 향하여 내가 네 사업과 사랑과 믿음과 섬김과 인내를 아신다고 하신다. 주님을 향한 사랑 안에서 믿음을 가지고 섬기고 인내의 신앙을 가진 교회이다. 열정적으로 주님을 섬기되 내적으로도 충만한 교회이다. 그 다음 구절을 보자. "네 나중 행위가 처음 행위보다 좋다"라고 하신다. 점점 더 진보해 가는 교회라는 뜻이다. 용두사미 형태의 신앙인들이 아니다. 배운 대로 실천하는 신앙의 높은 수준을 추구하는 교회라는 말이다. 주님의 사업에 힘쓰되 공명심이나 이름을 내기 위한 것이 아니라 사랑이 있고, 믿음을 가지고 다른 이들을 진심으로 섬기는 교회이다. 숱한 비바람 속에서도 견디고 서 있는 나무들같이 그렇게 인내의 미덕을 가진 교회이다. 그러면서 계속 눈부시게 하나님 앞에서 성장해 간다. 어제보다 나은 오늘을, 오늘보다 나은 내일을 향하여 계속 발전해 가는 그런 교회이다. 주님께서 두아디라 교회를 향한 칭찬의 정도가 거의 완벽에 가깝다. 두아디라 교회는 첫사랑을 잃은 에베소 교회와는 다른 교회이다. Doing과 Being을 함께 가지고 있는 교회이다. 또한, 두아디라 교회는 순교의 위기 가운데에서도 믿음을 지켰지만, 나중에는 유혹을 당해 세상과 적당히 타협한 버가모 교회와도 분명히 달랐다. 인내의 미덕을 가지고 있는 교회이다. 그런 교회가 사이비 종파의 불건전한 신비주의 신앙에 깊이 빠지게 된 것이다. 이렇게 두아디라 교회는 이단에 빠지는 그런 성도들이 모인 교회가 아니다. 전혀 그런 모습과는 어울리지 않는다. 흔히 이단에 빠진 사람들에게 따라붙는 단어는 기존 교회에 부적응자, 미숙한 인격을 가진 자, 초보적인 신앙인, 환난의 비바람 속에서 흔들리는 믿음을 가진 자, 주님을 향한 사랑이 빈약한 자, 조변석개로 변덕스러운 신자다. 그런데 두아디라 교회는 그것과는 거리가 멀어도 너무나 멀다. 그래서 더욱더 충격적이라고 할 수 있다. 이렇게 주님을 향한 열심과 수준, 그리고 시간이 지날수록 더해 가는 영적 진보를 드러내는 교회가 신비주의 신앙에 빠져서 어쩌면 주님의 마음을 가장 아프게 하고, 매우 심각한 책망을 듣고 있는 것인지도 모른다. 역사상 가장 본이 되는 모델로 쓰일 수 있는 교회인데 너무도 아까운 교회로 전락해 버린 것이다. 여기서 우리는 한 가지 중요한 사실을 깨닫게 된다. 주님을 향한 열정과 성장을 향한 진지한 몸부림과 추구에도 불구하고 넘어질 수 있다는 사실이다. 열정과 수준이 있는데도 신비주의에 넘어갈 수 있다는 사실을 명심해야 한다. 아니 열정과 수준이 있기에 넘어가게 되는지도 모른다. 왜일까? 목마름이 있기 때문이다. 지금 서 있는 신앙에 대한 거룩한 불만족 때문에 더 깊은 곳으로 찾아가기 때문이다. 이러한 자세는 기본적으로는 너무도 귀하고 칭찬할 만한 모습이다. 파스칼이 말한 것처럼, "나는 오직 신음하며 추구하는 자만을 인정한다."라고 할 정도로 신앙의 본질은 추구에 있는 것이다. 기독교 신앙에 대하여 더 알기를 원해야 한다. 그러나 그러한 선한 열심과 간절한 추구에는 언제나 유혹이 따른다는 사실도 명심해야 한다. 미혹의 세력이 우리를 따라다니며 곳곳에 넘어뜨리려는 함정이 도사리고 있다. 아마도 신앙생활에서 결코 방심이 없음이 두아디라 교회를 통해서 우리에게 말씀하시는 교훈일 것이다. 스티븐 코비(Stephen R. Covey)의 말처럼, '시간 관리'보다 우선적인 것은 '방향 관리'이다. 넘어질까 조심하면서 늘 우리들의 방향을 점검해야 한다.

궁금증 (2): 신비주의 신앙에 빠지게 되는 과정은 무엇인가?

지금까지 어떤 교회였기에 신비주의를 추구하는 이단에 빠졌는지를 살펴보았다. 또 한 가지 이어지는 궁금증은 '어떻게 그럴 수 있나?'이다. 신비주의 신앙과는 거리가 먼 교회가 어떻게 이렇게 신비주의 신앙에 빠질 수 있는지가 궁금하다. 무엇이 이토록 고상한 신앙을 소유한 교회를 신비주의 신앙에 넘어지게 한 것일까?

이단에 빠져가는 과정을 알기 위해서 우리가 주목해 보아야 할 것은 두아디라 교회가 처한 상황과 그분이 하시는 책망의 말씀이다. 먼저 20절의 말씀을 보면, "자칭 선지자라 하는 여자 이세벨"이 교회 안에 가장 강력한 세력으로 자리 잡은 것을 알 수 있다. 주님과의 관계 안에 깊은 곳으로 초대한 것이 아니라 정반대로 사탄의 깊은 곳으로 성도들을 인도한 것이다. 그녀가 처음부터 사탄의 깊은 곳으로 이끌고 간 것은 아니다. 그런 노골적인 전략에 성도들이 미혹될 리가 없다. 그렇다면 어떻게 사단의 깊은 곳으로 성도들을 이끌고 갔을까? 본문에는 자세한 설명이 없다. 그래서 우리는 성경 다른 구절의 도움을 받아서 답을 찾아야 한다. 어떻게 사단의 깊은 곳으로 성도가 이끌려 갈까? 이를 위해서 거짓 선지자의 특징을 밝히는 요한계시록 13장 11-14절로 가야 한다. 이세벨은 거짓 선지자들의 모습과 흡사하다. 거짓 선지자의 모습에서 이세벨이 교회를 유혹하는 과정을 3단계로 설명할 수 있다.

첫째 단계는 거짓 선지자는 '어린 양같이' 사람들에게 다가온다. 광명의 천사를 가장해서 성도를 미혹하는 것이다(13:11). 무엇인가를 간절히 열망하며 추구하는 사람들이기에 더욱더 허점이 있는 것을 알고 예수님의 모습을 패러디해서 들어온 것이다. 이것이 두아디라 교회에 들어온 이세벨의 모습이다. 그래서 성도들이 속는 것이다.

둘째 단계는 용처럼 말하는 것이다(13:11). 어린 양을 패러디하고 있지만, 실질적인 본질은 용에 속한 자이다. 겉모습은 어린 양이지만 용처럼 말한다. 사단의 음성이다. 이세벨은 천사의 모습으로 와서 용처럼 말을 해서 성도를 미혹한다. 무엇이라고 말했을까? 그녀는 매우 매력적인 모습으로 두아디라 교회의 성도들이 가장 혼란스러워하는 문제에 대하여 답을 제시했을 것이다. 그것이 무엇인지를 두아디라 교회의 배경을 통해 설명해 보자.

두아디라는 팍스 로마나 (Pax Romana)를 지키는 중요한 군사도시였다가, 점차로 상업 도시로 자리매김하게 된 곳이다. 특히 염색, 가죽, 의복 같은 것이 발달 된 곳이다. 그리고 거기에는 각종 사업 조합들이 있었다. 그것이 바로 '길드'라는 것이다. 불이익을 당하지 않고 장사를 하려는 사람들은 길드에 가입하게 된다. 문제는 여기서 발생한다. 길드마다 수호신이 있었기에 길드에 가입한다는 것은 곧 그 수호신의 수하에 들어간다는 걸 인정하는 것이다. 또한, 조합원들은 사업의 번창을 위해서 정기적으로 자기들이 섬기는 수호신에게 제사를 지냈다. 그리고 제사가 끝나면 제사음식을 나누어 먹으면서 혼이 나가도록 잔치를 즐기고, 여인들을 불러들여 음행을 저지르기도 했다. 기독교 신앙에 깊이를 추구하는 신자들의 고민이 깊었을 것이 분명하다. 현실적으로 길드에 가입하지 않고는 생업을 유지할 수 없는 상황에서 길드에 가입해야 하는 문제에 대한 명확한 답이 필요했다. 길드에 가입해야 하는가? 아니면 불이익을 감내하고라도 신앙의 순결을 선택해야 하는가? 이때 매력적인 모습을 한 이세벨이 등장한다. 어린 양의 탈을 쓰고 용처럼 속삭인다. "길드에 가입하는 것은 결코 죄가 되지 않아!" "각종 제사에 참여하는 것 때문에 마음에 죄책감을 가질 필요가 없는 거야!" "우상에게 바쳐진 음식을 먹는 것은 아무런 문제가 되지 않아!" 심각한 고민 가운데 있었던 두아디라 교인들의 귀를 사로잡는 음성이었을 것이다. 그것도 두아디라 지역 사람들이 모두 귀하게 여기는 재력 있고 영향력이 있는 이세벨이라는 여인의 말이기에 더욱 마음이 흔들린 것이 분명하다. 어떤 이의 표현처럼 그녀는 지금 진리를 양보한 관대함의 길을 제시하는 것이다. 그녀는 지금 욕망과 탐욕의 길을 당당히 걸어가라고 독려하는 것이다. 그 음성은 너무나 매력적이었다. 그동안 두아디라 교인들이 가졌던 마음에 부담이나 찜찜함을 한 방에 날려 보내고, 담대하게 탐욕스러운 길로 나아가게 하는 옵션이었다. 그녀의 음성은 고뇌하던 두아디라 교회를 살리는 복음의 기쁜 소식으로 다가온 것이 분명했다.

셋째 단계는 능력(예언, 은사, 기적)을 행하는 것(13:13-14)이다. 여기에 거짓 선지자가 사람을 이끌 수 있는 가장 강력한 무기가 무엇인지 소개되어 있다. 그것은 바로 큰 이적을 행하여 사람들을 미혹하는 것이다. 이세벨이 그러했음이 분명하다. 예언 기도를 해 주고, 다양한 은사로 대단한 카리스마를 발휘한다. 그녀가 기도해 주면 사람들이 신비한 세계에 들어가기도 하고, 주님의 음성을 직접 듣게 되는 놀라운 이적들을 펼쳤을 것이다. 이러한 능력 행함을 통해 사람들을 신비체험의 자리로 초대하게 된다. 신비체험을 통해 이세벨은 성도들의 장래에 대한 '거짓된 안도감'을 갖게 한다. 사람들이 신비주의 신앙에 빠지는 가장 결정적인 이유가 바로 여기에 있다. 신비체험을 통하여 두려움 속에서 맞이할 불확실한 미래에 대해 확신을 갖고 앞날을 내가 통제하며 살고 싶은 것이다. 이세벨 같은 거짓 선지자는 바로 이러한 대목을 파고들어 미래를 예측한다. 이렇게 되면 아무리 주님을 향한 열정이 있고, 수준이 높은 신자라도 이세벨의 미혹에 십중팔구 넘어가게 된다. 넘어가는 정도가 아니라 이세벨을

광신하며 급기야 사단의 깊은 곳에 빠져들게 되는 지경까지 나가게 된다.

궁금증 (3): 신비주의 신앙에 빠지지 않는 길은 무엇인가?

앞의 두 질문보다 더 중요한 것은 세 번째 질문이다. 그렇다면 과연 신비주의 신앙에 빠지지 않는 길은 무엇일까? 혹은 신비주의 신앙에서 벗어나는 길은 무엇일까? 이에 대하여 25절에서는 "너희에게 있는 것을 내가 올 때까지 굳게 잡아라."라고 권면하신다. 너희가 이미 가지고 있는 것을 굳게 잡는 것으로 깊어지라는 것이다. 그렇다면 우리에게 있는 것은 무엇일까? 그것은 바로 주님께서 우리를 위하여 이미 성취하신 것이다. 그것을 굳게 붙잡아야 한다. 주님은 우리에게 없는 것에 집중하여 그것을 붙잡으라고 하시지 않는다. 이미 우리에게 있는 것을 굳게 잡고 나아가라고 하신다. 신앙은 생전에 듣지도 보지도 못한 새로운 사상이나 신비한 가르침을 쫓아가는 것이 아니다. 오히려 그리스도께서 우리를 위하여 이미 이루신 것을 단단하게 붙잡고 나아가는 것을 의미한다. 히브리서 11장 1절에 "믿음은 바라는 것들의 실상이요."라고 하신다. 무슨 뜻인가? 믿음이란 우리에게 없는 것을 목마르게 바라보는 것이 아니다. 주님께서 이미 이루신 것은 바라보는 것이다. 바라보게 하신 것을 실상으로 받아들이는 것이다. 그분 안에 있는 영생, 구원, 소망, 성령의 보증, 수없이 많은 위대한 약속들이 이루어질 것을 믿는 것이다. 내가 바라고 소망하는 것이 내 뜻대로 이뤄지는 것이 아니다. 그분이 약속하신 바가 어떤 난관 속에서도 반드시 성취될 것을 믿는 것이다. 이러한 연장선상에서 요한계시록 1장 1절 "속히 될 일"의 의미도 다음과 같이 이해해야만 한다. 앞으로 '성취될 일'은 이미 '성취된 일'에 근거해서 보아야 한다. 예수님이 성취한 것은 무엇인가? 그 핵심은 십자가 사역을 통한 구원과 그것을 믿지 않는 자들을 향한 심판을 이루시겠다는 것이다. 앞에 있는 일에 대한 미래적인 청사진을 제시하는 것이 결코 아니다. 이렇게 그리스도께서 이미 주신 것을 굳게 잡으면 우리는 "주님이 성취하신 것으로 충분합니다."라고 고백하게 될 것이다. 그때 우리는 주님 안에서 우리가 누리게 되는 것들-그분이 이미 주신 것-로 인하여 만족하게 된다. 그것이 근원적인 만족이 되어서 두아디라 교회의 타락의 첫 단추가 되었던 탐욕을 이기게 된다. 주님이 이미 주신 것을 굳게 잡으면 욕망이 극대화되는 것이 아니라 주님 안에서 어떤 자리에서든지 자족하며 기뻐하며 살아가게 된다. 욕망을 채우기 위하여 이세벨의 유혹이나 신비주의 신앙에 마음을 내주지 않게 되는 것이다. 신자는 주님 안에서 이미 소유하게 된 것으로 만족하는 법을 배워나가는 사람들이다. 그렇게 될 때 탐욕으로 볼록 나온 올챙이 배 같은 삶이 아니라 그분의 선물을 늘 향유하고, 자연을 누리고, 일상에서 하나님의 소명을 찾으며 이웃과 함께 행복한 교제의 기쁨을 누리게 된다.

사랑하는 여러분! 주님 안에서 이미 주신 선물들을 굳게 붙잡고, 삶의 여백을 채우며 나아가자. 신앙생활이란 한마디로 '여백 메우기'라고 해도 될 것이다. 결코, 신비주의 신앙에 빠진 사람들처럼 두려움 속에서 내 미래의 안전을 보장해 주는 어떤 것을 환상으로 보거나 예언의 말씀으로 듣는 것을 통해 주님을 묶어두려고 해서는 안 된다. 그분을 통제하려 하지 않아야 한다. 아니 그분은 피조물에 의해서 결코 통제받거나 통제될 수 없는 분이시다. 그분을 마음껏 조작하는 대신에 우리는 주님이 이미 주신 것들을 붙잡고 주님의 밑그림을 따라서 남겨진 여백을 그분을 향한 신뢰와 기대로 채워나가야 한다. 그때 우리는 '신비주의에 빠지는 신앙'에서 벗어날수 있다. 대신에 '신비에 매료되는 신앙'으로 나아가게 될 것이다. 나의 탐욕과 미래에 대한 통제를 위해 신비주의 신앙을 추구해서는 안 된다. 그분을 통제하며 살아가는 것 대신 그분의 통치를 받으며 여백을 멋지게 메워주실 신비한 역사를 기대하며 걸어가야만 한다.

맺음말

신앙적인 열심과 수준에도 불구하고 신비주의 신앙에 빠진 두아디라 교회의 모습을 다른 동네 이야기로 여기지 말고, 우리에게 대입해 보자. 신비주의 신앙은 주님을 간절히 추구하는 것 같지만, 실상은 주님을 꼼짝 못 하게 하려는 불경한 신앙의 모습이다. 주님을 제한하려는 행위이다. 신비 신앙 대신에 우리가 추구해가야 할 것은 기독교 신앙의 신비에 눈뜨고 깊어지는 것이다. 이미 신비로운 역사로 우리와 함께하신 주님께서 우리를 동일한 자리로 초대하실 것을 기대하며 신나는 모험을 즐기며 나아가자.

요한계시록 3장 1~6절

¹ 사데 교회의 사자에게 편지하라 하나님의 일곱 영과 일곱 별을 가지신 이가 이르시되 내가 네 행위를 아노니 네가 살았다 하는 이름은 가졌으나 죽은 자로다 ² 너는 일깨어 그 남은 바 죽게 된 것을 굳건하게 하라 내 하나님 앞에 네 행위의 온전한 것을 찾지 못하였노니 ³ 그러므로 네가 어떻게 받았으며 어떻게 들었는지 생각하고 지켜 회개하라 만일 일깨지 아니하면 내가 도둑 같이 이르리니 어느 때에 네게 이를는지 네가 알지 못하리라 ⁴ 그러나 사데에 그 옷을 더럽히지 아니한 자 몇 명이 네게 있어 흰 옷을 입고 나와 함께 다니리니 그들은 합당한 자인 연고라 ⁵ 이기는 자는 이와 같이 흰 옷을 입을 것이요 내가 그 이름을 생명책에서 결코 지우지 아니하고 그 이름을 내 아버지 앞과 그의 천사들 앞에서 시인하리라 ⁶ 귀 있는 자는 성령이 교회들에게 하시는 말씀을 들을지어다

Αποκάλυψις Ιωάννου

8. 사데 교회를 향한 교훈

들어가며

종종 우리는 두 번 놀라게 되었다고 말하는 때가 있다. 예를 들어 어느 음식점에 갔는데, 음식의 양에 한번 놀라고, 음식의 맛에 다시 한번 놀라게 되는 경우 두 번 놀라게 되었다고 한다. 일종의 관용어 ⑺처럼 쓰이는 말이다. 조금은 다르지만 사데 교회를 향한 메시지도 나를 두 번 놀라게 한다.

놀라움 (1): 주님께 오직 책망만 받게 된다는 것으로

사데 교회는 라오디게아 교회처럼, 책망만 들은 교회다. 우리를 놀라게 하는 교회다. 너무도 좋으신 주님에게 책망만 받게 된다는 것은 쉬운 일이 아니기 때문이다. 우리 주님은 책망에 인색하시고 칭찬에 너무나 후하신 분이시다. 그것이 주님의 성품이다. 그런 주님을 모시고 살면서 칭찬이 제로이고, 온통 책망 일색이라는 것은 대단한 것이다. 100점 맞기도 힘들지만 0점 맞기도 무척 힘든 것이다. 눈 감고 찍어도 한두 문제 정도는 거뜬히 맞출 수 있는 것이다. 우리 주님은 인간에게 늘 후한 점수를 주시는 분이시다. 예를 들어보자. 히브리서 11장에 보면 영웅의 전당에 이름을 올린 사람들이 거명되고 있다. 거기 기록된 사람들의 역사를 액면가 그대로 살펴보면 '결점투성이' 인생들에 불과하다. 주님이 그들의 실력 그대로 점수를 주시면 모두 과락(F 학점)이 될 것이다. 그러기에 주님은 액면가 그대로 점수를 매기지 않고, 과락이 되지 않도록 기본 점수를 일단 70점으로 정하고 시작하시는 분이시다. 구체적인 실례가 되는 인물이 히브리서 11장 32절에 등장한다. "내가 무슨 말을 더하리오. 기드온, 바락, 삼손, 입다, 다윗 및 사무엘과 선지자들의 일을 말하려면 내게 시간이 부족하리로다." 시간이 부족해서 이사야, 예레미야, 에스겔, 그리고 다니엘 같은 사람이 들어가지도 않을 정도인데, 영웅의 전당에 당당히 이름을 올리게 된 사람 중에 '바락'이 소개되고 있다.

바락이 신앙 영웅이라고? 다소 의아한 생각이 든다. 사사기 안에서 바락을 보면 그는 신앙의 영웅과는 거리가 먼 인물이기 때문이다. 잠시 사사기 4장으로 가보자. 그 당시에 이스라엘을 힘들게 한 대적은 가나안 왕 야빈 이다. 그들은 철 병거를 구백 대나 가지고 있다. 오늘날로 말하면 핵무기 900개를 가진 것과 같은 가공할 만한 군사력으로 이스라엘을 압제하는 상황이다. 이스라엘 사람들 가운데 그 누구도 감히 이러한 세력과 싸울 엄두를 내지 못하고 있다.

그때 여자 사사 드보라가 일어서서 바락에게 나가서 싸울 것을 명한다. 하나님이 명하셨기에 이 전쟁에서 반드시 승리케 하실 것이라고 확신을 심어 준다. 그때 바락의 반응이 사사기 4장 8절에 나온다. "바락이 그에게 이르되 만일 당신이 나와 함께 가면 내가 가려니와 만일 당신이 나와 함께 가지 아니하면 나도 가지 아니하겠노라 하니" 한마디로 그는 신앙 영웅이 아니라 겁쟁이다. 그랬더니 드보라가 뭐라고 하는가? 9절을 읽어보자. 바락과 함께 하겠다고 한다. 그러나 승리의 영광은 바락의 것이 되지 못할 것이라고 일침을 가한다. 정말 부족하기 짝이 없는 인물이 바락이다. 그런데도 그는 영웅의 반열에 이름을 올리게 된다. 어쩔 수 없이 나가 싸운 것을 가지고도 우리 주님은 그를 신앙의 영웅이라고 말해주신다. 다윗과 어깨를 나란히 견줄 수 있는 자리에 그를 세워 놓는다. 이 정도로 우리의 장점을 붙잡고 칭찬하기를 기뻐하시는 주님에게 책망만 듣는 것이 정말 쉬운 것이 아니다. 사데 교회가 바로 그 쉽지 않은 0점의 주인공이 되었다. 어떻게 이렇게 자애로운 주님 안에서 이렇게 가난해질 수 있을까 싶다. 그렇다면 정말 사데 교회는 아무리 찾아보아도 칭찬할 구석이 하나도 없었을까? 그렇게 생각하지 않는다. 칭찬하기로 마음먹고 보면 뭐든지 칭찬하실 수 있을 것이다. 정 안되면 무엇이든지 칭찬거리를 만들어서라도 하실 수 있으셨을 것이다. 하다못해 그들이 교회에 출석하는 것만으로 칭찬하실 수 있었다. 그런데 칭찬이 없는 이유가 무엇인가? 이유는 칭찬거리가 없어서가 아니라, 그들이 가지고 있는 신앙적인 문제가 너무나 치명적이기 때문이다. 그것이 너무도 주님께서 미워하시는 행동임을 말하려는 것이다. 단점이 많아도 장점 하나가 단점을 사소한 것으로 만드는 사람이 있는가 하면, 반대로 장점이 있음에도 불구하고 단점 하나가 너무도 치명적이어서 장점이 의미가 없어지는 경우도 있다. 우리는 궁금해진다. 과연 사데 교회의 결정적인 단점이 무엇인가? 다른 모든 장점을 무의미하게 만들어 버릴 만큼 주님이 정말 미워하시는 모습이 무엇인가? 그것은 바로 1절에 있는 "살았다는 이름을 가지고 있는 죽은 신앙"이다. 죽은 신앙이 문제가 아니라 강조는 "살았다는 이름을 가진" 죽은 신앙이라는 것이다. 죽은 신앙이라면 차라리 낫다. 만신창이가 된 자리를 확인하고 다시 밑바닥에서부터 일어서면 되는 것이다. 그런데 정말 무서운 것은 살았다는 이름을 가진 죽은 신앙이 문제다. 그러한 상태에서는 도무지 자신을 정직하게 직면할 수가 없다. 실상은 죽어 있는 상태인데, 살아 있다고 착각하는 것이다. 그들은 주변 사람들의 평판에는 살아 있을 뿐이다. 외관상으로는 누가 봐도 대단한 신앙인들이다. 늘 사람들의 평판 안에서만 자신을 찾는 사람들, 다른 이들 앞에서 멋진 외투를 입고, 교양을 가지고 품격 있는 모습을 하고 있다. 그들이 걸어가는 자리마다 윤기가 흐른다. 그러나 실상은 죽은 상태이다. 그러한 모습을 하나님은 못 견디신다. 사데 교회 교인들과 유사한 모습으로 신앙생활을 하는 사람들이 바리새인들이다.

40의 나이에 늦게 갖게 된 내 딸이 초등학생이었을 때이다. 몸에 살이 하나도 없고 너무 말라서 키가 커 보였다. 늘 옷을 레깅스 같은 것을 입고 다녀서 더 커 보였는지도 모르겠다. 전혀 작지 않다고 느꼈는데 반에서 번호가 5번이라는 소리를 듣고 놀랐다. 성적순이 아니라, 키순서라니 마음이 좋지 않았다. 아이 엄마도 속상했는지 한 번은 딸에게 이렇게 말하는 것이 아닌가!

"주나야! 키가 커 보이는 것이 중요한 것이 아니라 정말로 키가 커야 하는 거야"

사데 교회의 문제가 무엇인지를 알겠는가? 하나님 앞에서 다른 장점들을 모두 백지화시키는 결정적인 단점의 모습을 가진 것이다. 그것은 키가 커 보이는 척하지만, 실상은 키가 작은 것이다. 사람들의 눈에는 거룩한 듯 보이지만, 실상은 추악한 몰골인 것이다. 그것이 참으로 치명적인 결함이기에 책망만 하는 것으로 경종의 메시지를 주시는 것이다. 사람들의 평판 속에서 살아 있는 자가 아니라 하나님의 평가 속에 살아 있는 자가 되라고….

놀라움 (2): 결정적인 단점에도 회복의 길을 제시하는 것으로

칭찬이 없고 책망만 있는 것이 첫 번째 놀라움이라면, 두 번째 더 큰 놀라움은 결정적인 죄에도 불구하고 회복으로 나아갈 수 있는 길을 제시하는 점이다. 단지 칭찬이 없는 것이지 희망이 없는 것은 아니다. 요한계시록 3장에서 회복의 길을 말씀하시는 구절은 바로 2절이다. "남은바 죽게 된 것을 굳건하게 하라."는 말씀은 다 죽게 된 자리에도 남은 것이 있다는 뜻이다. 회복을 위한 최소한의 가능성은 남아 있다는 말이다. 하나님은 언제나 그것만은 남겨 놓으시는 분이시다. 그것을 강화하라고 하신다. 남겨진 것을 끝까지 사수하라고 명하신다. 다 타버리고 재가 되어가는 순간에도 아직 남겨진 불씨가 있으니 그것을 살려내야 한다. 그 불씨로 부활과 회복의 새 역사를 경험하는 자리로 나아가야 한다. 어리석은 사람은 늘 남겨 놓은 것을 바라보지 못한다. 잃어버린 것에 집중하느라, 여전히 남아 있는 것이 있는데 그것을 붙잡지 못한다. 칭찬이 없고 책망만 있는 것으로 희망이 없다고 말하는 사람은 망하는 길로 나가는 인생이다. 구약에 가인의 모습이 그러하다. 그를 향한 하나님의 책망이 곧 은혜와 사랑의 권면인데 그것을 살리지 못하고 남겨진 은혜의 불꽃을 살려내지 못하여 패망의 자리로 떨어지고 만다. 언제나 희망의 불꽃을 남기셔서 반전의 이야기를 만들어 가는 것이 복음의 이야기이고 위력임을 명심하자. 주님 안에서 우리를 보면 그 어떤 폐허의 잿더미 속에서도 남겨진 것이 있다. 그러므로 무엇을 잃었는지에만 관심을 집중하고 살아서는 안 된다. 그것만을 크게 바라보아서는 안 된다. 상실한 것에 대하여 생각할수록 속상하지만, 그때마다 우리가 주목해야 할 것은 남겨진 은혜의 조치이다. 주님은 어떤 경우에도 우리에게 남겨 두신 것을 허락하시고, 그것을 굳건하게 하고 강화하여 살아가라고 말씀하신다. 그렇다면 우리에게 부여된 중대한 사명은 남겨진 것을 불태워 멋지게 다시 회복의 길로 나가는 것이라고 할 수 있다. 아니 반드시 그 자리로 나아갈 수 있다. 우리가 잃어버린 것을 빼면 여전히 하나님의 은혜가 그대로 남아 있게 된다. 그 은혜를 붙잡고 일어나야 한다. 깊은 좌절의 자리에서 걸어 나와야 한다.

자, 그렇다면 이제 우리의 관심을 어떻게(how)에 집중시켜 보기로 하자. 우리가 어떤 자리에서든지 남겨진 불씨를 살려내려면 어떻게 해야 하는가? 이에 대하여 3장 4-5절에서 답을 찾을 수 있다.

> 그러나 사데에 그 옷을 더럽히지 아니한 자 몇 명이 네게 있
> 어 흰옷을 입고 나와 함께 다니리니 그들은 합당한 자인 연고
> 라 이기는 자는 이와 같이 흰옷을 입을 것이요 내가 그 이름
> 을 생명책에서 결코 지우지 아니하고 그 이름을 내 아버지 앞
> 과 그의 천사들 앞에서 시인하리라(계 3:4-5).

성경은 지금 사데 교회에 흰옷 입은 자들이 있다고 한다. 바로 그 '흰옷 입은 자들에게 배우는 것으로' 남은바 죽게 된 것을 굳건하게 할 수 있다. 흰옷을 입은 자란 사데 교회에 남기신 남은 자들이다. 그런 남은 자들에게 한 수 배우는 것으로 굳건하게 하는 것이 가능하다. 그들에게 어떻게 배울 수 있는가? 남은 자들과 함께 깊은 교제를 통하여 영향을 받는 방법으로 가능하다. 문제는 남은 자와 교제하기가 어렵다는 데 있다. 이유가 무엇인가? 일차적으로는 흰옷 입은 남은 자를 주변에서 발견하기가 힘들어서이다. 소돔 성의 멸망에서 의인 열 명이 없다. 남은 자가 별로 없다는 것이 첫째 이유이다. 이에 대한 논의는 여기서 깊이 있게 다루지 않을 것이다. 우리가 집중하려는 부분은 두 번째 이유에 대한 것이다. 남은 자들과 교제가 어려운 또다른 이유는 우리가 주변의 남은 자들을 발견한다고 해도(비록 소수일지라도), 남은 자를 남은 자로 여기지 않으려는 태도를 보이는 것 때문이다. 멀리 떨어져 있는 사람의 이야기를 들으면 대단

해 보이지만 실제로 그런 사람을 가까이서 보면 매력을 그다지 느끼지 못한다. 가까이에서 만나면 남은 자에 대한 환상이 깨어질 때가 있다. 본문에 등장하는 사데 교회에 남은 자들도 가까이서 보면 그다지 남은 자들 같지 않았을 가능성이 크다.

엘리야의 예를 들어 설명해 보자. 야고보서에 보면 선지자 엘리야를 우리와 성정이 같은 사람이라고 한다. 엘리야는 아합의 정권 밑에서 당당하게 남겨진 사람의 대표주자이다. 자신만 혼자 남아 있다고 탄식할 정도로 남은 자의 대명사라고 해도 과언이 아니다. 그런 엘리야를 성경은 우리와 성정(성질과 마음씨)이 같은 사람이라고 한다. 사데의 흰옷 입은 자들도 우리와 성정이 같은 자들이다. 났을 때부터 위대한 사람들이 아니다. 어쩌면 그들은 우리가 기존에 생각하는 남겨진 자들이 아닐 수 있다. 멀리서 봐야 우리가 우러러(?)볼 수 있는 그런 의인들이 있다. 가까이서 보면 의인도 우리와 성정이 같기에 의인으로 여기기가 힘들다. 긍정적인 시선으로 바라보는 사람들의 평가에서는 의인이 있다. 그러나 만사를 부정적으로 보는 사람들에게는 의인이 의인으로 여겨지기가 어렵다. 우리가 교제해야 할 흰옷 입은 자들도 완벽한 의인이 아니라, 여전히 푯대를 향하여 나아가는 과정 중에 있다. 남겨진 불씨를 살려내려면, 우리와 성정이 같은 남은 자들을 귀하게 여겨야 그들에게서 무엇인가를 배울 수 있다. 이를 위해서 중요한 것은 남은 자에 대한 개념과 정의를 새롭게 내리는 것이다. 우리가 교제하고 본받아야 할 남은 자란 완벽하게 사는 사람이 아니라 치열하게 사는 사람이다. 사데 교회의 흰옷 입은 자들이 그랬을 것이다. 그들은 완벽하지 않지만 모두 치열하게 하나님을 추구한 신앙인들이었다. 그들도 쓰러지고 넘어지고 불평하고 항변한 사람들이다. 많은 부분에서 한계를 가지고 있는 사람들이다. 살았다고는 하나 죽은 대목들이 있는 사람들이었다. 그렇게 비록 완벽하지는 않지만 치열하게 주님의 말씀을 순종하며 그들 안에 있는 남겨진 불씨를 살려낸 사람들이다. 그들에게 비록 인간 냄새가 나지만, 내가 가지고 있지 못한 한 자락 소중한 대목을 가진 흰옷 입은 자로 여기며 그들에게 배워야 한다. 무엇보다도 그들을 통해 어떻게 치열하게 신앙의 자리를 고수하고 살아야 하는지를 배워야 한다.

이러한 맥락에서 바울은 이렇게 설파한다. "나보다 남을 낫게 여기라(빌 2:3)." 나보다 남을 낫게 여길 때, 주변의 신앙 공동체 모두는 내가 가지고 있지 못한, 한 가지 이상의 장점이 있는 나를 일깨우는 자로 여길 수 있게 된다. 비록 그에게 실제로 결함이나 허물이 있을지라도 단 한 가지로도 나에게 도전이 되는 부분이 있다면 그를 내 삶을 깨우는 남은 자로 여겨야 한다.

마르바 던(Marva J. Dawn)은, 〈약할 때 기뻐하라〉라는 책에서 이에 대한 구체적인 실례를 들고 있다. 그녀는 여러 가지 질병 가운데 고통스러우면서도 깊은 믿음의 길을 꿋꿋이 걷고 있는 신앙인이자, 탁월한 신학자이다. 그래서인지, 주변 동료들을 통하여 남아 있는 것을 굳게 하는 법을 배우며 어떻게 신앙의 길을 걷고 있는지를 아주 사실적으로 말해준다.

남아 있는 것을 강하게 하는 것이 왜 긴급하고 유익한지 아주 소중한 교훈을 가르쳐 준 두 친구가 있다(저자의 각주, 흰옷 입은 자들). 그들은 자신들의 약함을 통해 그것을 배우게 되었다. 사지가 마비된 린든은 육체의 훈련을 통해 영적 훈련의 중요성을 보여주었다. 그는 상체의 기능 대부분을 상실했지만 몇 년간은 전동 휠체어를 쓰지 않기로 했다. 이동할 때마다 자신의 몸으로 밀고 나가기 위해서였다. 유일하게 기능하는 팔을 그런 식으로 강화함으로써, 그는 자신의 팔을 놀랍도록 자유자재로 움직이게 되었다. 지금은 요리도 하고 사진을 찍어 현상까지 한다.

시각 장애인 코니는 남은 것들을 기뻐하라는 중요한 깨달음을 오래전 내게 나누어 주었다. 눈이 손상되는 당뇨합병증이 내게는 없다는 사실 때문에 코니는 한동안 나를 시기한 적이 있다고 고백했다. 자신이 그런 태도를 놓고 기도하다가 그녀는 하나님이 위로해 주시는 말씀을 듣게 되었는데, 마치 음성으로 듣는 것처럼 너무나 강렬했다고 한다. 그 음성은 그녀를 이렇게 안심시켜 주었다. "괜찮다. 코니. 내가 마르바에게 준 소명은 시력이 필요한 것이란다. 하지만 네게 준 소명은 눈이 꼭 필요한 것은 아니다." 코니는 비전 노스웨스트의 프로그램 책임자였다. 현재 그녀는 오레곤의 34개 후원 모임과 5백 명 이상의 사람들을 위해 사역하면서, 볼 수 있는 세상 속에서 시력 손상을 지닌 채 살아가는 이들이 어려움을 극복할 수 있도록 돕고 있다.

이튿날 정형외과 전문의로부터 발 절단 수술을 받아야 할지 모른다는 말을 들었을 때 코니의 말이 내 귓전에서 울렸다. "괜찮다." 하나님이 말씀하셨다. "코니가 후원 모임을 찾아가려면 발이 필요하지만 내가 네게 준 소명에 발이 꼭 필요한 것은 아니다." 코니의 깨달음은 내 눈과 머리와 타이핑 기술이 남아 있는 한 최선을 다해 책을 써야겠다는 강한 동기를 불러일으켰다. 혼자서는 절뚝거리는 다리와 악화되는 시력을 감당할 수 없다. 하지만 그 상실에 대해, 더 쉽게 대처할 수 있는 것은, 남은 것들을 강화하는 하나님의 선물에 집중하라는 도전 때문이다(Dawn, 2007, 124-126).

린든과 코니와 같이 극심한 고통 속에서도 남아 있는 것들을 소중히 붙잡고 그것을 강화하는 것을 보면서 우리도 같은 방식으로 승리할 수 있음을 본다. 탁월한 신학자인 마르바 던은 세상의 눈으로 볼 때 보잘 것 없는 린든과 코니 같은 사람들을 남은 자로 대접한다. 그들을 자신을 깨우는 친구(흰옷 입은 자)로 여기며 자신 안에 남겨진 불씨를 살려내고 있는 모습이 아름답다. 이렇게 우리가 마음을 열고 다른 이들을 나보다 낮게 여기려는 자세만 있으면, 우리 주변에 모든 사람을 통해 영향을 받을 수 있다. 그때 신앙 공동체는 흰옷 입은 공동체로서 서로를 깨우는 사역을 감당하게 될 것이다. 그들의 도전과 영향력으로 다시금 소생케 되는 역사를 경험하게 될 것이다. 이것이 바로 주님이 우리를 신앙 공동체 안에 머물게 하시는 중요한 이유가 아닐까!

요한계시록 3장 7~13절

7 빌라델비아 교회의 사자에게 편지하라 거룩하고 진실하사 다윗의 열쇠를 가지신 이 곧 열면 닫을 사람이 없고 닫으면 열 사람이 없는 그가 이르시되 8 볼지어다 내가 네 앞에 열린 문을 두었으되 능히 닫을 사람이 없으리라 내가 네 행위를 아노니 네가 작은 능력을 가지고서도 내 말을 지키며 내 이름을 배반하지 아니하였도다 9 보라 사탄의 회당 곧 자칭 유대인이라 하나 그렇지 아니하고 거짓말 하는 자들 중에서 몇을 네게 주어 그들로 와서 네 발 앞에 절하게 하고 내가 너를 사랑하는 줄을 알게 하리라 10 네가 나의 인내의 말씀을 지켰은즉 내가 또한 너를 지켜 시험의 때를 면하게 하리니 이는 장차 온 세상에 임하여 땅에 거하는 자들을 시험할 때라 11 내가 속히 오리니 네가 가진 것을 굳게 잡아 아무도 네 면류관을 빼앗지 못하게 하라 12 이기는 자는 내 하나님 성전에 기둥이 되게 하리니 그가 결코 다시 나가지 아니하리라 내가 하나님의 이름과 하나님의 성 곧 하늘에서 내 하나님께로부터 내려오는 새 예루살렘의 이름과 나의 새 이름을 그이 위에 기록하리라 13 귀 있는 자는 성령이 교회들에게 하시는 말씀을 들을지어다

Αποκάλυψις Ιωάννου

9. 빌라델비아 교회를 향한 교훈

들어가며

빌라델비아 교회를 향한 메시지에서 눈에 들어오는 것은 '작은 능력'과 '열린 문'이라는 단어이다. '작은 능력'이란 빌라델비아 교회의 외적인 상태가 어떤 것인지를 한마디로 말해준다. 빌라델비아 교회는 작은 능력을 가진 사람들의 모임, 혹은 보잘것없는 능력을 소유한 교회라고 할 수 있다. 빌라델비아 교회는 외적으로 그리 드러낼 것이 없었던 교회였음을 알 수 있다. 숫자도 많지 않고, 그렇다고 재정도 넉넉지 않았으며, 세상에 내세울 만한 구석이 전혀 없는 교회이다. 그런 작은 능력의 교회가 바로 빌라델비아 교회이다. 그런데 그런 교회가 누구도 생각지 못한 하나님의 칭찬만 받는 칭찬 일색의 교회로 우뚝 선다.

또 하나의 단어 '열린 문'이라는 것은 주님이 빌라델비아 교회와 관련하여 어떤 분이신지를 말해주는 표현이다. 주님은 다윗의 열쇠

를 가지고, 문을 여시는 분으로 소개되고 있다. 그 열린 문으로 들어
가면 거기에 온갖 귀한 것이 다 있는데 그것을 누리게 하시는 분이
시라는 뜻이 될 것이다. 놀라운 점은 그 문을 열면 닫을 사람이 없
고, 닫으면 열 사람이 없는 그런 절대적인 능력이 있으신 주님이 문
을 여셨다는 것이다. 그러니 누구도 닫을 자가 없다. 그 어떤 세력의
방해도 없이 우리를 열린 문으로 들어갈 수 있게 하신 것이다. 이제
작은 능력과 열린 문 사이를 두 개의 전치사를 통해 연결하는 것으
로 교훈을 얻고자 한다. 하나는 '불구하고'라는 전치사이고, 다른 하
나는 '때문에'라는 전치사이다.

'불구하고'라는 전치사로 연결할 때 주시는 교훈에 대하여

두 단어를 '불구하고'라는 전치사로 연결하면, 작은 능력에도 불
구하고 우리 주님은 열린 문이 되어주신다는 교훈을 얻게 된다. 빌
라델비아 교회는 고작 작은 능력밖에 없는 교회다. 이렇게 작은 능
력 뿐이니 닫혀 있는 여러 가지 인생의 문을 열기가 어려울 것이다.
그로 인한 절망감과 상실감은 이루 말할 수 없이 컸을 것이다. 그런
교회의 연약함에도 불구하고, 우리 주님은 열린 문이 되어주시겠다
고 하신다. 작은 능력으로 살아가는 우리에게 그분이 열린 문이 되
신다는 것이 얼마나 감격스러운 말씀인지 모른다. 능력 있는 사람
들만 대접받는 세상에서 작은 능력으로 살아가게 되는 것은 두려운
일이다. 세상은 늘 우리에게 "너의 능력을 보여줘"라고 주문한다.
세상 사람이 요구하는 능력은 굳게 닫힌 문을 여는 사람이 되는 것

으로 요약될 수 있다. 그런 사람에게는 박수갈채를 보낸다. 부와 명예를 부여해 준다. 영광의 자리에 앉게 해 준다. 세상이 그런 곳이기에 우리는 두려움을 갖게 된다. 능력이 부족하여 가치 없는 자로 여겨지게 되는 것이 정말 두렵다.

그런가 하면 또 다른 두려움도 있다. 내가 작은 능력으로 인생의 문을 열지 못할 때, 나보다 더 능력 있는 다른 사람들이 성공의 문을 열게 될 것에 대한 두려움이다. 좋은 자리가 한정된 세상에서 능력이 작아서 그 기회를 거머쥐지 못하는 사이에 다른 이들이 좋은 자리를 차지할 것에 대한 염려가 있다. 나는 시시한 일을 하고 있고 다른 이들은 화려하고 보람 있게 살고 있다는 생각에 빠질 때 우울해진다. 그리고 그 우울함은 삶에 대한 무기력과 두려움을 만든다. 이런 세상을 살아가는 우리에게 요한계시록 3장의 말씀은 큰 위로가 된다. 내가 가지고 있는 작은 능력에도 불구하고 우리 주님은 열린 문이 되어주겠다고 하시기 때문이다. 큰 능력을 갖춘 이들도 열지 못한 문을 열어 주신 분이 우리 주님이심을 다시금 확인하게 해 주신다. 나의 초라함에도 불구하고 앞으로도 기적같이 문을 열어 주실 주님을 바라볼 때, 순간 지옥 같았던 우리 마음은 평정을 찾고, 작은 천국을 경험한다. 그러니까 지옥과 천국은 죽어서 가게 될 저 피안의 세계에서만 경험되는 것만이 아니다. 이미 우리가 사는 이곳에서 그것을 맛보는 것이다. 참 감사한 일은 주님이 우리 안에 계신다는 사실이다. 주님이 안 계셨다면 늘 지옥 같은 세상에서 지옥같은 심령으로 살다가 죽음 앞에 섰을 것이다. 그러나 주님이 계시기에 지옥 같은 심령을 천국 같은 심령이 되도록 순간순간 바꿀 수 있다. 죽어서 천국을 가게 되는 것도 감사하지만, 살아서 천국을 마음으로 누리게 되는 것이 얼마나 큰 감사인지 모른다. 더욱이 감사한 것은 단지 마음만 새롭게 하지 않으시고 실제로 임하셔서 작은 능력의 사람들을 들어서 사용해 주신다. 잘나고 똑똑한 사람들에게도 닫아 놓으신 문을 부족하고 연약한 인간들에게 활짝 열어 주신다. 세상의 기준으로 보면 '작은 능력=실패'가 등식이지만, 주님의 기준은 다르다. 그분으로 인해 작은 능력에도 불구하고 역전의 드라마가 우리 인생에 펼쳐질 수 있다.

  이분이 우리 주님이시기에 우리는 오늘도 담대할 수 있다. 더는 작은 능력 때문에 주눅 들어 살 필요가 없다. 작은 능력에도 불구하고 일하실 수 있는 주님을 바라보게 되면, 문이 열린다. 그때 우리는 우리의 초라함에도 하나님의 역사를 경험하고 넉넉히 이기는 사람이 된다. 작은 능력 때문에 두려워할 이유가 없다. 오직 두려워할 것은 내가 가진 작은 능력으로 하나님의 능력을 작게 여기는 것이다. 결단코 하나님은 작지 않으시다. 하나님은 크신 분, 능력이 무한하신 분이다. 우리의 작은 능력에도 불구하고 오직 그분께 붙들리기만 하면 된다. 우리의 싸움은 누가 주님께 붙들려 쓰임 받느냐의 싸움이지, 누가 더 유능한가의 싸움이 아니다. 이것이 사실이라면, 이제 우리는 나보다 앞질러 가는 사람을 부러워하거나 그들에게 뒤처질 것 때문에 두려울 필요가 없는 것이다. 우리의 목적은 상대를 이기는 것이 아니라 주님이 인정해 주시는 생애가 되는 것이다. 주님이 인정해 주시는 나의 모습이 되기만 하면 끝난다. "나의 유일한 경쟁자는 어제의 나이다."라는 어떤 이의 말처럼, 다른 사람을 이기는 것이 목표가 아니다. 주님이 기뻐하시는 내가 되기 위해서 어제보다 더 분투하며 그분의 인정을 받는 사람이 되기만 하면 위대한 역사가 펼쳐지게 되는 것이다.

'때문에'라는 전치사로 연결할 때 주시는 교훈에 대하여

두 단어를 연결하고 싶은 또 하나의 전치사는 '때문에'다. 작은 능력에도 '불구하고' 뿐 아니라, 작은 능력 때문에 우리 주님은 열린 문이 되어주신다는 교훈을 생각해 볼 필요가 있다. 빌라델비아 교회는 작은 능력의 교회다. 어떻게 보느냐에 따라 작은 능력을 갖춘 교회를 전원마을 같은 곳에 아담하게 지어진, 그리 크지 않은 목가적이고 평화로운 소박한 교회의 모습으로 생각할 수도 있다. 그러나 3장 8절을 보면 그런 상상이 틀렸다고 말한다. "네가 작은 능력을 가지고서도 내 말을 지키며 내 이름을 배반하지 아니하였도다." 그러니까 작은 능력의 교회란 그 어떤 평온한 그림과는 거리가 멀다. 교회에 불어닥친 세찬 시련 앞에서 신앙의 길을 제대로 걸어가는데 작은 능력밖에 없었다는 뜻이다. 여러 가지 어려움이 오고 박해가 올 때, 세상적인 능력이 있으면 손쉽게 헤쳐나갈 수 있을 것이다. 재정적인 힘이 있으면 그것으로 그 문제를 해결하면 된다. 힘 있는 정치가들, 권력가들이 교회 안에 있으면 그런 사람들의 도움을 받아서 어려움을 극복할 수도 있다. 하지만 이 교회는 그런 것이 하나도 갖춰지지 않았는데도 믿음을 지킨 교회라는 뜻이다. 그렇다면 빌라델비아 교인들은 그런 작은 능력으로 사는 것을 미덕으로 여긴 사람들일까? 그렇지 않다. 작은 능력을 미덕으로 붙잡고 사는 사람들이 어디 있겠는가! 더 큰 능력을 소유할 수 없었기에 작은 능력으로 살아내야만 하는 사람들이 된 것이다. 다른 길이 없으니 작은 능력으로 싸워낼 수밖에 없던 것이다. 어떤 인생도 작은 능력으로 살아가기를 원하지 않는다. 그런데도 작은 능력밖에 없는 것은 그것을 원해서가 아니라, 큰 능력을 받지 못했기 때문이다. 다시 말하면 큰 능력의 자리, 큰 성공, 문제 해결로 가는 문이 닫힌 것이다. 어쩌면 그렇게 닫힌 문을 경험한 교회이기에 주님이 그들을 위로하시기 위해서 내가 열린 문이 되어주겠다고 하신 것일지도 모른다. 마치 취업의 문이 수없이 닫히는 것을 경험한 청년들에게 취업의 문을 열어주겠다는 것과 결혼의 문이 닫혀 있는 사람에게 좋은 배우자를 만나는 문을 열어주겠다는 것은 최고의 기도 응답이 될 것이다. 빌라델비아 교회는 닫힌 문 앞에 하도 많이 섰던 사람들이기에 주님이 열린 문이 되어주시겠노라고 위로하시는 것이다.

질문이 생긴다. 그렇다면 왜 하나님께서는 때때로 인생의 문을 닫으시는 것일까? 왜 그들에게 작은 능력의 길을 허락하시는 것일까? 쑥쑥 소원의 문이 활짝 열리게 하시면 되지 않는가? 이것이 몹시도 섭섭한 대목이다. 우리의 작은 능력에도 불구하고 일하실 수 있는 분이시라면 좀 쉽고 편하게 가게 하시면 안 되나 하는 생각이 든다. 누구도 속 시원하게 풀기 어려운 물음이지만 이 문제에 답해 보고자 한다.

먼저 이 질문에 답하기 위해서 혹시 우리가 잘못된 신앙 공식을 가지고 있는 것은 아닌지 점검해 보아야 한다. 우리가 가지고 있는 잘못된 신앙 공식이란 이런 것이다. 그것은 바로 '문이 닫히는 것'은 좋지 않은 것이고, 항상 '문이 열리는 것'만이 좋은 것이라는 생각이다. 혹시 우리가 이런 생각을 가지고 있지 않은지 묻고 싶다. 이런 신앙 공식이 과연 옳은 것일까? 많은 경우에 우리가 원하는 소원의 문(사업, 진학, 진급, 성공)이 열리는 것이 좋은 것이다. 그러나 언제나 그런 것은 결코 아니다. 문이 쉽게 열리는 것이 항상 좋은 것이 아닐 수 있고, 반대로 문이 닫히는 것이 항상 나쁜 것이 아닐 수도 있다.

적지 않은 성도들이 하나님께서 자신의 인생문을 열어 주지 않는 것으로 인해 섭섭함을 토로한다. 과연 그럴까? 그 문이 열리지 않아서 감사할 날이 올지 누가 아는가? 우리 인생에 대하여 함부로 속단하면 안 된다. 우리가 원하고 바라는 문들이 어려움 없이 열린다고 너무 우쭐해서도 안 된다. 또한, 이것저것을 시도해 보지만 뜻대로 문이 열리지 않는다고 너무 기죽어도 안 된다. 우리 인생의 경기는 아직 끝나지 않았다. 경기를 뒤집는 역전 홈런을 칠 기회가 열려 있다. 주님이 개입하시면 '언제든지' 또 '얼마든지' 닫힌 문에서 열린 문으로 나아갈 수 있다. 그러기에 잘못된 신앙 등식에 따라 좌절하지 말아야 한다. 우리는 무엇이 우리에게 진정으로 끝내 유익한 것인지를 알 만큼 그렇게 지혜롭지 못하다. 우리는 그저 당장 눈앞에 이득이 되어줄 문이 열리는 것에만 관심이 있다. 그것이 궁극적으로 '득'이 될지, '실'이 될지 알 수 없다. 인생은 한 치 앞도 내다볼 수 없는 존재이다. 그러나 우리 하나님은 모든 것을 아신다. 그분은 전후좌우를 다 보실 수 있는 분이시다. 그분만이 진정으로 '지혜자'이시다. 하나님은 우리에게 무엇이 있어야 하고 무엇이 있으면 안 되는지를 정확히 아신다. 그러기에 우리는 그분의 지혜와 현명함 앞에 우리 자신을 맡기는 자세가 필요하다. 고수를 만나면 하수들은 고수의 수를 잘 이해하지 못한다. 수가 짧아서 그런 것이다. 하나님은 우리 인생길에서 만나게 된 최고의 고수이시다. 지금은 왜 그런 방식으로 일하시는지, 그런 수를 두시는지를 이해가 안 될 것이다. 지금 당장 이해가 안 된다고 고수 중의 고수가 인도하시는 방법에 대하여 불만을 품거나 원망을 하면 안 된다. 오히려 우리의 무지와 한계를 인정하고 묵묵히 따라가야 한다. 문을 닫으시기도 하시고 여시기도 하시는 것으로, 그것들을 적절히 섞어 인생의 복잡한 실타래를 풀어 가시는 위대한 연금술사이신 하나님을 기대하며 응시해야 한다.

그렇다면 이제 본격적으로 문을 닫으시는 이유를 생각해 보자. 한마디로 문을 닫으시는 이유는 '다른 문을 여시기 위하여'라고 할 수 있다. 때로 하나님은 우리가 원하는 문을 닫으심으로 그분이 우리에게 원하시는 문을 여신다. 많은 경우에 우리가 주로 열리기를 간구하는 문은 '인생 성공'으로 나아가는 문이다. 우리는 더 많은 부와 힘을 가지고 살아가기를 원한다. 이에 반해 대부분 하나님께서 우리에게 열어 주기를 원하시는 문은 '인생 성숙'으로 나아가는 문이다. 우리의 소원이 성공하는 사람이 되는 것이라면, 하나님의 소원은 복 있는 사람이 되게 하시는 것이다. 하나님은 바로 이 문을 열기 위하여 때로 우리가 열리길 소원하는 문을 닫기도 하시는 것이다. 빌라델비아 교회가 작은 능력밖에 없기에 더 큰 능력 받기를 원했지만,

주님은 그 문을 닫으셨다. 대신에 그들에게 위대한 교회로 나아가는 문을 열어 주셨다. 그들이 원하는 부강한 교회, 부강한 사람이 되는 소원은 닫혔지만, 하나님과 사람들에게 칭찬받는 교회, 인정받는 사람으로 나아가는 문을 활짝 여신 것이다. 세상으로 인하여 부유한 교회로 가는 문은 막으시고, 하나님으로 인하여 부유한 교회로 가는 문을 여셨다.

당시에는 몰랐지만 빌라델비아 교회에 임한 귀한 축복은 문을 여시기 전에 문을 닫으시는 것이었다. 일차적으로 강한 능력의 사람들이 되기를 원하는 그들의 기도에 응답하지 않으신 것이 오히려 그들에게 복이 됐다. 주님은 결코 문을 닫기만 하시지 않는다. 닫으신 후에는 우리가 감히 상상할 수도 없는 방식으로 다른 문을 여시는 분이다. 정확히 말하면 다른 문을 여시기 위해 우리가 원하는 문을 닫으셨다고 할 수 있다.

이제 우리는 이런 결론에 도달하게 된다. 주께서 때때로 문을 닫으시는 것은 하나님이 원하는 다른 문을 여시는 좋은 방법이 되는 것이다. 우리가 원하는 문을 다 열어 주신다면 오히려 인생은 하나님을 떠나게 된다. 편함의 신을 숭배하며 살다가 허무하게 일생을 마치게 된다. 어쩔 수 없이 작은 능력의 자리에서 살며 우리 앞에 닫힌 문이 있기에 인생은 그곳에서 하나님을 찾고 기도하게 되는 것이다. 그때 우리는 약할 때 강함 되시는 주님을 노래하게 된다.

우리가 서 있는 약함의 자리에서 철저하게 하나님을 붙잡을 때 강해진다. 그것이 이기는 길이다. 작은 능력으로 서 있는 것이 즐거운 일은 아니지만, 그렇다고 절망할 필요는 없다. 그 자리에서 우리의 무능을 고백하고, 그것을 하나님의 능력을 끌어쓰는 기회로 만들면 되기 때문이다. 무능의 고백은 정말 힘이 있다. 그 이유는 내 무능의 순간에 가서야 하나님의 전능하심이 보이기 때문이다. 우리 자신들의 전적 무능을 고백하기 전까지 하나님의 전능하심은 내 유능함을 위한 도구일 뿐이다. 우리는 그동안 한없이 무력한 사람이면서 뭔가를 가지고 있는 사람처럼 살았다. 그러기에 우리들의 신앙생활은 내 인생이 하나님의 도구가 되지 않고, 하나님을 내 인생의 도구로 두는 차원으로 전락했다. 내가 나의 유능함을 의지하는 순간, 하나님은 침묵하신다. 하지만 나의 작은 능력을 고백할 때, 하나님은 우리를 붙잡으신다. 그러기에 우리의 작은 능력으로도 위대한 인생으로 가는 문을 향해 나갈 수 있는 것이다. 그렇다면 우리는 작은 능력 때문에 쓰이게 되는 것이다. 능력이 작아야 쓰인다는 의미가 아니다. 그것은 패배주의 기독교이다. 이 말의 진의는 작은 능력 때문에 주님만을 바라보게 되어서 쓰이게 된다는 의미이다.

그렇다면 이제 다시 분명히 점검해야 할 것이 있다. 우리는 우리의 무능을 고백하며 하나님만이 문제를 해결하실 수 있는 절대 변수임을 인정하고 있느냐 하는 것이다. 그분만을 의지하며 바라보고 있는가? 이와 관련해 생각나는 말씀이 바로 이사야 2장 22절과 예레미야 17장 7-8절이다.

너희는 인생을 의지하지 말라 그의 호흡은 코에 있나니 셈할 가치가 어디 있느냐(사 2:22).

그러나 무릇 여호와를 의지하며 여호와를 의뢰하는 그 사람은 복을 받을 것이라 그는 물가에 심어진 나무가 그 뿌리를 강변에 뻗치고 더위가 올지라도 두려워하지 아니하며 그 잎이 청청하며 가무는 해에도 걱정이 없고 결실이 그치지 아니함 같으리라(렘 17:7-8).

우리의 작은 능력, 우리의 무능을 고백하며 그분을 철저하게 의지할 수 있기를 바란다.

"무능을 선택하는 것이 아니라 무능을 고백하는 것이어야 한다." 라는 어느 분의 말처럼, 실력이 없어서 무능해지면 안 된다. 그러나 아무리 능력 있는 자리에 있어도 하나님 앞에서는 지푸라기 같은 인생임을 알고 무능을 고백하게 되면, 하나님은 우리 인생의 열린 문이 되어주실 것이다. 우리 교회의 열린 문이 되어주실 것이다.

요한계시록 3장 14~22절

¹⁴ 라오디게아 교회의 사자에게 편지하라 아멘이시요 충성되고 참된 증인이시요 하나님의 창조의 근본이신 이가 이르시되 ¹⁵ 내가 네 행위를 아노니 네가 차지도 아니하고 뜨겁지도 아니하도다 네가 차든지 뜨겁든지 하기를 원하노라 ¹⁶ 네가 이같이 미지근하여 뜨겁지도 아니하고 차지도 아니하니 내 입에서 너를 토하여 버리리라 ¹⁷ 네가 말하기를 나는 부자라 부요하여 부족한 것이 없다 하나 네 곤고한 것과 가련한 것과 가난한 것과 눈 먼 것과 벌거벗은 것을 알지 못하는도다 ¹⁸ 내가 너를 권하노니 내게서 불로 연단한 금을 사서 부요하게 하고 흰 옷을 사서 입어 벌거벗은 수치를 보이지 않게 하고 안약을 사서 눈에 발라 보게 하라 ¹⁹ 무릇 내가 사랑하는 자를 책망하여 징계하노니 그러므로 네가 열심을 내라 회개하라 ²⁰ 볼지어다 내가 문 밖에 서서 두드리노니 누구든지 내 음성을 듣고 문을 열면 내가 그에게로 들어가 그와 더불어 먹고 그는 나와 더불어 먹으리라 ²¹ 이기는 그에게는 내가 내 보좌에 함께 앉게 하여 주기를 내가 이기고 아버지 보좌에 함께 앉은 것과 같이 하리라 ²² 귀 있는 자는 성령이 교회들에게 하시는 말씀을 들을지어다

Αποκάλυψις Ιωάννου

10. 라오디게아 교회를 향한 교훈

들어가며

라오디게아 교회는 사데 교회보다도 더 심하게 주님에게 책망만을 듣는다. 이토록 혹독한 책망만 하시는 이유는 무엇일까? 라오디게아 교회가 전적으로 맘에 들지 않아서는 아니다. 칭찬 거리가 전무 했기 때문도 아니다. 주님이 그들을 사랑하시지 않기 때문은 더더욱 아니다. 그렇다면 무엇 때문일까? 강한 책망만 쏟아내시는 주님의 의도는 무엇인가? 이에 대하여 '회개하기가 가장 힘든 교회이기 때문에'라고 답하고 싶다. 일곱 교회 중 다섯 교회를 향한 공동적인 메시지가 회개이다. 가장 심각한 책망이 있다는 것은 결정적으로 라오디게아 교회가 회개와 거리가 먼 교회라는 말과 같다. 회개와 거리가 멀다면 큰일이다. 회개가 없으면 다시 살아나는 소생과 회복도 없다. 주님이 주시려는 가장 귀한 것들은 회개를 통해 우리에게 흘러들어오게 된다. 회개가 없다면 주님이 주시는 귀한 것을 받아들이지 못한다. 그렇다면 왜 라오디게아 교회가 회개하기가 힘든 교회인지를 살펴볼 볼 필요가 있다. 이를 위해서 회개를 위한 대전제를 말하는 것으로부터 시작해 보자.

회개를 위한 대전제: 회개는 진리의 말씀이 심령 폐부를 찔러야!

사람이 회개하는 자리로 나아간다는 것은 결코 쉬운 일이 아니다. 어떻게 해야 회개의 자리로 갈 수 있을까? 그것은 단지 진리의 말씀에 지적으로 동의하거나, 진리를 그저 머리로 인정하는 것으로는 안 된다. 진리임이 분명히 확증된다고 이뤄지는 것도 아니다. 가능한 길은 오직 하나이다. 진리가 우리의 가슴 한복판을 가르고 지나가야만 한다. 주님의 말씀이 우리의 심령 폐부를 찔러 쪼개야만 회개할 수 있다. 하나님의 말씀이 우리의 심령을 찔러 쪼개지 못하면 진정한 회개에는 이르지 못한다. 우리가 진리를 받을 수 없기 때문이다. 말씀이 역동적으로 작동할 수 있도록 우리 자신을 내어주지 않기 때문이다. 우리가 심령의 깊은 곳을 말씀의 검으로 수술하려고 하지 않기 때문이다. 진리가 입증되지 않아서가 아니라 입증된 진리가 싫어서이다. 입증된 진리가 싫으면 그 진리 앞에서 우리의 죄를 토해 내지 못한다.

가인이 그랬다. 하나님의 권면의 말씀을 몰라서가 아니었다. 무엇이 옳은지 몰라서가 아니라, 그 옳은 것을 받기 싫어서 회개하지 않았다. 회개 없는 심령으로 가인은 끝내 하나님과 원수가 되고, 그의 동생을 죽이는 비극적인 삶의 주인공이 되었다. 결국, 가인의 문제는 진리의 말씀을 들었지만, 그것이 가인의 폐부를 찌르지 못한 것이다. 그가 진리의 말씀 앞에서 회개로 무너졌으면 살아나는 것인데, 그렇게 하지 않은 것이다. 가인은 진리가 자기 폐부를 찌르지 못하도록 막아섰다.

지금까지 논의한 사전 정지 작업과 함께 다시 라오디게아 교회를 향해 돌아와 보자. 왜 책망만 하셨는가? 라오디게아 교인들은 회개로 돌아오기 가장 어려운 심령들이었기에 경종을 울려 진정한 돌이킴의 자리로 이끄시기 위함이었다. 주님은 진정한 돌이킴을 위하여 철저히 무너뜨리고 그 위에 다시 세우기를 원하신 것이다. 다시 말하면, 하나는 폭로를 위한 것이고, 또 다른 하나는 초대를 위한 것이라고 말할 수 있다. 차례로 생각해 보기로 하자.

거짓된 포만감이 회개의 장애물임을 폭로하기 위하여

무엇이 우리를 회개하지 못하게 만드는가? 책망받은 두 교회의 모습은 회개의 최대 걸림돌이 무엇인지를 알려 준다. 회개할 죄악이 많아서 가망이 없는 것이 아니라, 회개로 나아갈 수 없는 게 가망이 없는 것이다. 성경은 사데 교회와 라오디게아 교회 이야기를 통해 그 심각성을 지적한다. 칭찬이 없다고 그만큼 가망 없는 교회가 아니다. 칭찬 부재가 의미하는 바는 회개와 결별하는 절차를 밟을 수 있는 교회라는 뜻이다. 성경은 그 이유가 무엇인지를 말하기 위해 초강력 충격 요법을 쓰고 있다. 회개를 가로막는 최대의 적은 '거짓된 포만감'이다. 사데 교회와 라오디게아 교회가 모두 그 덫에 걸려 있다. 사데 교회는 살았다는 이름으로 포만감을 가진 교회이다. 이보다 더 심각한 교회는 라오디게아 교회다. 라오디게아 교회는 일곱 교회 가운데 가장 부유한 교회였다. 라오디게아는 A.D. 60년경에 지진으로 도시가 폐허가 되었다. 하지만 로마 당국에서 도움을 주려고 했었으나 거절할 정도로 그 지역의 사람들은 풍족한 재력을 가지고 있었다. 은행의 발달로 금융의 중심지였고, 흑색 양모 산업이 발달된 곳이기도 했다. 유명한 의과 학교가 있었고, 특히 귀에 바르는 약과 눈에 바르는 안약은 그 당대 최고 질 좋은 상품이었기에 거대한 부를 소유하게 된 도시다. 그러한 영향인지 라오디게아 교회 역시 대단한 부를 소유한 교회로 자리 잡고 있었다. 라오디게아 교회는 자신들에 대한 자긍심이 높았다. 자신들을 주님의 축복받은 인생의 대명사로 여겼다. 급기야는 자신들이 가진 세상의 부유함을 영적 · 신앙적인 부유함과 동일시하고 말았다. 스스로 자신들은 부자이고 부족한 게 없다고 주장했다. 헛된 포만감으로 살게 되었다. 이들은 은행 잔고가 바닥나기 전까지는 결코 하나님 앞에서 자신을 되돌아볼 수가 없는 사람들이었다. 그러한 자리에서 회개할 심령이 만들어진다는 것은 불가능하다. 결단코 진리 혹은 말씀의 검이 심령 폐부를 찌를 수가 없기 때문이다. 성경은 성공과 부를 죄악시하거나 회개 거리로 여기라 하시지 않는다. 오직 잘못된 자기 인식으로 인한 세상적 배부름을 질타하는 것이다. 그것은 적나라한 자신의 실상을 보지 못하게 만드는 무서운 죄다. 그렇다면 그들의 실상은 무엇인가? 16절에서 말씀하는 것처럼, 그들은 토하고 싶을 정도로 미지근

한 신앙의 사람이었다. 또한, 17절 하반 절에 따르면, 그들은 곤고하고, 가련하고, 가난하고, 눈멀고, 벌거벗은 자들이었다. 그들은 마땅히 불로 연단 한 금을 가져야 하고, 흰옷을 입고 수치를 가려야 한다. 안약을 사서 바르고 새롭게 보아야 한다.

결국, 라오디게아 교회는 회개의 자리로 나오기 힘든 교회이다. 가난한 심령으로 회개에 이르기에는 그들에게 세상의 소유와 자랑거리들이 너무 많다. 그들이 누리는 풍요로움이 자신들이 제대로 살아온 결과라고 여기는 한, 자기를 부인하고 회개의 자리로 나갈 수가 없는 것이다.

라오디게아 교회가 가장 심각한 책망만 들어야 했던 이유가 바로 여기에 있다. 그들은 회개의 자리로 나아갈 수 없는 잘못된 자기 인식 상태에 있었다. 그것을 고치지 않으면 그들은 쓸모없는 존재로 전락해 버리고 말 것이다. 스스로는 부유하다고 생각하지만 실상은 가난한 자로 일생을 마치게 된다. 회개의 상실로 말미암아 주님의 온갖 귀한 것들을 받아 누리지 못하고 말 것이다.

회개를 통하여 풍성한 누림의 삶으로 초대하기 위하여…

그러나 주님의 책망 일색의 논조는 그들의 상태를 그저 폭로시키려는 것만은 아니다. 그저 그들의 민낯을 들춰 수치스럽게 하려는 의도가 아니었다. 하나님의 진심은 그들을 더 중요한 자리로 이끌어가기 위한 것이다. 그것이 바로 다시 세움과 회복의 자리이다.

칭찬이 없고 책망만 하시는 것은 일차적으로 그들에게 정확한 진단을 내려 주시려는 것이다. 바르게 진단해야 하지만, 오로지 진단만을 위한 것이 돼서는 안 된다. 진단의 목적은 치료를 위한 것이다. 경고음을 울리는 것으로 끝나서는 안 된다. 치료가 없는 진단은, 대책은 없고 문제의 심각성만을 지적하는 것과 같다. 우리 주님은 그런 분이 아니시다. 그분은 살리기 위하여 우리 문제의 심각성을 들춰내시는 분이시다. 살림으로 나아가게 하시는 것이 목적이다. 이러한 측면으로 본다면 책망하신 이유는 사랑하기 때문이다. 3장 19절을 함께 보자. "무릇 사랑하는 자를 책망하여 징계하노니 그러므로 네가 열심을 내라 회개하라."

세상에서 사람들이 이런 말을 하는 것은 언제나 믿을 만한 이야기가 못 된다. 사랑하기에 아픔을 주는 것이라고, 사랑하니까 폭력의 방식을 사용해서라도 고치려고 하는 것이라고 한다. 그런 주장은 사실이 아니라 구실일 수 있다. 감정으로, 혈기로, 못된 성품으로 상대를 거칠게 대하고, 때로 징계하고 매를 가하는 경우가 더 많다. 그러나 우리 주님은 진정한 사랑의 발로에서 우리를 책망하신다. 어디로 가게 하시려고 그러시는가? 회개를 통해 치유와 회복의 길로 나아가게 하려고 그렇게 하시는 것이다. 3장 20절에서 그러한 주님의 의지를 확인할 수 있다. "볼지어다 내가 문밖에 서서 두드리노니 누구든지 내 음성을 듣고 문을 열면 내가 그에게로 들어가 그와 더불어 먹고 그는 나로 더불어 먹으리라." 주님은 라오디게아 교회를 풍성한 교제의 자리로 이끌기를 원하신다.

20절 말씀에 대한 오해가 없어야 한다. 이 구절은 사영리의 마지막 대목에 나와 매우 친숙하다. 주님이 문밖에 서서 우리를 향하여 문을 열어달라고 간청하신다. 주님은 나약한 모습으로 문밖에 서 계시고 문고리는 안에만 있기에 안에서 열어야만 열린다는 의미로 불신자들을 초대할 때 애용하는 구절이다. 이러한 설명은 본문에 대한 오해로 인한 것이다. 만일 그런 식이라면 구원의 주권이 누구에게 있는 것인가? 주님에게 있는 게 아니라, 문을 열어 줄 수도 있고, 닫고 있을 수도 있는 그 사람에게 있는 것이다. 구원이 사람에게 달린 꼴이 되고 만다. 본문은 과연 그런 뜻일까? 전혀 그렇지 않다. 여기서 말씀하시려는 것은 주님이 인격적인 방식으로 우리에게 찾아오시는 분이시라는 것이다. 구원의 주도권을 인간들에게 넘기게 만드는 말씀으로 잘못 적용되어서는 안 된다. 주님은 늘 인격적으로 우리에게 오셔서 문을 두드리는 분이시다. 강압으로나 권력으로 우리를 움직이시는 분이 아니라, 우리가 결단으로 나올 때까지 오래 참고 기다리는 분이시다. 권력적인 방식이 아니라 인격적인 방식으로 우리를 대하시는 분이시다. 그러기에 본문을 정확히 보려면 문맥을 따라 읽어야 한다. 이 구절은 안 믿는 불신자들을 구원의 자리로 초청하기 위한 말씀이기보다는 실상은 거짓된 포만감에 휩싸인 교회를 위한 메시지이다. 라오디게아 교회가 주님을 믿는다고 하면서도 주님을 문밖으로 밀어낸 채 신앙생활을 하는 모습을 그리고 있다. 인생의 핸들을 자신들이 쥐고 가는 것이다. 주님을 고작 조수석에 태우고 가는 것이다. 이런 교회를 향하여 주님은 지금 교제를 회복하자고 제안하신다. 내가 너희의 진정한 주인, 참된 통치자가 되기를 원하신다고 말씀하신다.

그렇다면 이제 회개를 통한 돌이킴이 주는 유익은 어떤 것인지를 생각해 보자. 그것은 누림과 나눔의 삶으로의 초대라고 말할 수 있을 것이다. 우리가 라오디게아 교회처럼, 주님 이외의 다른 자원들을 의존하고 살 때, 그것이 돈이든, 소유물이든, 아니면 세상의 힘이든 간에 우리는 주님을 우리의 마음 문밖에 내몰고 문을 닫아 버리는 꼴이 되고 만다. 그렇게 되면 우리는 주님을 믿어도 주님과 식탁 교제를 하지 않게 된다. 대신에 우리를 배부르게 하는 대상들과 함께 교제하며 살게 된다. 그것들과 함께 울고 웃고 살게 될 것이다. 그것들을 우리가 의존하기에 우상의 세력이라고 해도 과언이 아닐 것이다. 이 땅에 많은 신자가 라오디게아 교회처럼, 주님은 문밖에 세워두고 우상의 세력과 교제하며 살아가고 있음을 보게 된다.

이러한 상태에 처한 우리에게 회개를 통해 회복시켜주시려는 것은 바로 주님과의 식탁 교제다. 그렇다면 식탁 교제는 주님 안에서 누리게 될 풍성한 것들을 얻게 되는 장소에 대한 그림 언어인 셈이다. 거기에서 우리는 온갖 귀한 것은 받아 누리게 된다. 불로 연단한 금과 희고 순결한 옷, 그리고 영적인 안약을 바르게 될 것이다. 그것을 통해 풍성한 누림의 자리로 우리를 초대하신다. 주님을 위한(for) 교회로만이 아니라, 주님과 함께(with), 주님을 통하여 (through) 살아가는 교회가 되게 하시려는 것이다. 주님과의 교제로 인하여 우리를 진정으로 부유한 사람이 되게 하시려는 것이다. 주님 안에 있는 온갖 귀한 것들을 누리며 살아가게 하시려는 것이다. 거기에서 주님은 그의 자녀들로 참되고 근원적인 만족을 누리게 하신다. 주님이 주시는 부유함으로 가득 채워지게 하신다. 그렇게 될 때, 식탁 교제를 통해 풍족히 공급해 주시는 주님 때문에 세상적인 자원을 더는 의지하지 않아도 된다. 우리가 의존했던 우상의 세력들에 소망을 두지 않아도 되게 하신다.

이제 그러한 주님 안에서의 풍성한 누림은 나눔으로 이어지게 된다. 진정한 부유함을 누리게 되니까, 우리에게 허락하신 것들에 대하여 '소유의 가치와 자세'를 취하지 않게 된다. 대신에 '나눔의 가치와 자세'를 갖게 된다. 인색한 마음이 사라지고 여유로운 심령이 된다. 그때 내가 받은 축복은 다른 이들을 살리는 도구가 된다. 이런 생애가 되는 것이 바로 이기는 삶이다. 성공한 삶이 목표가 아니라 이기는 삶이 우리의 목표이다. 성공이 정복의 이미지라면 이김은 누림과 흘러넘침의 이미지인 것이다. 이런 이기는 자에게 주시는 최종적인 약속은 하나님의 보좌에 우리 주님과 함께 승리한 자로 앉게 해 주시는 것이다.

> 이기는 그에게는 내가 내 보좌에 함께 앉게 하여 주기를 내가
> 이기고 아버지 보좌에 함께 앉은 것과 같이하리라(계 3:21).

우리가 원통하게 여겨야 할 부분은 주님을 믿으면서도 하늘 생명의 풍성함을 누리지 못하고 있는 것이다. 우리의 허리에서 영적인 자녀들이 생산되지 못하는 것이다. 거룩한 영향력이 다른 이들에게 전달되지 않는 것이다. 하여 우리가 가는 길에 치유와 회복의 역사가 펼쳐지지 않는다. 우리가 아직도 거짓된 포만감으로 살기 때문이다. 이렇게 거짓된 포만감에 휩싸이면 우리는 죽고 만다. 우리가 다시 살길은 오직 하나 회개이다. 회개해야만 한다. 그냥 회개하는 것이 아니라 열정적으로 회개해야 한다(19절). 그만큼 거짓된 포만감에

서 돌아오기가 힘들기에 주님은 열심 있는 회개를 요구하고 계시는 것이다. 무엇보다도 열심을 내어야 할 것이 있다. 그것은 바로 회개, 회개, 회개이다. 이기는 신앙의 시작은 회개이고, 과정도 회개이고, 완성도 회개이다. 회개하는 심령만이 주님의 인정을 받고, 주님을 누리고, 주님을 전달하며 살아갈 수 있기 때문이다.

제3부

일곱재앙 시리즈와
교회의 승리와 사명

요한계시록 4장 1-2절

1 이 일 후에 내가 보니 하늘에 열린 문이 있는데 내가 들은 바 처음에 내게 말하던 나팔 소리 같은 그 음성이 이르되 이리로 올라오라 이 후에 마땅히 일어날 일들을 내가 네게 보이리라 하시더라 2 내가 곧 성령에 감동되었더니 보라 하늘에 보좌를 베풀었고 그 보좌 위에 앉으신 이가 있는데

Αποκάλυψις Ιωάννου

11. 하늘 보좌 (1)

들어가며

인생의 연수가 늘어갈수록 삶이 참 버겁다는 것을 느낀다. 아픈 현실을 흔히들 하늘이 무너진 것 같다고 말한다. 인생을 살다 보면 반드시 기막힌 현실 앞에서 앞이 캄캄하고 우리의 힘으로 아무것도 할 수 없는 절망적인 위기의 순간들을 만날 때가 있다. 이렇게 인생 길을 걸어가는 동안 하늘이 무너진 것 같은 현실을 무수히 경험하게 된다.

요한계시록 4장은 바로 하늘이 무너진 사람들에 관한 이야기다. 요한계시록의 첫 번째 독자인 초대 교회는 박해 가운데 있었다. 로마의 도미티안이 황제 숭배를 강요했지만, 교회는 그 명령을 따르지 않았다. 그것은 하나님께만 드리는 예배를 포기하는 행위이기 때문이었다. 그로 인해 지불한 대가는 실로 가혹했다. 많은 사람이 형장의 이슬로 사라져갔고, 극심한 육체적인 고문과 박해, 경제적인 불이익, 사회적인 차별을 받아야 했다. 요한계시록을 기록한 요한과 그의 형제인 신앙 공동체 모두가 극심한 박해와 제국의 위협 앞에 노출되어 있었다. 이렇게 세차게 몰아치고 있는 로마의 핍박은 언제 끝날지 알 수 없었다. 적지 않은 교인들이 이러한 상황 앞에서 낙심과 절망을 하게 되었을 것이 분명하다. 요한계시록 4장은 그런 신앙 공동체에 주시는 위로의 말씀이자 당부의 말씀이기도 하다. 그 위로와 당부의 말씀이 무엇일까?

위로의 메시지: 보좌에 앉으신 이가 예배받기에 합당하신 왕이심을 보이는 것으로

요한계시록 4장 1절에 보면 "이 일 후에 내가 보니 하늘에 열린 문이 있는데"라고 말씀한다. 당시 밧모라는 섬에 유배되어있던 요한은 혹독한 시련의 장소에서 하늘을 본다. 그때 하늘에 열린 문이 있는 것을 보게 된다. 요한이 하늘을 보아서 굳게 닫힌 하늘 문이 열린 것은 결코 아니다. 우리가 어떻게 하늘 문을 열 수 있는가? 우리의 힘과 능력으로는 도무지 불가능한 일이다. 이 땅에 어떤 존재도 하늘 문을 열 수는 없다. 하늘 문은 이미 열려 있다. 하늘 문을 여신 분은 우리 주님이시다. 우리 주님의 사역으로 인하여 우리가 하나님과 왕래할 수 있는 길이 열린 것이다. 그 열린 문을 통하여 밧모라는 유배지에서 고통당하고 있는 사도 요한이 하늘 보좌로 나아가게 된 것이다. 이렇게 하늘 문이 열려 있다는 것은 우리를 하늘의 세계로 출입할 수 있게 하려는 것이다. 우리가 육신의 장막을 벗는 날, 하늘의 열린 문을 통해 영원한 하나님의 나라로 들어가게 된다. 그러나 그것이 전부가 되어서는 안 된다. 이 땅을 사는 동안 끊임없이 열린 문을 통해 하늘 보좌로 나아가야만 한다. 이렇게 하늘 문이 열려 있는 것은 이 땅을 사는 동안 우리가 하늘과 교통할 수 있는 자의 특권을 부여받았다는 뜻이다. 어떤 경우에도 우리에게 하늘이 열려 있다는 사실을 잊어서는 안 된다. 살다 보면 사방에 우겨 싸임을 당하는 것 같고 모든 것이 다 막혀 보일 때가 있다. 이미 엎질러진 물처럼 내가 잃어버린 것을 다시 되돌릴 수 없어서 절망할 때가 있다. 그때 분명히 기억할 것은 여전히 하늘이 열려 있다는 사실이다. 그 열린 문을 통하여 하늘에 좌정해 계신 하나님의 보좌 앞으로 나아갈 수 있다. 하늘 보좌에 앉으신 하나님은 세상 역사를 통치하시는 진정한 왕이시다. 그분만이 피조물의 경배와 찬양을 받기에 합당하신 분이시다. 당시 교회는 세상의 보좌에 앉아 있는 자, 곧 로마의 황제 때문에 핍박을 받고 있었다. 교회는 황제를 경배하지 않은 죄로 인하여 모진 고초를 당했다. 그러한 사람들에게 하늘의 진정한 왕을 열린 문을 통해 만난 것은 참된 위로가 아닐 수 없다. 세상을 다스리시는 진정한 왕은 오직 보좌에 앉으신 하나님 한 분뿐이시다. 보좌에 앉으신 하나님만이 참된 예배의 대상이시다. 그 누구도 하나님의 자리를 침범할 수 없다. 세상의 보좌에 있는 자들이 아무리 대단한 존재라고 해도, 결코 예배의 대상은 아니다. 그들은 고작 하늘 보좌를 패러디하는 존재에 불과하다. 진정한 왕이신 하나님의 손 안에 그들의 운명이 달려 있다. 이러한 사실은 하늘이 무너진 것 같은 아픈 현실 속에 있는 초대 교회에게 무한한 위로가 되었을 것이 분명하다. 로마 황제가 아니라 오직 하나님만이 진정으로 우리가 거룩한 입맞춤으로 예배해야 할 분임을 다시 확인하면서 용기를 얻게 되었을 것이 분명하다.

이러한 위로는 오늘 우리에게도 필요하다. 환경을 보면 낙심할 수밖에 없고, 하늘이 무너진 것 같은 절망감 앞에 무너질 때가 한두 번이 아니지만, 세상을 다스리시는 유일한 왕이 계시기에 얼마나 다행인지 모른다. 더욱이 그분이 나의 아버지이신 것으로 인하여 감격하지 않을 수 없다. 그분보다 더 강력한 통치자는 없기에 이제 누구도 두려워할 필요가 없다. 그 어떤 현실도 우리를 이 하나님의 사랑에서 끊을 자가 없다. 이 사실을 분명히 안다면 우리는 어떤 아픈 현실 속에서도 위대한 찬양과 신앙의 고백을 주님께 드릴 수 있을 것이다. 그분을 향한 참된 예배로 나아갈 수 있을 것이다.

사랑하는 여러분! 우리에겐 고난과 역경도 있지만 열린 하늘도 있다. 우리에게 가슴 아픈 사건이 벌어지고 있지만, 하늘 세계로의 초대도 있다. 무엇보다 세상의 그 어떤 힘의 세력보다도 강력하신, 보좌에 앉으신 진정한 왕이 살아 계시다. 우리가 그분에게 예배할 수 있다는 사실이 매우 중요하다. 어떤 환경에 처해 있든지 열린 문을 통해 하늘 보좌로 나갈 수 있기에 아직 포기하기에는 이르다. 사는 게 너무 힘들어 하나님을 향해 원망이 터져 나올 수 있다. 여러분을 인도하시는 그분의 방식이, 이해가 되지 않으면 그분께 소리쳐도 된다. 그러나 절대로 해서는 안 될 것이 있다. 그것은 '포기'하는 것이다. 하나님이 왕이시기에 신자에게는 포기란 없다. 오히려 포기를 포기해야 한다. 포기하기를 포기해야만 한다. 대신에 그분을 향하여 다시금 머리를 조아리자. 그분을 다시 우리 인생의 왕으로 초대하자. 그분에게 찬양과 경배를 드리자.

당부의 메시지: 최종 승리를 응시하며 오늘도 간절한 예배자의 길을 걸어가도록

지금까지 아픈 현실 속에 있는 성도들에게 하늘 보좌와 보좌에 앉으신 하나님이 보여주시는 의도를 위로의 교훈이라는 측면에서 살펴보았다. 보좌에 앉으신 하나님이 참된 '왕'이시기에 모든 피조물은 그분의 영광과 존귀하심 앞에 엎드려 경배할 수밖에 없다. 그래서 4장 6절 이하에서 네 생물과 24 장로가 하나님을 찬양한다. 여기서 특히 주목하고자 하는 것은 '24 장로'이다. 24 장로는 구약의 12 지파와 신약의 12 사도를 상징하는 것으로, 모든 신구약 성도들, 즉 전체 교회를 대표하는 존재들이다. 24 장로가 하늘 보좌 주위에 있다는 것은 천상의 교회가 진정한 왕에게 예배를 드리고 있다는 것을 의미한다. 우리가 마침내 도달하게 될 영광스러운 모습을 미리 보여주고 있다. 이 땅에 모든 신자를 대표하는 24 장로를 통하여 성경은 우리의 미래를 보여주고 있다. 여러 가지 환난과 핍박 속에 있는 교회가 어떻게 될 것인지를 분명히 알려 주고 있다. 교회는 최종적인 승리의 자리에 이르게 될 것이다. 영광스러운 존재로 변화될 것이다. 놀라운 사실은 우리가 하나님의 영광에 참여하게 될 것이라는 점이다. 모든 성도들을 대표하는 24 장로가 보좌에 앉으신 하나님 앞에서 경배하는 것이 우리가 어떤 위치에 있는지를 알려 준다. 10절을 주목해 보자.

> 이십사 장로들이 보좌에 앉으신 이 앞에 엎드려 세세토록 살아 계시는 이에게 경배하고 자기의 관을 보좌 앞에 드리며 이르되 우리 주 하나님이여 영광과 존귀와 권능을 받으시는 것이 합당하오니 주께서 만물을 지으신지라 만물이 주의 뜻대로 있었고 또 지으심을 받았나이다 하더라(계 4:10).

여기서 주목해야 할 것은 성도를 대표하는 24 장로들이 면류관을 던지는 장면이다. 위대하신 만왕의 왕 앞에 면류관을 던지는 것은 당연하다. 이필찬 교수는 면류관을 던지는 것에 대하여 이렇게 말한다. "특별히 면류관을 하나님께 던지는 행위는 보통 정복당한 왕이 정복한 왕에게 보이는 모습이다." 그러나 그것은 힘에 제압당하는 굴복으로 인해 분통한 고개 숙임이 결코 아니다. 24 장로들이 면류관을 던지며 경배하는 것은 가슴 깊숙한 속에서 우러나오는 감격의 행위이다. 그들의 감격이 어떤 것인지를 알기 위해서는 본문에는 기록돼있지 않지만, 24 장로와 연관된 또 하나의 한 장면을 상상해야만 한다. 그것은 바로 24 장로들이 하나님에게 면류관을 받아 쓰고 하나님이 마련해 주신 보좌에 앉는 장면이다. 어떻게 성경에도 없는 장면을 상상할 수 있느냐고 질문할 수 있다. 자! 그렇다면 이제 요한계시록 3장 21절을 주목해 볼 필요가 있다.

이기는 그에게는 내가 내 보좌에 앉게 하여 주기를 내가 이기
고 아버지 보좌에 함께 앉은 것과 같이 하리라(계 3:21).

너무도 놀라운 구절이 아닌가? 영광스러운 하늘 보좌에 하나님만
이 앉는 것이 아니라, 우리 예수님도 앉으신다. 그리고 이기는 성도
들도 그 하늘 보좌에 앉게 해 주실 것이다. 24 장로가 대표로 이 약
속의 말씀이 성취됨을 보여주고 있다. 이러한 사실에 근거해서 우리
는 면류관을 벗어서 보좌에 앉으신 하나님께 경배하는 장면에 앞서
서 하나님께서 우리에게 면류관을 씌워주시고 그분의 보좌에 앉게
하시는 장면을 연상할 수 있는 것이다. 24 장로들이 형언할 수 없는
감격에 휩싸여 누가 먼저라고 할 것도 없이 보좌에서 내려온다. 그
리고 자신들을 영광스러운 존재로 만들어 주신 진정한 왕께 면류관
을 던지고 경배와 찬양을 드린다. 하나님께 온 마음을 다 바쳐 예배
를 드리는 것이다. 24 장로들의 눈에는 하염없이 눈물이 흐른다. 그
러나 이 눈물은 단지 24 장로들만의 눈물이 아니다. 본문을 묵상하
다가 24 장로들의 모습에서 나의 미래를 보며 경배의 자리에 나 같
이 부족한 인생도 초대될 것을 상상하면서 감격으로 눈물을 훔치게
된다. 이렇게 요한계시록 4장은 우리들의 궁극적인 운명이 얼마나
영광스러운 승리로 마쳐지게 될 것인지를 말씀하고 있다. 하나님의
우리를 향한 영광스러운 미래를 가로막을 세력은 아무도 없다. 우리
를 향하신 하나님의 계획은 그 어떤 방해 공작에도 불구하고 반드
시 성취될 것이다. 이것이 분명한 사실이라면, 우리는 '이미' 하나님
의 승리와 영광 안에 초대된 자들이다. 우리는 이기기 위해서 분투

해야 하는 사람이기 이전에, 이김이 확정된 자로서 분투하는 사람이다. 이미 운명이 승리로 정해진 사람이다. 우리는 반드시 영광스러운 하늘 보좌에 앉게 될 것이다. 우리의 구원이 온전히 완성될 것이다. 이렇게 하나님께서 승리로 마쳐질 우리들의 최종 운명을 분명히 보여주시는 이유가 있다. 예수님을 믿는 것 때문에 힘겨운 세상을 살아가고 있는 성도를 위로하고 격려하시기 위함이다. 힘든 시련의 때를 지나가는 사람들이 좌절하지 않게 하시려는 것이다. 우리가 힘겨운 현실 가운데 어떻게 느끼느냐 하는 것은 그다지 중요치 않다. 성경이 알려 주는 우리들의 운명에 대한 분명한 사실(진실)이 무엇인지가 중요한 것이다. 어려운 세상살이 속에서 우리의 느낌이 무엇이든지 간에, 분명한 사실은 우리는 마침내 승리할 것이라는데 있다. 24 장로의 모습을 통하여 최종적인 영광을 미리 보여주시는 이유는 그 궁극적이고 최종적인 희망을 끌어다가 오늘을 살아야 하기 때문이다. 비록 오늘이 숨이 턱턱 막히고, 죽을 만큼 힘든 현실이라고 해도 영광스러운 마침을 알기에 다시금 소망을 가질 수 있는 것이다. 그러한 소망은 예배를 위한 가장 강력한 동기 부여가 된다. 마침내 승리할 자라는 확신이 있을 때, 우리가 직면한 현실이 아프고 힘겹지만 사는 날 동안 하나님을 온전히 예배하는 예배자의 자리로 나아갈 수 있을 것이다.

어떤 어려움에 직면하게 될지라도 마침내 반드시 승리할 것이므로, 우리는 절대로 악에 지지 않을 것이다. 우리의 앞을 가로막는 그어떤 환경 앞에서도, 고난이라는 복병 앞에서도, 절대로 무너지지 않을 것이다. 우리의 최종 목적지는 '하늘 보좌'이다. 거기서 하나님과 예수님의 보좌 옆에 함께 앉게 될 날이 반드시 올 것이다. 우리를 영광스럽게 만들어 주신 하나님께 전심으로 예배하는 자로 서게 될 것이다.

이 사실이 분명하다면, 설사 사망의 음침한 골짜기를 지날지라도 두려워하지 않을 것이다. 낙심치 않을 것이다. 왜냐하면, 세상을 사는 동안 그 어떤 힘들고 어려운 과정을 통과한다고 해도 최종 승리가 우리 눈앞에서 실상으로 펼쳐질 것이기 때문이다. 이 사실을 마음에 품고 이제 하나님이 찾으시는 그 한 사람, 그 예배자로 나아가자. 본문에 소개된 천상의 무리가 드리는 찬양이 우리의 것이 되게하자. 환경 때문에 웃을 수 없다면 보좌에 앉으신 주님 때문에라도 미소를 잃지 말고 우리의 입술로, 우리의 삶으로 그분을 높이는 진실한 예배자로 서자.

4 또 보좌에 둘려 이십사 보좌들이 있고 그 보좌들 위에 이십사 장로들
이 흰 옷을 입고 머리에 금관을 쓰고 앉았더라

12. 하늘 보좌 (2)

들어가며

얼마 전에, 430만 독자에게 감동을 주었던 〈연탄길〉이라는 책을 쓴 이철환 작가의 저서 〈예수 믿으면 행복해질까〉를 읽었다. 이철환 집사는 힘든 시간을 지나 베스트셀러 작가로서 유명인이 되는 과정에서 몸을 혹사한 결과, 심각한 이명을 앓게 되었다. 매일 쇠 파이프 자르는 소리가 들려, 죽을 만큼 힘든 고통 속에 살아가고 있다고 한다. 그 고통 가운데서 신앙의 끈을 놓지 않고 사는 것이 얼마나 어려운 것인지를 다음과 같이 말한다.

"하나님 밖에서 하나님 안으로 들어가는 것보다, 하나님 안에서 하나님 안으로 들어가는 것이 제겐 더 어려웠습니다."

하나님을 믿는 자리로 나오는 것보다, 하나님을 제대로 믿는 자리에 서는 것이 훨씬 더 어렵다는 뜻이다. 참으로 공감되는 말이다. 하나님을 믿는 것보다 실족하지 않고 하나님을 제대로 믿는 것이 어렵다. 그 이유는 신앙생활 가운데 우리가 기대한 하나님의 모습이 아니라, 우리가 감히 생각지도 못한 하나님의 모습을 만나기 때문이다. 하나님 안에서 순탄하기를 원했는데, 그분이 우리를 기가 막힌 웅덩이에 집어넣으실 때가 있기 때문이다. 때로 하늘이 무너진 것 같은 힘든 시간을 지나게 하시기 때문이다.

초대 교회 성도들이 바로 그런 현실에 직면해 있었다. 당시 그들은 극심한 고통의 자리에 있었다. 황제 숭배를 요구하는 세상 권력자의 명령을 따르지 않은 대가로 혹독한 박해와 제국의 위협을 당하며 살아야 했다. 요한계시록의 저자 요한은 유배지인 밧모 섬에 잡혀 있었다. 그러한 형편 속에 있는 요한이 4장에 오면 하늘 보좌로 초대받는다. 궁금해진다. 왜 지금 하필 하늘 보좌를 보여주시는 것일까? 고난받는 성도들에게 무슨 교훈을 위해 하늘 보좌로 요한을 초대하신 것일까?

신자의 궁극적인 운명을 확인시키기 위하여:

요한계시록 1-3장은 편지 형식의 글이라면, 4장부터 본격적인 묵시 형태의 글로 바뀌고 있다. 묵시적인 장르로 글이 전환되는 첫 장면이 "하늘 보좌"로 시작되는 것이 흥미롭다. 하늘 보좌는 역사의 진정한 왕이 좌정해 계신 보좌이다. 교회는 지금 세상 나라를 다스리는 보좌에 앉아 있는 인간 왕으로 인하여 핍박의 상황 속에 있다. 요한계시록 당시에 세상 보좌 중심에는 로마의 황제가 앉아 있었다. 그는 가공할 만한 힘으로 세상에 철권을 휘두르고 있다. 그 어디에도 희망의 빛은 보이지 않는다. 그러한 초대 교회 성도들에게 하늘 보좌를 보여주고 있는 것이다. 하늘 보좌의 광경에서 제일 중요한 분은 중심에 계신 하나님이시다. 그분이 진정한 왕의 왕이시다. 그분의 허락 없이는 세상의 왕은 참새 한 마리도 떨어뜨릴 수 없다. 중요한 것은 그런 참된 왕께서 우리를 위하신다는 것이다. 우리를 하늘 보좌에 초대하고 계시다는 점이다. 성도를 대표하는 24 장로가 그 하늘 보좌에 앉아 있는 광경은 우리의 미래를 그려주는 장면이다. 그렇다면 4장이 강조하는 바는 분명하다. 신자 된 우리들의 궁극적인 운명을 밝혀 주시려는 것이다. 우리의 궁극적인 운명은 하늘 보좌에 이르는 것이다. 이렇게 하나님께서 승리로 마쳐질 우리들의 최종 운명을 분명히 보여주시는 이유가 있다. 예수님 믿는 것 때문에 힘겨운 세상을 살아가고 있는 성도들을 위로하고 격려하시기 위함이다. 힘든 시련의 때를 지나가는 사람들이 좌절하지 않게 하시려는 것이다. 우리의 최종적인 영광을 미리 보여주시는 이유는 그 궁극적이고 최종적인 희망을 끌어다가 오늘을 살아야 하기 때문이다. 비록 우리가 맞이하고 있는 오늘이 숨이 턱턱 막히고, 죽을 만큼 힘든 시간이라도 영광스러운 마침을 알기에 다시금 소망을 가질 수 있는 것이다.

스포츠 경기를 볼 때, 박빙의 경기를 생방송으로 시청하면 손에 땀을 쥐고 보게 된다. 상대편에게 골을 먹으면 아쉬움에 탄식을 자아내게 된다. 우리 팀 선수가 실수하면, 우리도 모르는 사이에 질타가 쏟아지거나 부정적인 말이 터져 나온다. 좀처럼 만회 골이 나오지 않으면 긴장은 고조되고 혈압이 오른다. 그러다가 경기 종료 1분을 남겨 두고 만회 골이 터지고, 인저리 타임(injury time)에 역전 골이 나오면 천하를 얻는 것처럼 기뻐하게 된다. 이것이 축구 경기를 생방송으로 보게 될 때의 광경이다. 그러나 이 축구 경기를 재방송으로 시청하게 된다면 분위기는 전혀 달라질 것이다. 승리의 결과를 다 알고서 보기에 우리가 선취 골을 빼앗겨도, 우리 선수가 실수를 연발해도, 경기가 잘 풀리지 않아도 여유를 갖고 기다릴 수가 있다. 선수들을 비난하고 감독을 욕하지 않는다. 절대 혈압이 오르지 않을 것이다. 왜일까? 경기 결과를 이미 알고 있기 때문이다. 오히려 우리 팀이 경기 종료 1분 전까지 끌려가는 경기를 뒤집은 것이 더 신나는 감격이 된다. 마지막 순간까지 포기하지 않아서 승리하게 된 것이라고 박수를 보내게 될 것이다. 최종적인 승리 앞에서 답답한 경기 내용으로 인하여 가슴을 치지 않아도 된다.

이것이 하나님께서 고난 속에 있는 성도들에게 천상에 승리한 교회의 모습을 보여주시는 이유라고 생각한다. 생방송으로 펼쳐지는 우리들의 신앙생활을 마치 재방송을 보듯이 맞이하게 하시려는 의도이다. 우리의 인생은 어디로 가고 있는지 알 수 없는 생방송이지만, 이미 분명한 결론을 알고 있는 재방송으로 여겨야 한다. "생방송을 생방송으로 맞이하지 말고, 생방송을 녹화방송 보듯이 하라." 말장난처럼 들릴 수 있을지 모르지만, 승리하는 신앙생활을 위한 길을 말하는 것이다. 신앙생활은 이긴 경기를 재방송으로 보듯 해야 한다.

우리는 반드시 승리할 것이다. 우리는 절대로 악에 지지 않을 것이다. 앞을 가로막는 그 어떤 환경 앞에서도, 고난이라는 복병 앞에서도 우리는 무너지지 않는다. 우리의 최종 목적지는 천국이고 거기서 펼쳐지는 "하늘 보좌"에 입성하는 것이다. 거기서 하나님과 예수님의 보좌 옆에 우리가 함께 앉는 것이다. 이 사실이 분명하다면, 우리는 사망의 음침한 골짜기를 지날 때도 두렵지 않다. 낙심치 않는다. 왜냐하면, 세상을 사는 동안 그 어떤 힘들고 어려운 과정을 통과한다고 해도 최종 승리가 우리 눈앞에서 실상으로 펼쳐질 것이기 때문이다. 우리는 아무리 악이 기승을 부르는 순간에도, 사탄의 기습 공격을 받을 때도, 최종적인 승리를 내다보며 승리를 염원하는 기도를 드리게 된다. 토마스 롱(Thomas G. Long)이 지은 〈고통과 씨름하다〉라는 책에 이런 이야기가 나온다.

독일의 다하우라는 작은 마을에는 나치 시대의 낡은 강제 수용소의 으스스한 부지 위에 세워진 홀로코스트(유대인 대량 학살) 박물관이 있다. 이 박물관에는 한번 보면 잊기 어려운 사진이 한 장 있는데 그것을 보는 자는 신앙인이든 아니든 기도를 올리게 된다. 이 사진에는 아우슈비츠의 가스실로 들어가는 한 어머니와 어린 딸이 찍혀 있다. 눈앞에서 벌어지는 비극을 중단시키기 위해 어머니가 할 수 있는 일은 하나도 없다. 다만 어머니는 자신이 할 수 있는 유일한 사랑의 행위를 한다. 딸 뒤에 바짝 붙어 걸어가면서 손으로 아이의 눈을 덮어 아이가 자신이 어디로 가고 있는지 보지 못하도록 한 것이다. 이 끔찍한 사진과 대면한 이들은 모두 다음과 같이 기도하게 된다. '오 하나님, 이것이 마지막 말이 되지 않게 하소서. 우리 안에 짐승, 역사 속에 존재하는 이 짐승이 무엇이든 그놈에게 이 어린 소녀와 사람들, 그리고 우리 모두의 이야기를 마지막으로 완성할 능력을 허락하지 마소서!' 역사의 종말에서 계신 분은 결코 짐승에게 이런 일을 허락하지 않을 것을 약속하신다. 종말의 시간에 서 계신 분은 공정한 재판관, 곧 부활하신 예수 그리스도시고 그분의 의는 해같이 빛난다. 어린 소녀들을 잔인하게 죽이며 역사 속에서 승승장구해 온 이 짐승은 그가 누구이든 완전히 파괴될 것이다.

토마스 롱의 이야기에 살을 덧붙인다면, 짐승의 세력은 파괴될 것이고 우리는 영광스러운 승리의 하늘 보좌에 앉게 될 것이다. 이런 말을 하면 많은 사람이 최후 승리로 이끌어 가시는 분이 하나님이시라면, 우리가 고통당할 때 그분은 어디 계시느냐고 묻는다. 이런 생각이 들면 못내 하나님께 섭섭하다. 우리가 당하는 고통의 시간에는 외면하시다가 마지막 날에 승리를 주시는 하나님처럼 여겨질 수 있다. 그러나 그것은 결코 진실이 아니다. 우리가 당하는 환난 속에서도 하나님은 결코 우리를 외면하지 않으신다. 그분이 우리 옆에서, 우리 안에서, 때로는 우리 앞과 뒤에서, 우리와 동행하시며 궁극적으로 승리하는 교회가 되게 하신다. 결코, 우리를 홀로 두지 않으실 것이다. 우리와 함께 아파하시며 우리를 천성으로 이끌어 가신다. 영광스러운 최후 승리의 자리에 이를 때까지….

하늘 전망대를 가져야 이길 수 있기에…

하늘 보좌를 보여주시는 또 다른 이유는 고난 속에 있는 신자들이 승리하기 위해서는 하늘 전망대가 있어야 함을 알려 주시려는데 있다. 성경은 우리를 안이한 낙관론으로 초대하지 않는다. 하늘 전망대로 초대한다. 그곳에 올라 현실을 새로운 전망으로 보게 한다. 하나님은 그저 힘들어하는 사람들에게 '희망 고문'을 하는 분이 아니시다. 희망도 없는데 된다고 말씀하시는 분이 아니시다. 어느 때는 밑도 끝도 없이 미래에 대한 희망을 강조하는 것은 때로 절망이 되기도 한다. 미래에만 이긴다면 빨리 그 미래로 가는 것이 낫지 않을까? 라고 생각할 수 있다. 그러한 영성은 옳은 것일까? 절대 그렇지 않다.

요한계시록 4장에서 하늘 보좌를 보이시는 것은 단지 그 미래를 소망하며 살아가게 하려는 의도 때문만은 아니다. 오늘을 승리하며 살게 하시려는 것이다. 오늘을 다르게 살게 하시려는 것이다. 우리가 사는 이 땅의 현실에서는 승리가 없고 다음 세상에만 이길 수 있다는 가르침에 동의할 수 없다.

그렇다면 참으로 암담한 현실 가운데 구체적으로 승리하는 방법은 무엇일까? 하늘 보좌의 광경을 보여주심으로서 성경은 우리가 누리는 승리가 바로 '시선 확보'를 통한 새로운 관점의 승리임을 알게 한다. 하늘 보좌는 하늘 전망대이다. 그 전망대에 올라가면 하늘의 관점으로 오늘을 새로운 시선을 가지고 바라볼 수 있다. 날마다 그 시야를 확보하는 것이 구체적인 승리의 비결이 되는 것이다.

우리가 힘든 현실 앞에 패하는 이유는 단지 환경이 힘들어서가 아니다. 더 큰 문제는 이 하늘 전망대에서 바라보는 시선(시야)을 확보하는 데 실패하기 때문이다. 아무리 힘들어도 우리 마음에 하늘 보좌를 두면 승리할 수 있다, 마음에 하늘 보좌를 가진 사람은 새로운 전망을 갖게 된다. 그것으로 현실을 이기게 되는 것이다. 만일 영적인 하늘 전망대가 없으면 우리 앞에 거대한 크기로 버티고 서 있는 난공불락의 성을 마주하게 된다. 그러한 시야 확보가 어려운 자리에서 이길 수 있는 사람은 없을 것이다. 천하를 호령하는 장수라도 그 앞에서 두려움을 갖게 되는 것이다. 포기하게 된다. 그러나 높은 고지로 올라가서 그 문제를 지나 맞이하게 될 승리의 시간을 바로 보게 된다면, 우리는 좌절하며 낙심하지 않아도 되는 것이다. 이러한 면에서 심령에 하늘 전망대, 즉 천상의 관점을 갖는 것이 필요하다.

　현실에서 패하는 사람의 모습을 잘 보면 특징이 있다. 문제를 자꾸 크게 만드는 것이다. 문제가 커지면 우리는 상대적으로 작아지게 된다. 그때 우리는 문제를 극진히(?) 대접하게 되는 것이며, 그러면 여지없이 패하게 된다. 문제를 자신이 섬겨야 할 왕으로 영접해서 지는 것이다. 반대로 같은 현실에서 승리하는 사람도 특징이 있다. 환경이 좀처럼 나아지지 않아도 그들은 새로운 눈으로 삶을 응시하는 법을 알고 있다. 문제를 영접하는 대신에 문제보다 크신 주님을 삶의 자리에 초대한다. 하늘 전망대로 달려가 그 문제 너머에 무엇이 기다리고 있는지를 응시한다. 이를 통하여 문제를 작게 만들어 버린다. 문제가 작아서 작게 만들어지는 것이 아니다. 문제는 그

크기 그대로 있지만, 문제를 상대하는 나 자신이 문제 보다 커져서 문제를 작게 만드는 것이다. 이것이 바로 우리가 가야 할 방향이라고 믿는다.

"천상의 관점으로 오늘을 보라!"

"하늘의 전망대를 마음에 품고 큰 시야를 확보하라."

"하늘 관제탑에 올라 잃어버린 것들이 아니라 여전히 남겨져 있는 소중한 것들을 바라보라."

아무리 귀한 것을 잃어버렸다고 해도 앞으로 우리가 맞이하게 될 더 소중한 것들이 아직도 남아 있다. 중요한 것은 '잃어버린 꿈'이 아니라 '남겨진 꿈'이다. 그것을 바라보자. 그때 우리는 잃어버린 것들로 인해 억울해하지 않을 것이다. 상실의 시간이 있었기에 소중한 것을 얻을 수 있는 시간이 찾아오는 것이다. 때로 우리에게 실패의 시간이 있어야 한다. 상실의 시간이 필요한 것이다. 그래야 다시 찾아오는 소중한 것들을 제대로 맞이할 수 있고, 심기일전해서 다시서게 되는 것이다.

앞에서 언급한 바와 같이 신자들 앞에 있는 궁극적 승리는 너무도 확실한 것이다. 그렇다면 오늘 현실에서 당하는 억울함, 아픔, 힘겨움, 실패는 다 이유가 있다. 그 시간이 있어야만 진정으로 소중한 것을 볼 수 있고, 소중한 것을 맞이하여 소중하게 가꿀 수 있다.

그렇다면 이제 우리는 조금 다른 시선(관점)으로 우리를 힘들게 하는 환경의 대적들을 생각해 볼 필요가 있다. 어려움을 주는 세력이 있다고 경기를 포기하면 되겠는가? 경기가 풀리지 않는다고 서로 책임을 전가하면 되는 것일까? 심판 판정에 불만을 품고 항의하다가 퇴장당하면 되겠는가? 결코 그럴 수 없다. 깨질 때는 처절하게 깨져야 한다. 하나님께서 로마 황제와 같은 존재를 보내 우리를 낮추시면 낮아져야 한다. 시궁창 밑을 지나가게 하시면 지나가야 한다. 분명한 것은 때가 되면 악의 세력은 물러갈 것이라는 점이다. 최종 승리가 우리에게 확실히 다가오고 있다. 그 승리에 앞서 우리에게 패배의 시간을 주신다고 해도 좌절할 필요는 없다. 승리가 확정되었기에, 패배는 오히려 승리를 더 빛나게 하는 도구로 바뀌게 될 것임을 명심하자.

서두에서 이철환 집사의 책 이야기를 했다. 다시 묻고 싶다. 예수 믿으면 행복해질까? 이제는 자신 있게 말할 수 있다. 예수 믿으면 행복해진다고. 오해는 말자. 예수 믿어서 얻게 되는 행복은 우리가 원하는 방식으로 삶이 진행될 것이기 때문이 아니다. 우리가 소원하는 바가 다 이뤄져서 행복한 것은 결코 아닐 것이다. 주님이 고통 없는 자리로 이끌어 주셔서도 아니다. 예수 믿어도 힘든 일이 있을 것이다. 좌절의 시간이 있을 것이다. 힘겨운 오르막길을 올라가야 할 시기도 있을 것이다. 그런데도 예수 믿으면 행복해진다. 왜일까? 우리에게는 본향이 있기 때문이다. 아무리 힘들어도 우리에게 열린 하늘이 있기 때문이다. 열린 문을 통해 하나님께 나아가는 자들은 절대로 불행하지 않기 때문이다. 오히려 열린 문을 통해 하나님 보좌 앞으로 나아가게 되면 천상의 무리처럼 위대하신 하나님을 찬양하게 될 것이기 때문이다. 아무리 힘들고 어려워도 우리가 돌아갈 하늘 본향을 생각하면, 하늘 보좌를 믿음의 눈으로 바라보면, 찬송을 하게 될 것이기에 예수님을 믿으면 정말로 행복해지는 것이 아닐까? 소유나 현실로 인한 것이 아니라, 관점이나 관계로 인한 행복이 있기에 예수님 믿으면 행복해지는 것이다.

요한계시록 5장 3, 5절
3 하늘 위에나 땅 위에나 땅 아래에 능히 그 두루마리를 펴거나 보거나
할 자가 없더라 5 장로 중의 한 사람이 내게 말하되 울지 말라 유대 지
파의 사자 다윗의 뿌리가 이겼으니 그 두루마리와 그 일곱 인을 떼시리
라 하더라

Αποκάλυψις Ιωάννου

13. 인 떼기에 합당하신 예수님의 승리 방식

들어가며

4장에 이어 5장도 하늘 보좌의 광경이 펼쳐져 있다. 4장과 5장의 차이는 강조점이 조금 다르다는 것이다. 4장에서는 하늘 보좌에 좌정해 계신 창조주 하나님을 다루고 있다. 이제 5장에서는 하늘 보좌의 광경을 구속자 예수님에게 초점을 맞추어 기술하고 있다. 특히 예수님께서 이루신 사역과 사역 방식에 집중하고 있다. 그렇다면 과연 예수님께서 이루신 사역이 무엇이고 어떻게 그런 사역을 이루셨는지를 알아보기로 하자.

예수님의 사역: 인봉한 두루마리를 여심

황제 숭배를 거절한 대가로 밧모라는 섬에 유배된 요한은 어느 주일 날 환상을 보게 된다. 환상을 통해 "하늘 보좌"로 올라가게 된 것이다. 4장을 보면 요한은 그 하늘 보좌에서 진정한 왕으로 좌정해 계시는 하나님을 목도 한다. 물론 하나님을 찬양하는 천상의 무리도 보았다. 그런데 이상하게도 예수님이 계시지 않는다. 지상에서 함께 동고동락했던 예수님을 사도 요한은 너무도 보고 싶었을 것이다. 그래서 요한은 예수님을 찾기 위해 주위를 두리번거리게 된다. 그러다 보좌에 앉으신 하나님의 오른손에 있는 책을 발견한다. 아직 예수님은 그의 눈에 보이지 않는다. 이번에 요한의 눈을 사로잡은 것은 안팎으로 쓰여 있는 인으로 봉한 책이다. 그때 힘센 천사가 큰소리로 외친다. "누가 그 책을 펴며 그 인을 떼기에 합당하냐." 그 도발적인 질문에 대하여 좀 전에 큰소리로 외쳤던 천사가 친절하게도 대답을 해 준다.

> 하늘 위에나 땅 위에나 땅 아래에 능히 책을 펴거나 보거나
> 할 이가 없더라(계 5:3).

두루마리 책이 열릴 수 없다면 문제는 심각해진다. 인으로 봉한 책을 열 수 없다는 것이 의미하는 바 때문이다. 인으로 봉한 책은 세상에 대한 심판과 주의 백성들의 구원 완성을 다루고 있다. 책이 열려서 악이 정당한 심판을 받아야 하고, 그 결과로 주의 자녀들의 온전한 구원의 역사가 성취되어야 한다. 그런데 책이 열릴 수 없다는 선언은 말 그대로 절망적인 현실을 말하는 것이다. 그 책의 내용이 집행되지 않아서 세상 가운데 정당한 심판도 없고, 악인들 때문에 신음하는 이들이 구원되지 못한다면 정말 큰 일이 아니겠는가? 그래서 그 절망적인 소리를 들은 요한이 크게 운다. 그것도 너무도 서럽게 통곡하고 만다. 운다는 것은 포기할 수 없다는 뜻이다. 책을 열 자가 없다니? 그렇다면 고통 가운데 있는 주의 백성들은 도대체 어떻게 되는

가? 절대로 그럴 수는 없다. 요한이 크게 우는 것은 답이 주어질 때까지 절대로 물러서지 않겠다는 결연한 의지의 표시다.

얼마나 울었는지는 모르지만, 극도의 비통함으로 슬픔에 잠겨 있는 요한에게 장로 중 한 사람이 다가와 참된 위로의 말씀을 던져준다.

> 울지 말라, 유대 지파의 사자 다윗의 뿌리가 이기었으니 이
> 책과 그 일곱 인을 떼시리라 하더라(계 5:5).

울고 있는 요한에게 이 얼마나 기쁜 소식이었을지 상상해 보라. 그 누구도 열 수 없는, 인으로 봉한 책을 오직 예수님만이 여실 수 있다고 말해주는 것이다. 주님은 유대 지파의 사자, 다윗의 뿌리로 승리하셔서 이 역사 가운데 유일하게 인을 떼기에 합당한 분이 되신 것이다. 그렇다면 인으로 봉한 책을 예수님께서 여신다는 것은 무엇을 의미할까? 예수님 사역의 핵심이 무엇인지를 말하는 것이다. 예수님의 사역은 한마디로 열린 책의 내용인 심판과 구원을 집행하시는 것이라고 할 수 있다.

그런데 여기서 우리가 주목해야 할 부분은 예수님이 인으로 봉한 책을 여시어 심판과 구원의 사역을 완성하시는 분임을 소개하는 과정에 있다. 매우 독특한 방식으로 주님이 역사의 주인이 되셔서 하나님의 계획을 완성하실 것을 강조하고 있다. 그것은 바로 요한이 이 글을 기록하면서 '뜸을 들이는 방식(우리에게 조바심나게 하는 방식)'으로 예수님을 소개하고 있다는 점이다. 요한은 그런 방식을 통해 오직 예수님만이 해답임을 다시 확인시킨 것이다. 그러나 요한 자신이 그렇게 극적인 방식으로 인을 떼기에 합당하신 예수님을 경험했다고

해서 독자인 우리에게 동일한 긴장감을 주는 방식으로 글을 전개시킬 필요는 없다. 그런데도 요한은 독자들에게도 손에 땀을 쥐게 하는 방식으로 인을 떼기에 합당하신 주님을 소개하고 있다. 요한은 이런 경로를 통해서 예수님이 인을 떼기에 합당하신 분이심을 강조하고 있다. 먼저는 "합당한 자가 아무도 없다."라는 절망적인 상황에 대해 묘사한 후에, 그 현실 앞에서 크게 통곡함으로 그 상황을 타개해 가는 요한의 모습을 소개하고 있다. 그러자 비로소 예수님이 해답으로 주어지게 되었다. 즉, 부정적인 현실을 먼저 설명하고 크게 울었다는 것을 개인적 간증으로 소개하고 나서 예수님을 답으로 제시하는 긍정적인 메시지를 제시하고 있다. 도대체 무슨 의도로 주님을 이렇게 소개하고 있는 것일까? 오늘을 사는 우리에게 주시려는 교훈은 무엇일까? 이에 대한 답을 두 가지로 찾을 수 있다.

뜸 들이는 방식으로 글을 전개 시키는 첫 번째 이유는 이미 언급했듯이 해답 되시는 예수님을 부각하기 위해서다. 소위 말해서 이렇게 뜸 들이는 방식으로 예수님을 소개하면 극적으로 강조하는 효과가 있다. 이야기를 시작하자마자 즉시 예수님이 해답이라고 하는 것보다는 이렇게 절망적인 상황과 요한의 울음을 지나 예수님을 궁극적인 해답과 희망으로 선포하면 예수님이 매우 선명하게 드러날 수 있는 것이다. 한마디로 오직 예수님 만이 답이라는 것을 강조하기 위한 장치라고 할 수 있다.

뜸 들이는 방식으로 글을 전개하는 두 번째 이유는 하나님이 일하시는 방식을 알려 주는 것이다. 하나님의 사역은 인생을 동역자로 사용하시는 방식으로 전개된다. 하나님은 주권적인 사역이 이뤄지는 자리에 언제나 인생들을 참여시키신다. 요한계시록 5장은 하나님이 언제나 그의 백성들과 더불어 일하기를 기뻐하신다는 사실을 분명히 강조하고 있다. 하나님께서 예수님을 인을 떼기에 합당하신 분으로 세우셔서 최종적인 구원계획을 완성하시는 사역은 그분의 주권적인 사역이다. 그분의 오른손에 책이 있었다는 것이 그것을 말해준다. 오른손은 하나님의 주권적인 역사를 의미하는 것이다. 기본적으로 하나님의 사역은 그 어떤 인생들의 협력이나 도움이 필요치 않다. 하나님의 하나님 되심, 주님의 주님 되심으로 사역이 완성되는 것이다. 그런데 중요한 것은 이러한 주권적인 사역이 펼쳐지는 자리에 '요한의 눈물'이 제시되고 있다는 점이다. 요한이 인을 떼기에 합당한 자가 없다는 소리를 듣고 어떻게 반응했든지 상관없이, 진정한 해답은 유다 지파 사자이자 다윗의 뿌리이신 주님이신 것이 분명하다. 하나님께서 인을 떼기에 합당하신 주님으로 최종적인 심판과 구속의 사역을 완성하실 것이다. 요한이 울어서 답이 생긴 것이 아니라, 답을 다시금 발견하게 된 것이다. 그런데 오늘 본문은 하나님의 주권적인 사역을 위한 길목에서 크게 울고 있는 요한을 쓰고 계심을 분명히 교훈하고 있다. 이 주권적인 하나님 역사의 주인공이신 예수님이 다시 강조되는 자리와 요한의 통곡의 자리가 만나고 있다. 무엇을 말하려는 것인가? 하나님께서는 언제나 마지막까지 기도하며 포기하지 않고 사명으로 나오는 사람을 사용하심을 강조하려는 것이다. 4절에서 요한이 크게 눈물을 흘렸다는 것은 단순히 슬퍼서 울었다는 말이 아니다. 목숨을 걸고라도 포기할 수 없는 현실 앞에서 결코 물러설 수 없다는 자세로 배수진을 치고 있는 모습이라고 할 수 있다. 요한은 그 어디에도 하나님이 인으로 봉한 책을 열 사람이 없는 현실 앞에서 '애가의 중보자'로 서기로 결심한다. 요한은 길이 끝난 자리에 길을 이어가는 사람으로 서 있는 것이다. 이를 위해서 그가 사용한 방법은 처절하게 우는 것이다. 크게 운다는 것은 어떤 경우에도 포기할 수 없다는 강렬한 의지를 표현하는 것이다. 마치 요한은 그 어디에서도 위로받을 수 없는 자처럼 상한 심령으로 하나님 앞으로 나아가는 것이다.

〈상실 수업〉이라는 책에 이런 유명한 말이 적혀 있다. "30분 울어야 할 울음을 20분 만에 그치지 마라." 원래의 문맥에서 쓰인 뜻은 슬픔을 만날 때, 울 만큼 울고 슬퍼해야만 한다는 권면이다. 그러나 이것을 우리의 신앙적인 영역에서도 적용할 수 있다고 본다. 포기할 수 없는 일 앞에서 우리가 할 일은 주님이 해답을 주실 때까지 30분 내내 우는 일이다. 그러면 하나님의 위로와 그분이 주시는 응답을 경험하게 될 것이다. 그런데 대부분은 30분 내내 목 놓아 울어야 할 울음을 5분, 10분 만에 그치고 만다. 그리고는 이내 거짓된 위로자를 찾고, 인간적인 방법을 사용하여 그 현실을 모면하려고 하기에 하나님의 응답을 경험하지 못하게 되는 것이다.

그러나 요한은 다르다. 요한은 지금 결코 물러설 수 없는 현실 앞에서 30분 내내 처절하게 울고 있다. 그의 비장한 결단과 결연한 의지 앞에 드디어 하나님께서 장로 한 사람을 통해 예수님을 해답으로 제시해 주신다. 응답을 허락해 주신다. 위대한 승리를 보장해 주신다.

이렇게 하나님 앞에서 요한처럼 단 한 사람이라도 배수진을 치고 기도하면 절대로 우리 가정과 공동체를 버리시지 않는다. 한 사람이라도 정말 진정으로 하나님의 교회를 위해 눈물을 흘리며 크게 울수만 있다면 위기 가운데 있는 대한민국의 교회를 버리시지 않을 것이다.

예수님의 승리 방정식: 어린 양의 길을 지나서 사자가 되시는 것으로

지금까지 요한은 예수님에 대한 소리만을 들었을 뿐이다. 그분이 유다 지파의 사자, 다윗의 뿌리라고 듣게 되었다. 예수님에 대한 표현이 요한을 흥분하게 만들었을 것이다. 소리를 듣고 요한이 상상한 예수님의 모습은 어떤 것인가? 상상되는 예수님의 모습은 지상에서 사역하실 때나 십자가에서 돌아가실 때의 나약한 모습이 아니다. 사자 같은 위엄과 다윗 왕과 같은 권세가 있는 분이시다. 머릿속에서 상상된 예수님을 요한은 두 눈으로 보고 싶어 한다. 두리번두리번 예수님을 찾기 시작한다. 드디어 요한의 눈에 그토록 보고 싶었던 예수님이 들어온다. 그런데 이게 웬일이란 말인가? 그의 눈에 들어온 예수님은 6절에 있는 것처럼 일찍 죽임을 당한 흔적이 있는 어린 양이다. 죽임을 당한 흔적이 있는 어린 양은 그분이 십자가의 길을 걸어가셨다는 것을 뜻하는 것이다. 요한은 잠시 어안이 벙벙해지고 만다. "왜 주님이 '사자'가 아니라 '어린 양'으로 서 계신 거지?"

한참 동안 고민하던 끝에 요한은 두 단어를 이렇게 연결하게 된다. '어린 양의 길을 지나 사자로….' 주님이 십자가를 통해서 승리하셨다는 말씀이다. 그분은 이 땅에 오셔서 그저 멋있는 삶을 사시고 승리와 영광의 자리에 이르게 된 것이 아니다. 오히려 인간으로 오셔서 우리를 대신하여 치욕과 저주의 십자가를 지셨다. 그 고통의 길을 지나서 승리를 상징하는 사자가 되신 것이다. 예수님을 언뜻 생각해 보면 슈퍼맨과 같다. 초인간적인 힘을 가진 슈퍼맨이 정의의 이름으로 악당을 손봐주고, 약한 자들을 구해주고 어디론가 사라져 버린다. 이런 면에서 예수님은 슈퍼맨과 같은 사역을 하신다. 그러나 예수님은 슈퍼맨 그 이상이시다. 악을 척결하고 진리의 세력들을 구출한다는 점에서 유사하지만, 슈퍼맨처럼 그저 초자연적인 능력으로 화려한 일을 펼치고 사라져 버리지 않는다. 오히려 예수님은 피조물의 자리에 오셔서 피조물을 위하여 죽으셨다. 인생들을 죄와 사망에서 건지기 위하여 십자가의 길을 걸어가시고 마침내 승리와 이김의 자리로 나아가신 것이다.

이렇게 예수님께서 십자가를 지나 부활로, 고난을 지나 영광으로, 죽음을 지나 승리로 나아간 것은 하나님 백성들이 어떻게 이겨야 하는지에 대한 승리의 방정식을 알게 해 준다. 우리가 세상 속에서 환난과 핍박을 당하는 것을 이상하게 여겨서는 안 된다. 그 길이 바로 주님이 걸어가신 길이요, 신자들이 마땅히 걸어가야만 하는 길인 것이다. 주의 백성들은 주님을 믿는 순간 그분과 공동 운명체가 된다. 그분의 전형을 따라가게 되는 것이다. 예수의 길은 우리가 걸어가야 할 길의 앞선 발자국인 셈이다. 그러므로 주님의 자녀가 된 우리는 그분의 길을 따라갈 수밖에 없는 것이다. 모양과 크기는 다를 수 있지만, 우리는 모두 주님처럼 십자가의 길을 피해 갈 수는 없다. 우리가 주님이 걸어가신 어린 양의 길을 걸어가는 사람들로 부르심을 받았기 때문이다. 그러나 분명히 알 것은 어린 양의 길에는 반드시 역설이 존재한다는 점이다. 패하는 것 같으나 실상은 역전의 승리를 얻게 될 것이다.

그러나 우리도 주님처럼 십자가의 정신을 따라서 어린 양의 길을 걸어가야 한다는 것을 너무 거창하게 적용하지 말아야 한다. 우리의 일상적 현실에서 어린 양의 길을 지나 사자가 되는, 그 진정한 승리를 꿈꾸며 살아야 한다. 우리가 어린 양의 길을 지나서 승리하게 된다는 것을 아는 자들이면 우리는 반드시 역설적 승리의 길을 따르게 될 것이다. 역설적 승리는 지는 것으로 이기는 승리의 길을 말한다. 지는 것은 지는 것이지 이기는 것이 되지 못한다고 생각하지만, 그렇지 않다. 우리가 하나님 안에서 장엄한 패배를 경험하면 반드시 승리하게 되는 것이다. 그것이 '어린 양을 지나 사자로'의 함축된 메시지이다. 아니, 더 정확히 말하면 지는 것이 아니라 져주는 것이다. 져주는 것으로 이기는 것이다. 십자가의 길을 걷는 사람들은 실력이 없어서 지는 것이 아니다. 이길 수 있으나 져주는 길을 선택하는 것이다.

어린 양의 길을 지나서 승리하신 예수님처럼 우리도 어린 양의 길로 승리해야 한다. 역설적 승리가 진짜 승리이다. 우리가 덜 훈련해져야 한다. 그것이 진정으로 이기는 길이다. 그렇다면 예수님이 걸어가신 어린 양의 길은 무기력한 실패의 삶을 의미하는 것이 아니라, 진정한 승리의 삶으로의 초대인 셈이다. 하루하루의 일상에서 십자가의 역설을 살아가자. 지는 것으로 이기고, 이기는 것으로 지는 그러한 역설의 승리를 만들어 가는 사람이 되자.

요한계시록 6장 1절
¹ 내가 보매 어린 양이 일곱 인 중의 하나를 떼시는데 그 때에 내가 들으니 네 생물 중의 하나가 우렛소리 같이 말하되 오라 하기로

Αποκάλυψις Ιωάννου

14. 아는 것과 모르는 것

들어가며

성경의 내용 중에 아는 것과 모르는 것이 있다. 그중에 모르는 부분에 대하여 알고 싶은 욕구가 생긴다. 모르는 것을 알고자 하는 자세는 참 귀한 것이라고 할 수 있다. 그러나 '모르는 것'보다 중요한 것이 있는데 그것은 '아는 것'이다. 성경은 누구나 이해할 수 있는 책이면서도, 동시에 누구도 다 정복할 수 없는 심오한 책이기도 하다. 그러기에 심오한 부분을 다 정복하려는 자세도 중요하지만, 이해할 수 있는 부분을 굳건하게 붙잡고 나아가는 것이 더 중요하다. 아는 것으로 모르는 것에 대처해 나가는 자세가 필요하다는 말이다.

모르는 것을 알아가는 것을 '다양한 지식'이라고 한다면, 아는 것을 확실히 붙잡는 것을 '분명한 지식'이라고 할 수 있다. 분명한 지식이 언제나 다양한 지식보다 중요하게 여겨져야만 한다. 왜냐하면, 분명한 지식 없이 다양한 지식의 추구만으로는 확신 있는 신앙의 자리에 이르지 못하기 때문이다. 그것은 우리를 교만케 한다. 필자는 늘 단단한 지식 위에 풍성한 지식이 들어가야 복 있는 생애가 된다고 주장하곤 한다. 그래야만 요란하지 않고 겸손히 그분의 뜻을 받드는 생애로 쓰일 수 있는 것이다.

따라서 성경 읽기와 해석의 중요한 지침은 '아는 것으로 모르는 것의 실마리를 풀어가라'라는 것이다. 아는 것을 확대해서 모르는 것을 조금씩, 조금씩 알아가야 한다. 모르는 것 때문에 아는 것까지 허물어뜨리는 우를 범해서는 안 되는 것이다. 요한계시록은 자칫 잘못하면, 모르는(심오한) 것 때문에 아는 것도 약화하거나 왜곡시키는 일이 벌어진다. 특히 가장 난해한 부분이 바로 인(印) 재앙, 나팔 재앙, 그리고 대접 재앙의 부분이다. 그 누구도 속 시원하게 설명해 주기 힘든 부분이다. 이 장에서 다루려는 요한계시록 6장은 등산으로 말하면 가장 험난한 코스에 해당한다. 그 어느 곳보다 모르는 것을 아는 것으로 풀어가는 지혜가 필요하다고 생각된다. 아는 것으로 모르는 것을 풀기 위해 무엇보다도 선행되어야 할 것은 요한계시록의 전체 숲을 조망해보는 것이다. 아래의 도표를 통해 요한계시록의 전체 구조를 먼저 파악해보자.

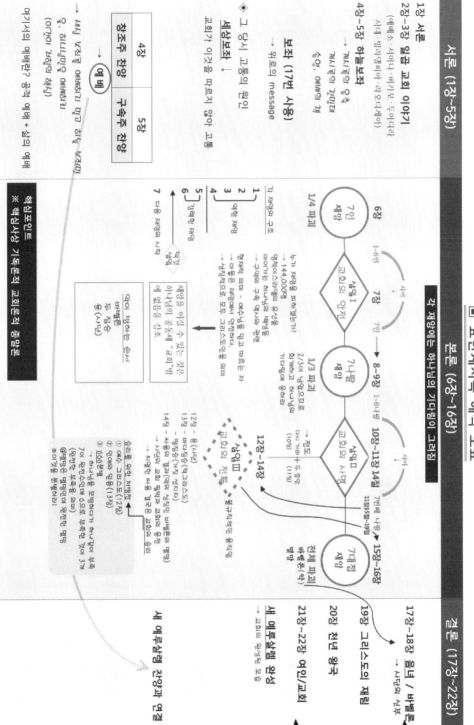

▣ 요한계시록 해석 도표

서론 (1장~5장)

1장 서론
2장~3장 일곱 교회 이야기
(에베소 · 서머나 · 버가모 · 두아디라
시데 · 빌라델비아 · 라오디게아)

4장~5장 하늘보좌
→ 계시록의 으뜸
계시록의 열매는
승이, 예배의 2부

◆ 그 당시 고통의 원인
교회가 이겨 딱르지 않아 고통
→ 보좌 (17번 사용)
→ 위로의 message

보좌 (17번 사용)

4장	5장
창조주 찬양	구속주 찬양
↓	
예배	

→ 여기서의 예배란? 공적 예배 + 삶의 예배
응, 하나님께 예배드리니
(이곳이 7장으로 하심)

본론 (6장~16장)
각 재앙에는 하나님의 기다림이 그려짐

6장   1~6인

7인 재앙 — 교회의 안전

7장   7인   8~9장   →   사이

1/4 파괴
누가 재앙을 퍼 붓겠는가
→ 144,000인
영적으로 이스라엘의 완성체
이와는 구속을 하나님의
기다림이 용서하심

7나팔 재앙 — 교회의 사명

7인 재앙 구조
1 요한의 재앙
2
3
4
5
6 잠잠한 재앙
7 다음 재앙의 시작

세상을 이겨 갈 수 있는 것은
하나님의 공동체의 "교회"뿐
예배의 힘

1/3 파괴
2/3이 남았으므로
회개하고 하나님
기다림에 용합

→ 접도
다시 그리는 구원
(10인)   (11장)

10장~11장 14절   →   사이

12장~14장   교회의 전투

나팔   III

전체 파괴
바벨론 (악)
멸망

14장 14절
→ 사람의 교회 개시됨(영적 성장) 성장의 멸망
→ 지혜로운 교회의 승리

12장 — 용 (사탄)
13장 ① 바다존슨(적그리스도)
         → 짐승(거짓 선지자)
       ② 인자와 말씀(12장)
       ③ 666의 표
         → 하나님을 모방하다가 하나님의 것이 되는 3가지

승리를 외친 사람들
바벨론
① 예수 그리스도(12장)
② 짐승

결론 (17장~22장)

17장~18장 음녀 / 바벨론
→ 사탄의 심부

19장 그리스도의 재림

20장 천년 왕국

21장~22장 여인/교회
새 예루살렘 완성
→ 교회의 완성된 모습

새 예루살렘 찬양과 연결

★ 핵심포인트
※ 핵심사상 기독론적 교회론적 종말론

모르는 것: 재앙의 내용과 그것의 현대적인 상관성에 대하여

잠시 요한계시록의 전체 구조를 파악해 보았다면 이제 '모르는 것'부터 논의해보자. 일곱 재앙 시리즈는 우리 시대와 연관이 있는 것이 분명하다. 어떤 분들은 4장 1절에 나오는 '이리로 올라오라'라는 구절에 근거하여, 여기서 교회가 휴거 하게 된다고 이해하고, 6장 이하에서부터는 휴거 후에 지상에 남겨진 사람들에게 임하는 재앙이라고 주장한다. 과연 그럴까? 아니다. 사도 요한에게 환상을 보여주시기 위해서 하늘의 세계로 올라오라고 하는 것이지, 지상 교회가 휴거를 한 것은 결코 아니다.

또 어떤 이들은 일곱 재앙을 인류 역사의 종말에 맞이하게 될 대환난으로 해석한다. 예를 들면 7년 대환난 같은 것이다. 그러나 요한계시록 어디에도 7년 대환난은 없다. 요한계시록 6장 1절의 '일곱 인' 재앙으로 종말에 있을 7년 대환난을 말하는 것은 그야말로 논리적인 비약이다.

백보 양보해서 일곱 재앙 시리즈가 7년 대환난이라고 해도, 문제는 심각해진다. 이러한 주장이 맞는다면, 6장 이하의 내용은 오늘을 사는 우리와 현실적인 연관성을 찾을 수 없게 된다. 오늘을 위한 메시지가 아니라 종말에 직면한 사람들에게만 적용되는 꼴이 되고 만다. 만일 오늘을 살아가고 있는 우리와 어떤 관련성이 없는 내용이라면, 이런 내용에 관심을 집중할 아무런 이유가 없는 것이다.

일곱 인 재앙을 필두로 하는 재앙 시리즈는 오늘을 사는 우리를 위한 교훈을 주려는 목적으로 기록된 것이다. 일곱 인 재앙 시리즈는 그리스도의 초림에서 재림의 시기 동안 세상이 직면하게 될 재앙을 총체적으로 다루는 것이다. 재앙이 역사 끝에서나 있는 게 아니라, 세상은 이미 재앙 가운데 있는 것이다. 예수님 없이 살아가는 것이 재앙이 아니고 무엇이란 말인가!

주님을 믿는 신자들을 직접적인 대상으로 삼는 재앙이 아니다. 오히려 신자들은 세상이 심판의 재앙을 받는 시대를 살아내야만 하는 존재들이다. 더 나은 이해를 돕기 위해서 출애굽 당시의 상황을 연상하면 좋은 것이다. 이스라엘 백성들이 애굽에서 나올 때 재앙이 쏟아 부어졌지만, 그 재앙은 이스라엘을 심판하기 위한 것이 아니었다. 오히려 정반대이다. 이스라엘의 대적, 애굽을 손봐주기 위한 것이었다. 그럼에도 이스라엘 백성들은 그 열 가지 재앙의 시대를 버티며 살아야 했다.

출애굽 모티프(Motif)와의 연결점으로 인해 명확해지는 부분이 있지만, 기본적으로 일곱 인(印) 재앙을 해석하고 설명하는 데 어려움이 있다. 명확하게 설명하기가 힘든 대목들에 봉착하게 된다. '모르는 것' 투성이다. 과연 인 재앙에서 말하는 구체적인 재앙 목록들을 상징적으로 볼 것인지, 아니면 문자적인 것으로 이해해야 하는지가 쉽지 않다. 또한, 이 일곱 재앙이 갖는 오늘의 시대(현재)와의 연결점을 찾기란 더 어렵다. 다양한 해석들이 공존하는 이유가 바로 여기에 있다. 구체적인 예를 들어보자. 일곱 인 재앙은 처음 4명의 기수가 나와서 재앙을 집행하고 있다. 요한이 환상 속에서 본 장면들이다. 흰말 탄 자의 전쟁을 어떻게 보아야 하는가? 어떤 학자들은 요한계시록 19장 11절과 연결해서 흰말 탄 자를 예수님으로 이해하고 예수님으로 인한 정복과 승리로 본다. 그런가 하면 어떤 학자들은 흰말 탄 기수의 재앙을 요한계시록 16장 16절과 연결하여 아마겟돈 전쟁이라고 주장한다. 첫 번째 인 재앙을 어떤 전쟁으로 보아야 하는지가 쉽지 않다. 또한, 이 전쟁이 물리적인 전쟁인지 아니면 상징적인 전쟁인지, 아니면 두 가지를 다 포함하고 있는 것인지를 파악하기도 매우 어렵다. 물리적인 전쟁이라면, 그리고 그것을 아마겟돈 전쟁으로 연결하려는 사람들은 어디로 갈까? 주로 중동에서 일어나게 될 세계 3차 대전 같은 시나리오를 만든다. 타당한 견해일까? 개인적으로 동의하기가 힘들다. 필자는 이러한 기수들에 의한 재앙을 일단은 상징적으로 본다. 그러나 모든 부분을 다 상징으로 처리하기에는 석연치 않은 대목들을 만나게 된다. 그러기에 상징의 세계 속에서 부분적으로 문자적이고 물리적인 전쟁이 포함될 수 있다고 생각할 여지도 있어 보인다. 그렇다면 이 흰말 탄 기수로 인한 전쟁은 예수님의 승리라기 보다는 세상 속의 전쟁으로 보아야 할 것이다. 세상 속에 있는 전쟁이지만 물리적인 전쟁만으로 국한 지을 필요가 없을 것이다. 어쩌면 우리가 사는 세상이 전쟁터와 같음을 말할 수도 있다. 전쟁 같은 날을 살아가고 있다고 해석해도 무방해 보인다. 그 전쟁 같은 날들의 예로 물리적인 전쟁을 포함할 수도 있다. 이것을 상징성을 위한 실질적인 전쟁이라고 말할 수도 있다. 무엇이 절대적으로 옳은 해석인지를 결정하기 쉽지 않다. 어느 입장에 서든지 간에 반론의 여지가 있다. 이렇게 일곱 인 재앙을 필두로 하는 재앙 시리즈는 제대로 파악하기가 힘들다.

아는 것: 어린 양의 진노로 인한 재앙이라는 사실에 대하여

일곱 인 재앙의 내용에 대하여 명확한 해석을 내릴 수 없는, 즉 모르는 것이 가득하지만, 그렇다고 기가 죽을 필요는 없다. 분명히 아는 것이 있기 때문이다. 중요하기에 선명하게 알려 주신 것이 있다. 우리가 붙잡고 가야 할 더 중대하고 위대한 진리가 있다. 그것이 바로 6장 1절에 소개되어 있다.

> 내가 보매 어린 양이 일곱 인 중의 하나를 떼시는데 그때 내
> 가 들으니 네 생물 중의 하나가 우렛소리같이 말하되 오라 하
> 기로(계6:1)

여기에서 주목할 대목은 어린 양이 일곱 인 중의 하나를 떼시는 부분이다. 한마디로 어린 양이 이끄는 재앙, 즉 '어린 양의 재앙'이라는 뜻이다. 이것이 우리가 알아야 하는 분명한 지식인 것이다. 이것을 분명한 지식으로 붙잡을 때, 우리가 직면해야 하는 재앙의 시대에 대해 흔들리지 않는 교훈을 발견하게 된다.

첫째, '어린 양의 진노'는 우리가 직면해야 하는 신앙 여정이 절대 녹록하지 않다는 사실을 알게 해 준다. 어린 양과 진노라는 것은 상반되는 이미지이다. 세상 죄를 지고 가는 어린 양은 진노와는 거리가 먼 그림을 연상케 한다. 어린 양께서 마땅히 심판을 내려야 하는 대상이 있다는 것이다. 이유는 간단하다. 그들의 죄 때문이다. 그들의 무슨 죄 때문일까? 여러 가지 죄악의 목록들을 열거할 수 있지만, 특히 요한계시록 안에서 강조하는 세상의 죄는 다름 아닌 주님

의 백성들을 핍박하는 것이다. 주님은 핍박의 현실 속에 있는 신자들을 향해 참아달라고 하시지만, 세상에 대해서 끝까지 참지는 않으신다. 어린 양께서 그의 백성을 신음에서 건져 주셔야 하므로, 어린 양의 진노가 펼쳐지는 것이다.

여기서 전제되는 것은 이것이다. 신자들이 절대 녹록지 않은 길을 걷게 될 것이라는 점이다. 고난 없는 승리가 결코 아니다. 신자들이 하나님의 나라에 들어가려면 많은 환난을 겪어야 한다고 말씀하신다. 기독교를 너무 어두운 그림으로만 설명하는 패배주의적인 태도도 문제이지만, 기독교를 고난 없는 종교로 둔갑시키는 승리주의 신앙의 자세도 문제가 된다. 신자는 애굽에서 나온 즉시 가나안을 들어가지 않는다. 반드시 광야를 지나가게 된다. 우리가 사는 것 자체가 고난의 연속이다. 힘든 세상을 산다. 더 성공하고 덜 성공한 사람이 있지만, 힘들다는 공통점이 있다. 우리에게 오는 불시험을 이상하게 여기지 말아야 한다. 그럴 수 있다고 생각하며 신앙의 길을 걸어야 한다. 내가 당하는 시련 때문에 결코 하나님과 세상을 원망하지도, 억울해하지도 말아야 한다. 약속의 땅, 가나안이 없는 광야라면 원망할 수 있지만, 가나안을 위한 광야이기에 견딜 수 있고, 또 견뎌내어야만 한다. 가나안에 들어가는 실력자가 되기 위한 광야 여정이기에 어떤 삶의 자리에서도 포기하지 말고 이기는 자가 되어야 한다.

둘째, '어린 양의 진노'는 미래에 있을 사건을 말하는 것이 아니라, 미래가 누구의 손에 있는지를 말해주는 것이다. 어린 양은 십자가의 예수님을 가장 잘 드러내는 칭호이다. 십자가는 우리를 향한 사랑의 절정을 가장 잘 집약적으로 설명해 주는 예수님의 사역이다. 십자가는 그의 백성들을 향한 포기할 수 없는 사랑의 표현이다. 그토록 우리를 사랑하시는 분이 이끄시는 미래라면, 그 미래에 무슨 일이 일어날지 모르지만 가볼만한 여정일 것이다. 사실 미래에 무슨 일이 있을지 생각하면 정말 두렵다. 우리는 살아 있는 동안 누군가를 먼저 떠나보내야 하는 예고된 슬픔의 자리에서 살아가는 인생이다. 그러나 이렇게 두려운 미래를 향하여 발을 내디딜 수 있는 이유가 있다. 그것은 우리의 미래가 어린 양 예수님의 손에 위탁돼 있기 때문이다. 생각해 보면 우리의 미래가 참으로 두렵지만, 두렵기만한 것은 아니다. 미래에 일어날 일(사건)들을 생각하면 두렵지만, 그 미래를 이끄시는 분을 생각하면 두렵지 않다. 미래를 이끄시는 분이 어린 양이시기에 얼마나 안도의 한숨을 내쉬게 되는지 모른다. 그분이 우리보다 지혜로운 분이시다. 그분이 우리보다 현명하신 분이시다. 그분의 판단은 언제나 옳다. 슬픔이 예고된 세상에서 오늘을 즐기는 것이 무슨 의미가 있느냐 할 수 있지만, 그렇지 않다. 비록 슬픔이 예고된 미래를 향해 나아가지만, 그분이 우리를 이끄시기에 웃을 수 있고 오늘 하루를 그분 안에서 누리며 살아가게 되는 것이다. 요한계시록은 미래에 있을 사건이나 청사진을 그려주는 책이 아니다. 오히려 그분 손 안에 우리의 내일이 달려 있음을 힘주어 강조하는 책이다.

마지막으로 '어린 양의 진노' 즉 이 진노를 이끄시는 분이 바로 어린 양이신 예수님이라는 사실로 인해서 우리는 감격스러운 찬양을 드리게 된다. 어린 양은 누구인가? 5장을 상기해 보자. 어린 양은 찬양받기에 합당하신 분이시다. 우리를 위하여 고난의 길을 지나서 승리하셨기에 찬양받기에 합당하신 분이시다. 이것은 그저 객관적으로 그분이 하신 사역으로 인하여 마땅함을 인정하는 정도가 아니다. 어린 양이 찬양받기에 합당하다는 것은 어느 성인의 위대한 치적이나 선행 앞에서 기립 박수하는 정도의 자세가 결코 아니다. 그분의 사건이 우리를 위한 것이고, 우리의 것이 되었기에 합당하다고 하는 것이다. 어린 양 때문에 우리는 결국 어디로 가게 되는가? 그분이 진정 유일하게 내 인생의 찬양을 받기에 합당하신 분이심을 고백하게 된다. 이것을 팀 켈러(Timothy J. Keller)가 조나단 에드워드(Jonathan Edwards)의 탁월성에 대하여 설명하며 사용한 표현으로 말해 보자.

> 에드워드는 명목상의 그리스도인을 일컬어, 그리스도가 마음이 탁월하다거나 아름답다고 생각하는 무언가를 얻는 데 쓸모 있는 분임을 아는 사람이라고 정의하는 반면, 진정한 그리스도인이란 그분 자체로 아름다운 분임을 아는 사람이라고 정의한다… 하나님은 인간의 정신을 가능하게 하신 선에 관해 이중적인 지식이 있다. 첫째는 단지 관념적인 것이고… 다른 하나는, 마음의 감각을 구성하는 것이다. 마음이 그것을 생각할 때 그 안에서 즐거움과 기쁨을 느끼는 감각 말이다. 전자에서 실행되는 것은, 단지… 지성이다. 영혼의 성향(disposition)과… 구별되는 지성 말이다. 그러므로 하나님이 거룩하고 은혜롭다는 '의견'을 가지는 것과 그 거룩함과 사랑스러움과 아름다움에 대한 '감각'을 가지는 것은 엄연히 구분된다. 꿀이 달콤하다는 합리적인 판단을 하는 것과 그 달콤함

에 대한 감각을 가지는 것은 구분된다. 전자가 있으면서도, 실제로 꿀이 어떤 맛인지는 모를 수 있다. 그러나 애초에 정신 안에 꿀맛에 관한 생각이 없다면, 후자를 가질 수 없다(Keller, 2016, 218).

우리가 어떤 험산 준령을 넘어서게 될지, 어떤 미래의 자리로 나아가게 될지 모른다. 하나님께서 어떤 오르막과 내리막을 통해 어떤 사건들을 경험케 하시고, 어떤 재료들을 가지고 우리를 이끌어 가실지는 모르지만, 우리의 고백은 이것이다. 어린 양 예수님만이 찬양받기에 합당하신 분이 되신다. '오직 주님만이 이 찬양을 받기에 합당하신 분이오니 제 찬양을 받으시옵소서.' 우리의 입술에서 이러한 찬양의 고백이 터져 나올 것이다. 다시 강조하지만, 어린 양 예수님을 찬양한다는 것은 그저 객관적인 자리에서 그분의 치적이 얼마나 대단한지를 노래하는 것 정도가 아니다. 오히려 그것은 어린 양 예수님의 인격과 사역과 그리고 교훈이 내 속에 내면화되었기에, 그분으로 인하여 내가 살아가고 기동하고 있기에, 벅찬 감격으로 드리는 거룩한 입맞춤으로 나오는 경배의 행위이다.

맺음말

모르는 것을 중요하게 여기지 말아야 한다. 그것보다 중요한 것은 아는 것이다. 아는 것이 확실하면 모르는 것 때문에 실패하지 않는다. 이렇게 본다면 신앙은 아는 것을 어떻게 붙잡고 나아가느냐의 싸움이다. 비록 다양한 지식이 없어도 분명한 지식이 있으면 주님의 뜻을 받들며 살아갈 수 있다. 일곱 인 재앙의 구체적인 내용과 적용이 어떠해야 하는지는 모른다. 몰라도 괜찮다. 그러나 아는 것이 있다. 어린 양이 일곱 인을 떼신다는 사실이다. 어린 양을 통해 하나님의 심판과 구원의 계획이 온전히 집행된다는 것이다. 이 사실이 주님을 배척한 사람들에게는 무서운 재앙이 될 것이고, 반대로 주님을 따르는 사람들에게는 무한한 축복이 될 것이다. 모르는 것은 오묘한 것으로 남겨 두고, 아는 것을 확실하게 붙잡는 것으로 마지막 시대를 잘 싸워 이기는 자가 되자.

요한계시록 6장 11절
11 각각 그들에게 흰 두루마기를 주시며 이르시되 아직 잠시 동안 쉬되 그들의 동무 종들과 형제들도 자기처럼 죽임을 당하여 그 수가 차기까지 하라 하시더라

Αποκάλυψις Ιωάννου

15. 인 재앙의 목적

들어가며

성경 가운데 가장 정복하기 힘든 부분이 바로 인-나팔-대접 재앙 시리즈에 대한 이해가 될 것이다. 그 가운데 '인 재앙'을 상고해 보고 있다. 이러한 인 재앙을 푸는 열쇠 가운데 하나로 앞장에서는 '아는 것으로 모르는 것을 풀어라'라고 제안했다. 이번 장에서는 또 한가지 열쇠로서 '재앙의 목적을 분명히 확인하라'로 제안하고 싶다. 인 (나팔-대접) 재앙에 대한 가장 일반적인 오해는 이 재앙들을 미래에 일어날 사건들에 대한 예언으로 해석하는 것이다. 지금 지구촌에서 일어나는 무시무시한 사건들을 재앙들과 연결해서 풀어가려는 시도이다. 그것으로 세상 종말의 때를 맞추려고 시도한다. 때와 기한을 아는 권한은 아버지에게만 있다고 하셨는데, 요한계시록을 자의적으로 해석하고 오늘의 자리로 무분별하게 연결해서 미래의 때를 맞추려는 불경건한 시도를 하는 것이다. 그러한 시도가 긍정적인 효과를 가질 수 있을지도 모른다. 이를테면, 헌신을 더 하게 하고, 헌금을 더 내게 하고, 뜨거운 기도 생활을 하게 하는 것 같은 결과를 만들 수도 있다. 그러나 중요한 것은 어떤 결과를 생산해 낼 수 있느냐가 아니라, 그것이 성경이 말하는 진실인가에 있다. 재앙 시리즈를 통하여 종말의 때를 맞추려고 하는 것은 성경의 관심이 아니다. 결코, 인 재앙의 목적이 아니다.

인 재앙을 위시한 재앙 시리즈를 올바로 읽고 적용하기 위해 우리가 염두에 두어야 할 것은, 요한계시록을 1세기의 일차적인 독자들(당시 살았던 사람들)이 살았던 삶의 정황 속에서 먼저 읽는 것이다. 그런 후에 우리의 현재와 미래를 향한 교훈으로 연결 지어야 한다. 요한계시록이 쓰일 당시 1차 독자들의 역사적인 정황(context) 속에서 그 의미가 확정되지 않은 채, 종말에 관한 호기심을 충족시키려는 시도는 성경을 자의적인 해석을 위한 하나의 증빙구절(proof-text)로 사용하는 것에 불과하다.

그렇다면 1세기 원(原)독자들에게 인 재앙은 어떤 의미였을까? 이 질문에 답하는 것으로부터 시작해야 한다. 1세기 독자들의 지평을 고려하는 메시지 없이 그저 지구 호의 미래를 예측하려는 것은 요한계시록을 진공 상태에서 기록된 하늘에서 떨어진 책으로 둔갑시키는 꼴이 되고 만다. 그러한 요한계시록 해석은 지나친 억측을 생산해 낼 수밖에 없다. 이러한 이유로 인 재앙의 목적이 무엇인지를 파악하는 것이 급선무이다. 인 재앙의 내용이 무엇인지 파악하려면 그것이 어떤 목적을 위해 기술되었는지를 소상히 밝혀야 한다.

그렇다면 인 재앙의 목적은 무엇인가? 인 재앙의 목적은 예레미야에게 주신 소명과 유사한 면을 가지고 있다. "보라 내가 오늘 너를 여러 나라와 여러 왕국 위에 세워 네가 그것들을 뽑고 파괴하며 파멸하고 넘어뜨리며 건설하고 심게 하였느니라 하시니라(렘 1:10)." 한마디로 예레미야에게 부여된 부르심은 '무너뜨리고 세우는 사역' 이라고 할 수 있다. 인 재앙의 목적도 이와 같다. 먼저는 마땅히 무너뜨려야 할 것을 무너뜨리려는 의도가 도사리고 있다. 다음으로 다시 세워야 할 것을 세우려는 의도이다. 무너뜨려야 하는 것은 세상이 추구하는 안정된 삶의 한계를 폭로하는 것으로 설명될 수 있을 것이다. 또한, 건설하려는 것은 우리로 진정으로 안정된 삶의 기반 위에 인생을 구축하도록 하려는 것이다. 차례로 살펴보기로 하자.

인 재앙의 목적 (1): 세상이 추구하는 안정된 삶의 한계를 폭로하기 위하여

세상이 추구하는 안전이라는 것은 그 당시에는 무엇이었을까? 그것은 로마가 주는 힘과 권력에 기대어 살아가는 것이다. 일반적으로 요한계시록 당시의 시대정신은 로마와 결탁하여 권력과 부의 자리에 올라서면 안전하다고 여기는 것이다. 그러나 인 재앙을 통해 이러한 생각이 얼마나 잘못된 것인지를 분명히 밝히고 있다. 요한은 로마가 주는 안정된 삶의 한계를 여지없이 폭로하고 있다. 이러한 시각으로 인 재앙의 내용 가운데 처음 4가지 재앙들과 6번째 재앙에 대하여 개략적으로 살펴보기로 하자. 그 중간에 있는 다섯 번째 인 재앙은 두 번째 교훈을 위해서 사용될 것이다.

처음 네 개의 인 재앙들 (6:1-8): 전쟁, 내란, 기근, 사망

처음 네 재앙들은 말 탄 자가 재앙을 수행한다. 말은 전쟁을 위한 필수적인 도구이다. 전체적으로 처음 네 개의 인 재앙은 전쟁에서 비롯되고 있는 것을 확인할 수 있다.

첫째 인의 배경(6:1): 그 인을 떼실 수 있는 자격이 오직 어린 양에 있다는 사실 (어린 양에 의한 집행)과 피조물을 대표하는 네 생물의 등장은 하나님의 심판이 피조 세계의 파괴를 초래한다는 점을 말해준다. 그 파괴는 정복, 전쟁, 기근 그리고 그로 인한 사망을 통해서 이뤄지게 된다.

첫 번째 인(6:2): 첫 번째 인이 열리자 흰말 탄 자가 등장한다. 그가 활을 가졌고 면류관을 받고 나가서 이기고 또 이기려고 하였다. 그의 모습을 어떤 강력한 정복자의 모습으로 표시하고 있다. 두 가지 견해가 있는데, 이것이 요한계시록 19장 11-16절과의 유사성으로 인하여 그리스도의 승리를 의미한다고 보는 견해이다. 다른 하나는 재앙으로서 군사적 정복이라고 보는 견해이다. 전자는 본문이 재앙을 그리고 있다는 점에서 자연스럽지 않아 보인다. 그래서 후자의 견해가 더 타당해 보이는데 그 시대에 로마를 호시탐탐 공격해 오던 파르티아 군대의 모습을 염두에 둔 것이라 할 수 있다. 파르티아 군대가 주는 위협을 누구보다도 잘 알았던 그 당대의 사람들에게 이 구절은 우리가 생각하는 것보다 훨씬 더 현장감을 더했을 것이다. 요한은 승리의 면류관을 오직 하나님께서 주시거나 허락하신 것으로 묘사하고 있다. 오직 하나님이 허용하시는 범위까지만 재앙이 가능하다는 점을 말해주고 있다.

두 번째 인(6:3-4): 두 번째 인 재앙은 붉은 말 탄 자로 인한 피 흘리는 전쟁으로 세상에 점차로 화평이 사라지고 서로 죽이는 일이 계속되고 있다는 점을 강조한다. 첫 번째 인 재앙을 국제적인 분쟁으로 본다면, 두 번째 인 재앙은 내부적인 분쟁으로 보는 사람도 있다. 중요한 것은 이 전쟁을 지배하는 분이 하나님이심을 강조하고 있는 점이다. 만약 하나님이 이 전쟁을 제한하지 않는다면 세상은 완전히 멸망의 자리로 떨어지고 말 것이다.

세 번째 인(6:5-6): 검은 말 탄 기수가 등장한다. 첫째와 둘째 기수가 활과 창을 가진 대신 이번에는 저울을 가지고 있다. 왜일까? 무게를 측정하기 위해서이다. 저울은 기근의 상황이 얼마나 심각한지를 알려 주는 장치이다. 인류는 전쟁과 내란, 그리고 그 결과로서 이제 기근까지 맞이하게 되는 암담한 현실에 처하게 된다. 이러한 면을 사실적으로 묘사하기 위해서 엄청난 식량난에 시달리는 모습을 소개하고 있다. 그러나 포도주와 감람류는 해치지 말라는 명령에서 볼 수 있듯이 아직 여분의 식량은 존재하는 것을 알 수 있다. 재앙은 있으나 아직은 소망이 있다.

네 번째 인(6:7-8): 청황색 말을 탄 자가 등장한다. 전쟁과 내란으로 인한 기근은 이제 사망으로 귀결된다. 이것이 바로 우리가 사는 세상의 역사가 아닌가? 그러나 여기서도 중요한 구절은 땅 4분의 1에 해당하는 재앙으로 머물고 있다는 점이다.

이제까지 살펴본 네 재앙은 연쇄 반응처럼 연결고리를 가지고 전개되는 것을 본다. 네 기수들을 통한 재앙은 인류가 겪었던, 그리고 앞으로 주님의 재림 시점이 임박할수록 더 심도 있게 직면하게 될 재앙이라고 말할 수 있다. 그러나 하나님의 간섭은 아직도 엄연히 존재한다.

여섯 번째 재앙(6:12-17): 땅과 우주적 재앙

이제 재앙이 땅과 우주로 확대되는 것을 본다. 지진이 일어나고 해가 어두워지고, 달이 피같이 변하고 별들이 하늘에서 떨어지고, 하늘이 두루마리처럼 말리고 산과 섬들이 사라지게 된다. 말 그대로 천재지변이 일어난다. 이것은 아직은 전면적이지 않지만, 부분적인 생태계의 훼손을 의미하는 듯 보인다. 우리가 사는 세상이 얼마나 불안전한 곳인가를 알게 한다. 하나님이 흔들어 놓으면 세상은 한순간에 무너지게 된다. 안전한 삶은 세상에는 없다. 여섯 번째 재앙의 클라이맥스는 인간들의 반응에 있다. 세상에서 소위 잘나간다는 사람들이 모두 두려움에 떨고 있다. 어린 양의 진노에서 누구도 피할 수 없다는 것을 말씀하고 있다.

인 재앙이 구체적으로 무엇을 말하는지, 상징적인지 문자적인지를 분명히 알기는 힘들다. 그러나 분명한 것은 재앙을 진두지휘하시는 최종적인 판단자가 있다는 사실이다. 인생은 하나님의 의로운 판단 앞에 서게 된다. 판단하시는 하나님은 기준에 미치지 못하면 진노와 재앙을 쏟아부으신다. 이 재앙이 역사 끝에서가 아니라 지금 임하고 있다.

지금까지 살펴본 네 기수로 인한 전쟁, 내란, 기근, 그리고 사망의 처음 네 가지 재앙들과 여섯 번째 전 우주적인 재앙은 '없음'이라는 하나의 공통된 단어로 연결이 될 것이다. 세상 그 어디에도 평안 · 안식이 없다는 것을 분명히 드러내고 있다. 평안과 안식이 없는 정도를 넘어서 두려움이 가득하다. 그래서 6장은 어린 양의 진노 앞에 "누가 능히 서리오?"라는 두려움 섞인 절규로 끝을 맺고 있다. 그렇게 두려움으로 가득 찬 곳이 세상이다. 그것이 바로 어린 양을 대적하며 살아가고 있는 인생들이 만나는 삶의 현실이다. 그것이 그들의 실상이고, 운명이고, 민낯이다.

인 재앙의 목적 (2):
진정으로 안정된 기반 위에 삶을 구축하도록 하시려고

지금까지 소극적이고 부정적인 측면의 인 재앙의 목적에 대하여 생각해 보았다면, 이제는 보다 적극적이고 긍정적인 측면에서 본 재앙의 목적에 대하여 논의해 보기로 하자. 어린 양 밖에 있는 인생의 모습과 어린 양 안의 인생의 모습이 얼마나 다른지를 비교하는 것을 통해 주의 백성들이 나아가야 할 길을 말하고 있다. 이러한 비교점을 통해 그 어디에서도 안정된 삶의 기반을 찾을 수 없는 세상 속에서 진정으로 안정된 삶의 자리가 있음을 제시하고 있다. 이를 통해 주의 백성들이 삶의 기반을 어디에 두어야 하는지를 확인시키고 있다.

다섯 번째 인 재앙(6:9-11): 순교자의 고통

이를 위해 다섯 번째 재앙을 눈여겨볼 필요가 있다. 지금까지 필자는 누누이 계시록이 단순히 재앙과 심판의 책이 아님을 밝혔다. 오히려 세심한 배려와 함께 주님의 교회를 향한 위로가 듬뿍 담겨 있는 책임을 역설했다. 다시 인 재앙의 순서로 돌아가 보자. 4가지 재앙이 숨 가쁘게 끝났다. 그리고 6번째 재앙으로 인하여 부분적이기는 하지만 세상에 천재지변이 일어나고 있다.

질문이 생긴다. 과연 이러한 무시무시한 재앙들이 쏟아지는 자리에서 교회는 어떻게 될 것인가? 이에 대한 부분적인 대답을 다섯 번째 인 재앙으로 설명하려고 한다. 보다 구체적이고 전면적인 답변은 7장에 나올 것이다. 여기서 밝히는 부분적인 대답은 교회는 순교를 당하게 된다는 것이다. 하나님의 말씀으로 인하여 하나님의 백성들은 죽임을 당하게 될 것이다. 순교자의 수가 차기까지 교회는 박해와 고난의 상황을 겪어야 한다. 이 면에서 다섯 번째 인 재앙은 비록 재앙의 내용을 직접적으로 다루고 있지는 않지만, 재앙적 성격을 드러내고 있다고 말할 수 있다. 결코, 하나님의 백성도 이 재앙의 시대에 영적인 전투를 피할 수 없다는 사실을 말해준다. 우리를 보호하신다는 것이 고난을 통과하게 하신다는 것이 아니라 고난을 겪으나 고난으로인해 지지 않게 하신다는 의미인 것이다. 하나님의 '보호의 성격'을 알아야 한다. 그것은 불로부터의 구원이 아니라 불 속에서의 구원일 경우가 많다(단 3:19-23).

이제 5번째 재앙 안에 있는 놀라운 반전과 위로의 메시지에 주목해 보자. 요한은 하늘에서 제단을 본다. 요한은 거기서 순교자의 영혼을 보게 된다. 영혼들이 주님 안에서 안식과 영광스러운 상태에 거하고 있음을 본다. 그들은 승리로 상징되는 흰 두루마기를 받게 된다. 순교자들의 영예와 환대의 표시라고 말할 수 있다. 여기 로마가 줄 수 없는 한 가지를 예수님 안에 있는 자들이 누리고 있는 것을 발견했는가? 그것이 무엇인가? 바로 쉼이다. '각각 그들에게 흰 두루마기를 주시며 이르시되 아직 잠깐 쉬되….' 세상에서는 그 어디에서도 찾을 수 없었던 쉼, 즉 안식을 주의 백성들이 누리는 것이다. 그들이 천상에서 누리고 있는 그 안식은 천상에서만 얻게 되는 것만은 아니다. 이미 예수님을 믿는 자들 안에 시작된 쉼이자, 안식이라고 보아야 할 것이다. 이것이 예수 안에 있는 자들에게 주시는 가장 위대한 축복인 셈이다. 거짓된 안식과 평안을 약속하지만, 실상은 그 반대 운명을 맞이할 수밖에 없는 세상 속에서 진정한 안식을 누리는 사람들이 신자들임을 분명히 알게 하려는 것이 인 재앙의 목적이다. "수고하고 무거운 짐 진 자들아 다 내게로 오라 내가 너희를 쉬게 하리라(마 11:28)."

어린 양 안에 있는 진정한 안식의 삶의 자리로의 초대:

그렇다면 6장은 이중적인 메시지를 위한 것이라고 말할 수 있다. 팍스 로마나(Pax Romana) 같은 거짓된 로마의 안식과 평안을 찾고 있는 사람들에게 그것의 한계를 직시케 하고 예수님 안에 있는 진정한 안식의 자리로 나오라는 초대이다. 예수님 밖에 있는 인생들을 향한 초대이기에 선교적인 초청이라고 해도 무방할 것이다. 진지하게 누가 능히 설 수 있는지를 물어야 한다. 그때 질문에 대한 해답이 되는 요한계시록 7장의 주님의 보호와 축복의 자리로 나아올 수 있게 되는 것이다. 6장을 지나 7장에 이르게 하시려는 것이 주님의 의도이다.

또 한 가지 초대가 있다. 그것은 이미 예수님 안에 있는 안식과 평안을 얻게 된 사람들을 위한 것이다. 안식을 아는 것과 경험하는 것은 다른 것이다. 기독교 신앙의 특징은 그저 아는 것에 머무는 것이 아니라, 실체를 체험으로 누리는 것에 있다. 누리기 위해서는 빼앗기지 말아야 한다. 흔들리지 말고 굳건해야만 한다. 진정한 쉼의 기반이 되는 예수님 안에서 터를 든든히 세워야 한다. 로마에 복종하면 진정한 안식과 평안을 주겠다는 거짓된 약속에 휘둘리면 안 된다. 대신에 말씀에 붙들려야 한다. 휘둘리지 않고 붙들리게 될 때, 비록 로마의 세력으로 인하여 힘든 상황에 부닥쳐 있을지라도 굳건한 반석 되신 예수님 안에서 요동치지 않고 주님을 바라보는 생애가 될 수 있을 것이다. 그 힘 있고 복된 신앙의 자리로 나오도록 초대하는 것이 일곱 인 재앙의 중요한 목적이다.

요한계시록 6장 9-11절

9 다섯째 인을 떼실 때에 내가 보니 하나님의 말씀과 그들이 가진 증거로 말미암아 죽임을 당한 영혼들이 제단 아래에 있어 10 큰 소리로 불러 이르되 거룩하고 참되신 대주재여 땅에 거하는 자들을 심판하여 우리 피를 갚아 주지 아니하시기를 어느 때까지 하시려 하나이까 하니 11 각각 그들에게 흰 두루마기를 주시며 이르시되 아직 잠시 동안 쉬되 그들의 동무 종들과 형제들도 자기처럼 죽임을 당하여 그 수가 차기까지 하라 하시더라

Αποκάλυψις Ιωάννου

16. 주의 백성들이 희생의 길을 걸을 때

들어가며

인생을 살다 보면 우리가 감당하기에는 너무나 힘든 강적을 만날 때가 있다. 마치 다윗이 직면해야 했던 사울과 같이 도무지 상식이 통하지 않는 사람들을 만나게 된다. 보통 사람들이 이러한 강적을 만나 자신을 지킨다는 것은 힘든 일이다. 강적을 극복해 낸다는 것은 마치 달걀로 바위를 깨뜨리는 것과 같다.

요한계시록 6장에도 이 땅에 아직도 활개 치고 있는 강적들 때문에 절규하는 사람들의 모습이 소개되고 있다. 그 절규가 울려 퍼지는 장소는 천상의 제단 아래이다. 하나님의 말씀을 증거 하는 것 때문에 핍박을 당하고 순교의 길을 걸어가다가 이미 주님의 품에 안겨 있는 자들이 보인다. 6장 10절에 그들이 큰 소리로 하나님께 "거룩하고 참되신 대 주재여 땅에 거하는 자들을 심판하여 우리의 피를 갚아 주지 아니하시기를 어느 때까지 하시려 하나이까 하니." 이미 하나님 나라에 입성한 이들이 어느 때까지 악인이 의인들을 괴롭히는 것을 목도만 하고 계실 것인지를 탄원 섞인 절규로 아뢴다. 흥미로운 지점은 그들에게 들려진 대답이 아주 의외라는 점이다. 그들에게 순교자의 수가 차기까지라는 대답이 주어진다. 그때가 언제가 될지는 모르지만, 아무튼 누군가가 순교의 길을 걸어가야만 된다는 것을 암시한다. 지상에 있는 의로운 주의 백성들의 고통을 신원해주시기를 간청하는 순교자들의 외침에 순교자의 수가 찰 때까지라는 대답은 아무리 생각해도 너무 차갑고 냉담해 보인다. 그렇다면 정말 주님의 대답은 차갑고 냉담한 것일까? 외견상으로는 그렇게 보이지만 실상은 그렇지 않다. 오히려 정반대로 훈훈한 위로와 소망의 메시지다.

위로와 소망의 메시지

지금까지 일관되게 주장했듯이, 전반적으로 요한계시록은 위로와 소망을 주는 메시지가 중심 주제를 형성하고 있다. 그러한 큰 틀 안에서 이 본문도 해석해야 한다. 대부분의 한국 교회 성도들이 요한계시록에 대하여 갖는 선입견과는 달리, 요한계시록은 고난의 시대를 살아가는 주의 백성들을 위로하기 위해서 쓰인 책이다. 로마의 도미티안 황제의 핍박으로 인하여 극심한 환난 가운데 있었던 교회를 일으켜 세워 다시 그 악의 세력에 대하여 저항하게 하려는 것이 요한계시록의 저술 의도이다. 그러한 위로는 두 가지 측면으로 그려지고 있다. 하나는 악의 세력들이 망하는 그림을 통해서, 또 다른 하나는 의와 진리의 세력들이 승리하는 그림을 통해서이다. 요한계시록 6장 9-11절은 전자의 그림을 통하여 세상의 강적들로 인해 고통당하는 주의 백성들을 간접적으로 위로하는 본문이다. 6장 9-11절의 위치는 요한계시록의 본론에 해당하는 일곱 인, 일곱 나팔, 일곱 대접 재앙 시리즈 가운데 일곱 인의 재앙 중 다섯째 인 재앙의 부분이다. 요한계시록 6장에서부터 16장에 이르는 일곱 인 재앙, 일곱 나팔 재앙, 일곱 대접 재앙들은 따로 떨어져 있는 재앙들이 아니라 하나로 연결되어 점점 강도를 더 해가며 점차로 종말을 향해 나아가고 있음을 알게한다. 우리가 이 일련의 재앙 시리즈를 읽을 때 분명히 알아야 하는 것은 이 재앙들이 일차적으로 신자들을 겨냥한 것이 아니라는 점이다. 정확히 말하면 신자들이 당하는 재앙이 아니라, 하나님을 끝까지 믿지 않고 고의로 저항하는 사람들을 향해 쏟아붓는 재앙이다. 그 면에서 재앙의 목적은 가깝게는 악을 심판하여 하나님의 공의를 세우려고 하는 것이다. 그 뿐만이 아니라, 보다 궁극적으로 반드시 악을 심판해야 하는 이유는 악이 사라져야 선이 온전한 승리를 거두기 때문이다. 하나님 백성들이 더는 방해받지 않고 주님과의 교제의 강가로 마음껏 나아갈 수 있도록 하기 위해서이다. 다시 말해서, 우리의 구원을 완성하시기 위해 악이 무너져야 한다. 그러므로 6장의 인 재앙은 불신자에게는 무서움을 갖게 만들지만, 신자에게는 든든함이 되는 것이다. 악이 세차게 무너질수록 구원을 완성하시겠다는 하나님의 의지가 확고한 것이기 때문이다. 이러한 측면으로 6장에서부터 시작되는 재앙 시리즈는 위로의 문맥으로 읽어야만 한다.

순교자의 절규조차도 위로의 관점으로

요한계시록 6장 9-11절에서는 숨 가쁘게 전개된 네 가지 인의 재앙(전쟁, 내란, 기근, 사망)이 실행되고 난 뒤, 이어지는 다섯째 인의 재앙을 소개하고 있다. 여기서 아주 흥미롭게 눈여겨보아야 할 것은 이것이다. 앞에 넷째까지의 인 재앙은 명백하게 세상에 쏟아붓는 하나님의 진노하시는 모습이기에 진노의 반대편에 서 있는 하나님의 백성들에게 위로가 될 수 있다. 그러나 이 다섯째 인 재앙은 세상을 향한 재앙이 아니라, 어찌 보면 하나님이 정하신 때가 완성될 때까지 순교자의 수가 차야 한다는 권면, 즉 성도가 받을 고난의 필연성에 대한 메시지로 들린다. 순교자의 피가 차야 한다면 고통을 당해야 한다는 것인데, 이게 무슨 위로인가 하는 반문이 생길 수 있다. 재앙이 우리에게 아무런 영향력을 발휘하지 못해야 위로이지, 재앙의 시대 속에서 이렇게 끝없이 순교자가 생겨야 한다면 그것이 고난을 겪고 있는 주의 백성들에게 무슨 승리의 메시지가 될 수 있겠는가? 오히려 근심과 걱정, 두려움의 이야기라고 해야 옳을 것이다. 그러나 그렇지 않다. 본문이 강조하는 바는 순교자가 있어야 한다는 것이 아니고, 순교자들이 있겠지만 반드시 이긴다는 것이다. 반드시 하나님의 정하신 때에 끝이 있을 것을 강조한다. 하나님이 치밀하게 계획하신 경륜 속에서 순교자들이 그 길을 걸어가게 될 것이고, 자비하신 주께서 가장 적절한 때에 신자들이 당하는 고통 때문에 세상을 심판하실 것이다. 그것도 더는 용서가 없는 최종적인 심판을, 한번 불이 붙으면 끌 자가 없는 그러한 맹렬한 진노를 쏟아붓게 될 것이다. '어쨌든 고난이 있는 것은 분명한 사실이네요'라고 반문하는 분들은 본문을 거꾸로 읽는 것이다. '고난이 있지만, 최종적으로 주의 백성들이 이긴다.'라는 것이 본문이 힘주어 강조하고 있는 메시지이다.

그렇다면 이러한 최종적인 승리가 확실하게 주어지는 이유는 무엇 때문일까? 순교자들의 탄원하는 기도 때문이다. 순교자들이 끝없이 탄식하자, 너는 자녀들의 절규하는 목소리를 듣고만 있을 수 없는 주님이 우리의 눈물을 씻어주시기 위해서 개입하셔서 종말의 심판이 임하는 것이다. 그러므로 다섯째 인 재앙이야말로 다른 어떤 인 재앙들보다 더 무서운 재앙의 근거를 밝히고 있는 셈이다. 하나님의 백성들이 신음하는 소리, 아파하는 소리로 인하여 우리를 극진히 사랑하시는 하나님의 마음은 요동치게 된다. 우리를 위해 외아들을 십자가에 내어주신 하나님께서 우리 때문에 악을 향해 신속한 행동을 취하시는 것이다. 이런 측면에서 공의를 무너뜨리고, 하나님을 두려워하지 않으며, 불의함을 일삼는 이들 때문에 의인들이 드리는 간청의 기도는 악인들로 하여금 가장 무서운 진노의 자리로 가게 만드는 확실한 근거가 되는 셈이다. 이 면에서 다섯 번째 인 재앙의 이야기도 세상을 향한 재앙의 성격이 강하고, 세상을 향한 그러한 재앙의 성격이 강할수록 고난받는 주의 백성들에게 주시는 위로도 더욱 큰 것이다.

이제 이보다 더 분명하게 본문이 보여주고 있는 희망과 소망의 장면을 살펴볼 필요가 있다. 천상에 있는 순교자들의 상태를 묘사하는 11절에 그들이 흰 두루마기를 받는다. 하나님 나라가 세상 가운데 힘 있게 건설되는 사역에 있어서 일등 공신이 된 이들에게 주시는 영예와 환대의 표시이다. 물론 주님을 위해 육신의 생명을 드린 주기철 목사님 같은 순교자들만 이 흰 두루마기를 입는 것은 아니다. 생활 속에서 순교한 주의 백성들 모두가 이 승리의 흰 두루마기를 받게 될 것이다. 결국, 지상에서 주님의 길을 걸으며 크고 작은 악의 세력의 위협과 압력을 생활 속에서, 그리고 목숨을 내던져 순교한 주의 백성들 모두가 이 위대한 자리로 가게 될 것을 말씀하신다. 큰 위로의 말씀이 아닐 수 없다.

결국, 지금까지 계시록 전반과 일곱 인의 재앙의 문맥을 고찰하는 것을 통하여 입증된 것은 본문은 악의 세력 혹은 강적들에게 고통당하는 사람들을 더 깊은 시름과 절망에 빠뜨리는 말씀이 아니라 오히려 위로와 격려로 나아가게 하려는 의도의 말씀이라는 것이다.

냉담한 대답이 주는 진정한 의미

드디어 본문의 의문점을 풀 수 있는 사전 준비 작업이 끝났다. 그러면 이제 본격적으로 언제까지인지에 관한 질문에 대해 순교자들에게 전달된 냉담하게 느껴지는 해답, 즉 순교자의 수가 차기까지라는 말씀이 주는 의미를 제대로 밝힐 필요가 있을 것이다. 이를 위해 제안하고 싶은 바는 이 부분을 다름 아닌 하나님께서 주의 백성들에게 하시는 간곡한 당부의 말씀으로 보는 것이다. 지금까지 증명했던 위로의 측면을 깊이 생각하면서 그 안에서 주님이 허락하시는 당부의 음성을 들어야 할 것이다. 한마디로 말하면 주님을 위해 생활의 순교든지, 목숨을 내던지는 몸의 순교이든지, 그 순교의 자리로 나아갈 수 있는 사람들에게 조금만 더 기다려 달라고 주님이 호소하시는 것이다. "너희들이 얼마나 힘든지 다 안다." "내가 지금 즉시 악인들, 특히 너희를 가까이에서 괴롭히는 강적들에게 임하여 그들을 심판할 수 있지만, 조금만 인내로 견디어다오." 하나님께서 그렇게 간곡히 우리에게 부탁하고 계신 것이다. 이유는 간단하다. 악인들에게도 기회를 주시려는 의도 때문이다. 결코 악을 행하는 사람들이 정당해서도 아니고, 주님이 지금 당장 그들을 초개와 같이 불사를 힘이 없어서도 아니다. 어떤 인생도 주 앞에 서는 날, 주님이 기회를 주시지 않아서, 주님이 인내를 베풀어 주시지 않아서 이 무서운 심판의 자리에 오게 된 것이라고 원망과 책임 전가를 할 수 없게 하시려는 의도이다. 누구도 하나님이 기다리지 않은 것으로 심판에 이른 것이 아니라, 그들이 주님의 무수한 기다림의 시간에도 끝까지 패역했기 때문에 망한 것임을 분명히 하시기 위함이다. 이를 위해서 주님을 위해 어떤 형태로든지 순교의 길을 걸어갈 수 있는 성숙한 주의 백성들에게 인내와 긍휼, 가슴앓이, 그리고 거룩한 희생을 요구하는 것이다. 우리가 아파하는 기간 동안, 하나님께서는 돌아와야 할 사람들의 가슴을 녹이시는 위대한 프로젝트를 펼치게 될 것이다. 이것이 주님이 기다림을 명하는 분명한 이유이다.

그러나 순교자의 피가 차기까지라는 말씀이 주는 의미를 이해는 하지만, 아직도 가슴으로 수긍이 되지 않는 분들이 많을 것이다. 대체로 갖게 되는 불만은, 하나님의 심판에 대해 누구도 핑계할 수 없게 하시려는 의도는 이해되지만, 그래도 우리가 당하는 고통의 시간이 너무나 길다는 점이다. 그리고 솔직히 말해서 불공평하다는 생각이 들기도한다. 왜 고통당하는 주의 백성들보다 현재 우리를 괴롭히는 강적들을 더 귀하게 여기는 것일까? 아직도 그런 항변들이 나온다면, 우리에게 성숙한 인내를 요구하는 주님의 말씀을 직면하기에 앞서 우리를 사랑으로 품어주시고, 용서해 주시고, 끝까지 기다려주신 주님을 다시금 생각해 보아야 할 것이다. 죄악은 반드시 죽음으로만 사해진다. 하나님 진노의 자리에서 즉결 심판에 이를 수밖에 없었던 우리를 중보자이신 예수님께서 자신의 목숨을 담보로 구해주셨다. 그분의 사랑의 중재로 인하여 우리는 주의 백성이 된 것이다. 그러나 주의 백성이 된 것이 곧 주의 백성답게 사는 것을 의미하는 것은 아니다. 그분의 은혜로 주 앞에 돌아온 후에도 우리는 여전히 사람 노릇 못하고 짐승처럼 살아왔지만, 끝없이 다시금 주님께 십자가를 지시도록 했지만, 주님은 한 번도 포기하지 않으시고 아침마다 새로운 은혜로, 극진한 사랑으로 우리를 기다려주고 계신다. 그 사랑, 그 은혜로 인하여 드디어 젖을 먹던 영적 유아기를 벗어나 성장하게 된 것이다.

그러나 우리를 이렇게 기다려주신 분은 주님만이 아니다. 우리가 성숙하지 못하여 강적의 자리에 서서 다른 사람들의 가슴을 아프게 했을 때, 많은 고통을 당하던 순교자들이 주님에게 심판을 요구했다. "신원해주세요."라고 외치는 신실한 순교자들 때문에 주님의 마음이 무척 많이 아프셨을 것이다. 전에 우리들의 죄악과 패역함으로 인하여 고통받던 사람들의 신음에 하나님도 같이 우셨고 고통당하셨다. 그런데도 우리가 돌아와야 하므로, 우리에게 기회를 주셔야하기에, 그들에게 기다릴 것을 요구하셨다. 희생을 부탁하신 것이다. 우리 앞에 고통당하던 순교자들이 주님의 간곡한 당부에 설득되어 자원하여 가슴앓이하는 길을 걸어갔기에 우리가 오늘 이 자리에서게 된 것이다. 그들의 희생으로 인해 인간 노릇을 하게 된 것이다. 하나님께서 우리 생애에 강적들을 허락하시는 이유, 그것도 가정 안에서 그러한 강적들을 만나게 하시는 이유는 주님께서 이제 우리가그들을 품을 수 있는 사람들이라고 판단하시기 때문이다. 우리가 이자리에 오게 된 것은 앞에서 우리를 기다려주신 좋으신 우리 주님이 계셨고, 또한, 인생의 굽이굽이마다 찾아와 우리를 섬겨준 사람들, 우리 때문에 고난의 길을 걸어간 신자들로 인해 비로소 가능케된 것이다. 기나긴 패역의 과정을 지나서 다른 강적들을 용서하고사랑할 수 있는 자리에 이르게 된 것이다.

우리 앞에 서 있었던 순교자들이 그 당시 그들의 강적이었던 우리 때문에 너무 힘들어했다면, 자신들의 고통으로 인해 하나님께 죽기 살기로 매달렸다면 우리는 돌아올 수가 없었을 것이다. 주님이자기 백성의 신음에 예민하시기 때문이다. 그들의 성숙한 기다림으로 우리는 하나님께서 허락하시는 기회를 얻어, 여기에 이른 것이다. 그분이 이제는 우리에게 간곡히 부탁하는 것이다. "조금만 더인내해다오!" "너희들이 다른 이들의 인내의 덕분으로 돌아왔듯이너희를 힘들게 하는 강적들 가운데 돌이켜야 할 사람들이 있단다." 주께서 결코 우리를 손해 보게 하시려고 이런 부탁을 하시는 것이아니다. 우리에게 감동적인 은혜의 장면을 보게 하시기 위함이다.

패역한 인생의 돌아옴을 연출하게 하시려는 배려와 축복의 자리로 우리를 부르시는 것이다. 그 엄청난 사역의 통로가 되게 하시기 위해서 인내를 요구하시는 것이다. 오늘도 주변에 돌아오지 않는 사람들 때문에 신음하고 있다면, 조금 더 주님의 사랑으로, 인내로 기다려주어야만 할 것이다. 성숙한 인내가 필요하다. 그 기다림의 시간 동안 주님은 위대한 사역을 펼쳐 가실 것이다. 주님은 돌아와야 할 자들을 주 앞으로 인도하는 인간 변혁의 프로그램을 지금도 진행해 가고 계신다. 이 위대한 사역에 인내와 사랑으로 동참하는 우리가 되기를 바란다.

한계시록 7장 1-8절

¹ 이 일 후에 내가 네 천사가 땅 네 모퉁이에 선 것을 보니 땅의 사방의 바람을 붙잡아 바람으로 하여금 땅에나 바다에나 각종 나무에 불지 못하게 하더라 ² 또 보매 다른 천사가 살아 계신 하나님의 인을 가지고 해 돋는 데로부터 올라와서 땅과 바다를 해롭게 할 권세를 받은 네 천사를 향하여 큰 소리로 외쳐 ³ 이르되 우리가 우리 하나님의 종들의 이마에 인치기까지 땅이나 바다나 나무들을 해하지 말라 하더라 ⁴ 내가 인침을 받은 자의 수를 들으니 이스라엘 자손의 각 지파 중에서 인침을 받은 자들이 십사만 사천이니 ⁵ 유다 지파 중에 인침을 받은 자가 일만 이천이요 르우벤 지파 중에 일만 이천이요 갓 지파 중에 일만 이천이요
⁶ 아셀 지파 중에 일만 이천이요 납달리 지파 중에 일만 이천이요 므낫세 지파 중에 일만 이천이요 ⁷ 시므온 지파 중에 일만 이천이요 레위 지파 중에 일만 이천이요 잇사갈 지파 중에 일만 이천이요 ⁸ 스불론 지파 중에 일만 이천이요 요셉 지파 중에 일만 이천이요 베냐민 지파 중에 인침을 받은 자가 일만 이천이라

Αποκάλυψις Ιωάννου

17. 재앙의 세찬 바람이 몰아쳐 와도

들어가며

어린 양에 의해서 세상에 차례로 여섯 가지 인 재앙이 쏟아지고
이제 드디어 일곱째 인 재앙이 펼쳐지려는 중간에 7장이 있다. 이것
을 여섯째 인 재앙과 일곱째 인 재앙 사이에 있는 막간 혹은 삽입이
라고 부른다. 요한계시록 본론의 노른자에 해당하는 '일곱 인 재앙'
- '일곱 나팔 재앙' - '일곱 대접 재앙'은 스트레이트(Straight)로 등장
하지 않고, 막간 혹은 삽입이 중간에 끼어 있는 형태로 이어진다. 특
히 여섯째 재앙과 일곱째 재앙 사이에 막간 혹은 삽입이 존재한다.
7장이 바로 첫 번째 막간 혹은 삽입이다. 계속되는 요한계시록 강해
를 통해 논의하겠지만, 요한계시록을 제대로 이해하는 방법 가운데
하나는 계시록을 그저 무시무시한 재앙들을 나열한 책으로 읽지 말

고, 재앙 사이에 있는 막간 혹은 삽입을 넣으신 의도를 따라서 읽는 것이다.

그렇다면 막간 혹은 삽입의 의도는 무엇인가? 그것은 한마디로 교회를 향한 메시지를 담아내기 위해서이다. 재앙만이 아니라 교회에 위로와 도전의 말씀을 주시려는 의도이다. 그러니까 재앙의 시대를 살아내야 하는 교회에 관한 것이다. 첫 번째 막간 혹은 삽입인 7장은 교회가 재앙 앞에서 안전하다는 것을 말씀하시려는 의도로 삽입하고 있다. 교회는 재앙의 대상자가 아니라 수혜자이다. 어린 양께서 집행해 가시는 재앙이기 때문에, 재앙은 교회를 살리는 조치인 셈이다. 이러한 면에서 재앙이 얼마나 두려운 것인지에 대한 경각심만을 주려고 했던, 그동안 주류를 이루었던 한국 교회의 요한계시록 해석은 문제가 심각한 것이다. 오히려 정반대의 의도로 기록된 것이다. 하나님께서 불가피하게 악의 세력과 죄인들에게 재앙을 내리시지만, 재앙의 대상이 교회가 아니다. 오히려 재앙의 이야기로 인하여 두려워할 수 있는 교회를 향하여 하나님의 분명한 의도를 말씀하신 것이다. 그것은 교회를 향한 진노가 아닌 교회를 향한 승리와 이김이다. 그렇다면 일곱 재앙은 교회를 힘들게 하는 세력에 대한 심판을 위한 것이지 교회를 벌주기 위한 것이 결코 아니다. 이러한 측면에서 이번 장에서 주로 다루게 될 강해의 주제를 제대로 드러내기 위해서 "재앙의 세찬 바람이 몰아쳐 와도…"라는 제목을 제시하였다.

7장의 이야기는 네 천사가 바람을 붙잡는 것으로 시작된다. 그 바람은 인 재앙으로 인하여 세상에 몰아쳐 오는 재앙을 말하는 것이다. 1절에서 '사방의 바람'이라고 표현한 것은 세상 전체에 임하는 재앙과 그로 인한 심판을 의미한다. 파괴의 바람이 몰아치고 있는 장면을 연상하면 된다. 과연 이 세상에 휘몰아치는 바람 앞에서 누가 살아남을 수 있을까? 이 물음에 대하여 7장에서 답한다. 6장 마지막 절에 "그들의 진노의 큰 날이 이르렀으니 누가 능히 서리요 하더라."라고 질문했는데, 이에 대한 해답을 7장에서 주고 있다. 이번 장에서는 이를 '봄'을 통한 해답과 '들음'을 통한 해답으로 나누어서 생각해 보고자 한다.

'봄(seeing)'을 통한 해답 (1-3절)

하나님께서 심판의 바람을 막으시고, 인 치시는 장면으로 과연 누가 재앙에서 살아남을 수 있는지를 보여주신다. 1절에서 요한은 본다. "내가…보니" 요한은 과연 무엇을 보고 있는가? 하나님께서 네 천사로 사방의 바람이 불지 못하게 하시는 광경을 목격한다. 그가 본 것의 의미는 무엇인가? 기본적으로 하나님께서 천사들을 통하여 바람을 멈추시는 광경을 보여주신 이유는 세상에 진노를 쏟으시되 전면적인 심판이 되지 못하게 하시려는 것이다. 하나님께서 아직은 세상을 다 멸망의 자리로 집어넣으시려는 마음이 없다. 바람을 멈추게 하셔서 땅에서나 바다에서나 각종 나무에 바람이 불지 못하게 하신다. 바다와 땅과 식물이기에 사람과 관계없는 것으로 생각할 수 있지만 그렇지 않다. 이것들이 완전히 파괴되면 그 안에서 살아가는 사람들도 파괴되는 것이다. 자연계와 인간은 밀접한 관계를 맺고 있다. 마치 황사와 미세 먼지가 인간의 생명을 위협의 상황으로 몰아넣는 것과 같다.

계속되는 2-3절에서는 또 하나의 장면을 보여주신다. 2절은 "또 보매…"로 시작한다. 그가 또 본 것은 무엇인가? 또 다른 천사이다. 이전의 네 천사보다 권한이 더 있는 천사이다. 그 천사가 하는 일은 인을 치는 것이다. 하나님께서 또 다른 천사를 파송하여 인을 치시는 것을 통해 우리는 왜 바람이 불지 못하게 하셨는지를 알게 된다. 그것이 무엇일까? 심판의 강력한 바람을 불지 못하게 하시는 보다 구체적인 이유는 어디에 있는 것일까? 특이하게도 그 천사는 손에 하나님의 인(도장)을 가지고 있다. 이 천사가 네 천사에게 하나님의 종들에게 인치기까지 해하지 말라고 명령한다. 인을 치심은 보호를 상징한다. 누구를 보호하는가? 3절에 답이 나온다. '우리 하나님의 종들', 곧 하나님의 자녀들이다. 이제 하나님께서 천사들에게 바람을 멈추게 하신 의도가 밝혀졌다. 하나님이 바람을 멈추게 하신 이유는 세상을 향해서는 전면적인 심판을 피하게 하시려는 것이다. 또한, 신자들을 향해서는 바람으로 인하여 해를 당하지 않게 하시려는 것이다.

요한이 본 이러한 장면들이 주는 교훈을 두 가지 질문에 답하는 형식으로 제시해 보고자 한다. 첫째 질문은 인치심을 받은 것을 우리가 어떻게 확인할 수 있는가이다. 이에 대한 답은 생명의 감각으로 확인하게 된다고 말하고 싶다. 우리 안에 생명이 있다. 생명은 감각이다. 감각이 있어야 살아 있는 것이다. 영적 감각이 있다면 살아 있는 것이다.

두 번째보다 심도 있게 풀어야 하는 질문은 이것이다. 심판의 바람을 차단하시는 것이 신자들이 모든 종류의 고통에서 벗어난다는 뜻인가? 이에 대한 답은 이렇다. 본문의 장면을 언제나 모든 종류의 고난으로부터 면제된다고 이해하는 것은 지나친 비약이다. 일차적으로 여기의 강조는 어린 양의 진노에서 살아남는 것을 말씀하시는 것이다. 어린 양의 진노라는 영원한 심판과 멸망으로부터 살아남은 자들로서 신자들은 현재적인 구원과 영원한 생명을 살게 된다. 물론 구원은 살아가는 데 있어서 고난으로부터 기적적인 구출을 경험하게 하신다. 그런 역사는 신자들의 삶 가운데 차고 넘친다. 그러나 '언제나'는 아니다. 신자들이 모든 고난의 풀무로부터 건짐을 받아 육신의 생명을 보존하는 것은 아니다. 모든 신자가 다 고난이 면제된 삶을 사는 것은 아니라는 말이다. 물론 우리가 그러한 결과를 구하는 것 조차도 잘못이라고 해서는 안 된다. 그리 아니실지라도 하나님을 부인하지 말아야 하지만, 이왕이면 고난의 풀무 불에서 건지시는 하나님의 능력을 구해야 한다. 그것을 열망해야 한다. 그때 우리는 살아계신 하나님의 기적적인 구출의 역사를 경험하게 될 것이다. 그러나 언제나 우리가 원하는 기적을 경험하게 되는 것은 아니다. 하나님의 임재 앞에서 하나님의 부재를 경험하게 될 때도 있다. 그때는 어떻게 해야 하나? 우리가 어린 양의 진노에서 보호된 자임을 확신하고, 고난과 진검승부를 해야 한다. "고난이여 올 테면 오라!" "나는 인침을 받은 주의 백성이다." 그렇게 외치며 성령의 검을 빼어 맞장승부를 해야한다.

'들음(hearing)'을 통한 해답 (4-8절)

봄을 통한 답은 이제 들음을 통한 답으로 나아간다. 4절에 "내가 인침을 받은 자의 수를 들으니…" 하나님은 요한에게 인을 맞은 자들이 이스라엘의 지파 중에 십사만 사천임을 들려주신다.

여기서 자연스럽게 생기는 질문은 이렇게 인 맞은 자들은 누구인가 하는 것이다. 이에 대하여 4-8절에서 답을 제시하고 있다. 봄(seeing)을 통한 이 질문의 답이 소유 도장으로 인 치시는 것이라면, 들려주시는 것(hearing)을 통한 답은 그들이 이스라엘의 각 지파 가운데서 나온 십사만 사천이라는 것이다.

그것은 무엇을 의미하는 것인가? 어린 양의 진노를 피하는 자들은 소극적으로 심판의 포탄이 떨어지는 곳에서 보호를 받아 대피소에 거하게 된 사람들만이 아니다. 그들은 더 적극적으로 구약의 이스라엘 지파에게 허락하신 모든 축복을 계승하는 사람들이다. 그들은 어린 양의 진노로부터 건져진 사람들만이 아니라, 어린 양의 진노를 넘어서 어린 양을 통한 복을 받아 누리는 사람들이라는 것을 강조하고 있다. 하나님의 진노를 피하고 축복의 역사를 이루어 가게 하시는 분은 어린 양이다. 그 어린 양 안에서 구약에 약속하신 모든 축복을 누리게 되는 사람들이 바로 십사만 사천이다.

이렇게 십사만 사천은 모든 신구약 시대를 통틀어 구원에 이르게 된 사람들을 뜻한다. 십사만 사천은 상징적인 숫자로, 이스라엘 열두 지파의 12와 열두 사도를 지칭하는 12를 곱한 숫자에 충만한 수 1,000을 곱한 것으로 구원받은 온전한 수를 상징한다(12×12× 1,000=144,000). 이러한 사실을 모른 채, 적지 않은 분들이 십사만 사천을 오해한다. 어떤 분들은 이것이 이스라엘 민족의 구원을 말하는 것이라고 해석한다. 그런가 하면 또 시한부 종말론이나 이단에 속한 사람들은 이것을 그리스도의 재림 직전에 모으실 특별한 사람들이라는 해석하기도 한다. 그러나 이러한 해석은 모두 잘못된 것이다. 그 근거는 9절로 가면 확인할 수 있다. 십사만 사천은 '각 나라와 족속과 백성과 방언에서 아무도 셀 수 없는 큰 무리'이다. 십사만 사천과 이 커다란 무리는 같은 그룹의 다른 모습임을 말한다. 십사만 사천은 결코 이스라엘만을 의미하는 것도, 문자적인 의미도 아니다. 그들은 구약의 영적 유산을 이어오는 사람들로서 능히 셀 수 없는 큰 무리이다. 범세계적인 범주에 해당하는 사람들이 십사만 사천이다.

이제 다시 4-8절로 되돌아와 십사만 사천의 내용을 통해 얻게 되는 구체적인 교훈을 몇 가지 생각해 보고자 한다.

첫째, 유다 지파로부터 시작하는 것이 주는 영적 메시지에 대하여:

4절 이하에 이스라엘의 열두 지파를 거명하고 있는데, 여기에서 특이한 것은 장남인 르우벤부터 시작하지 않고, 유다로부터 시작한다는 점이다. 그 이유는 이들이 단지 구약의 혈통적인 이스라엘 민족을 지칭하지 않는다는 결정적인 증거이다. 구약 이스라엘 지파들에 대한 '기독론적인 재해석'이라고 말할 수 있을 것이다. 톰 라이트(Tom Wright)는 유다의 후손으로서 "아마 이들이 '유다의 사자(5:5)'

메시아에 의해 새로워진 하나님의 백성임을 시사하는 것 같다."라고 주장한다. 이것이 사실이라면 십사만 사천의 정체를 이렇게 정리할 수 있다. 그들은 구약 이스라엘 지파에게 허락하신 축복을 이어온 영적 이스라엘이요, 구약 이스라엘의 축복의 절정이신 유다의 사자로 구속사역을 성취하신 우리 주님 안에서 위대한 축복을 받은 사람들이다.

둘째, 단 지파의 누락이 주는 영적 메시지에 대하여:

단 지파의 누락은 매우 설명하기 어려운 난해한 부분이다. 단정해서 말하기 힘들어서 겸손한 자세로 유다의 사자로 인해 세워진 영적 이스라엘이라는 메시지를 염두에 두면서, 단 지파의 누락에 대한 가능성을 설명해 보겠다. 첫째 가능성은 구약 사사기와의 연결을 통해서 단 지파의 타락이 그들이 누락 된 이유라고 볼 수 있을 것이다. 둘째 가능성은 톰 라이트의 주장처럼, "아마 일부 유대교 전승에서 메시아의 대적(Antimessiah)이 그 지파에서 나온다고 생각되었다는 사실에 근거해 설명할 수 있겠다."

이 두 가지 의견을 정리하면, 단 지파처럼 치명적이고 고의적인 패역함으로 인해 메시아를 대적하는 사람들은 구원받은 거룩한 백성의 반열에 설 수 없다는 것을 의미하려는 것 같다. 단 지파의 후손 가운데 누구도 십사만 사천의 자리에 들어가지 못한다는 것은 일종의 경종의 메시지라고 보아야 한다. 이제 이러한 학자들의 견해로부터 조금 더 나아가 보기로 하자. 실상 우리는 유다 지파의 사자이신 주님으로 인해 세워진 영적 이스라엘의 축복을 받기에 불가능한 사람이다. 왜냐하면, 우리도 단 지파 같은 특성이 있기 때문이다. 단 지파의 누락은 나머지 지파들도 단 지파와 같은 기질과 성향을 가지고 있는데도 불구하고, 십사만 사천의 자리에 있게 허락하심으로 감격하게 하려는 의도로 보인다. 나머지 지파들도 행실로 보면 단 지파와 별반 차이가 없지만, 단 지파의 운명이 아닌 구원 받은 사람들의 반열에 선 것이다. 그것으로 구원은 오직 유다의 사자를 통해서 받게 된 은혜임을 강조하는 것은 아닐까!

이처럼 단 지파와 우리를 동일시하는 것은 경종의 메시지만이 아니다. 단 지파처럼 우리도 이 구원의 반열에서 제외되는 것이 마땅하지만, 다행히 십사만 사천의 대열에 서게 된 것으로 유다 지파의 사자이신 예수님께서 베푸신 은총을 감격하게 하는 메시지를 담고 있다.

셋째, 에브라임 지파의 누락이 주는 영적 메시지에 대하여:

십사만 사천의 내용에서 마지막으로 점검해야 하는 특이한 점은 에브라임 지파가 누락 되고 므낫세와 그의 아버지 요셉이 들어온 것이다. 단 지파의 누락과 같은 의미로 이해하는 사람들은 역시 사사기에서 에브라임 지파의 타락상과 연결 지어 설명하기를 좋아한다. 그것이 가능한 설명이지만, 단지 타락의 심각성을 지적하려 했다면 단 지파만으로도 충분하다고 본다. 그렇다면 에브라임의 누락을 어떻게 보아야 하는가? 이에 대한 단서를 찾기 위해서 주목해야 할 부분이 바로 민수기 1장이다. 특히 1장 32절의 "요셉의 아들 에브라임의 아들들에게서 난 자들…"이라는 표현이 예사롭지 않다.

다른 지파들의 표기와는 달리, 에브라임은 그저 에브라임으로 소개된 것이 아니라, "요셉의 아들 에브라임의 아들들"로 말하고 있다. 요한계시록에서 에브라임이 누락 되고 요셉이 들어온 특이한 부분에 대하여 구약에 정통한 그 당시 초대 교회의 독자들은 아마도 민수기 1장(특히 32절)을 연결 짓게 되었을 것이다.

그러한 연결을 통해서 무슨 교훈을 얻게 하려는 것일까? 그것은 아마도 십사만 사천의 정체성을 강력하게 강조하려는 의도와 깊은 연관이 있을 것이다. 유다 지파의 사자로 인하여 단 지파 같은 우리가 구원의 반열에 서게 되었으니, 이제 어떤 정체성을 향하여 나아가야 하는지를 말해주려는 것이다. 십사만 사천은 결코 마음대로 살아서는 안 되는 존재들이다. 세상을 적당히 누리면서 살아서는 안된다. 또한, 예수님 믿는다고 하면서 종교 생활에만 머물러 있으면 안 된다. 그렇다면 어디로 가야 하는가? 바로 은혜 안에서 감격하는 것을 넘어서 은혜 안에서 강해지는 자리로 가야 한다. 그것은 한마디로 여호와의 군대로 서는 것이다. 그러고 보면 12 곱하기 12 곱하기 1,000에서 이 1,000은 군대의 수이다. 독자들로 하여금 여호와의 군대로 서는 자리로 나아가게 해서 은혜 안에서 강력한 군사로 살아가게 하려는 것이다.

그러나 영적 군사가 된다는 것은 그저 우리가 열심히 싸우는 사람이 돼야 한다는 것은 아니다. 오직 은혜를 기반으로, 은혜로 인해 공급되는 힘으로 싸우는 사람들이다. 예를 들어, 이스라엘이 아말렉 군사들과 싸울 때, 그 싸움의 사역을 맡은 자는 여호수아이다. 그러나 그저 여호수아가 잘 싸우는 것으로 승리한 것만은 아니다. 그 싸움의 승패는 더 크게 보면 모세가 손을 드느냐 내리느냐에 달려 있다. 산 아래서 여호수아의 싸움의 승패는 산 위에서 모세가 손을 드는 것에 달려 있다. 모세가 손을 드는 것은 기도일 수 있다. 기도로 이긴다는 것은 하나님이 이김을 주셔야 이긴다는 의미이다. 물론 하나님이 이김을 주셔도 여호수아가 치열하게 싸우지 않으면 이김을 누리지 못한다. 그러나 단지 여호수아가 잘 싸워서 이긴 것만은 절대 아니다. 기독교 신앙은 그렇게 단순하지 않다. 은혜 안에서 은혜를 받은 자답게 강한 자가 되어야 한다. 영적 군사로 싸워야 한다. 그것이 십사만 사천을 거명하면서 도전하시는 메시지의 핵심이다. 재앙의 바람이 휘몰아친다 해도 주님의 자녀들은 안전하다. 은혜로 이긴다. 그러나 그 은혜는 결코 값싼 은혜가 아니다. 값진 은혜이다. 값진 은혜이기에 은혜는 방종을 부르지 않고 분투를 요청하는 것이다.

맺음말

우리는 은혜로 인하여 감격해야 한다. 왜? 자격 없는 우리에게 어린 양의 진노를 피하는 길을 허락해 주신 것으로 인하여, 그리고 단지 파 같은 우리를 십사만 사천으로 부르신 것으로 인하여…. 값진 은혜가 되게 해야 한다. 왜? 다시 강조하지만 주님의 은혜는 값싼 은혜가 아닌 값진 은혜이기 때문이다. 유다 지파의 사자가 이겼기에 우리에게 인치심과 십사만 사천의 자리가 주어진 것이다. 그러나 그 뒤안길에는 어린 양의 길이 존재하고 있다. 그 희생의 대가로 인하여 유다 지파의 사자가 되신 것이다. 그것으로 우리를 살리신 것이다. 5절에 그 유다 지파가 십사만 사천에 첫 자리에 나온 것이다. 이렇게 볼 때, 십사만 사천의 맨 처음을 '유다 지파 중에 인침을 받은 자가 일만 이천이요'라는 말로 시작하는 것은 우리의 가슴을 몹시 흥분시키는 메시지이다. 우리는 단 지파 같은 결정적인 죄를 범한 사람들이지만, 진정한 유다 지파의 사자로 인하여 구원의 반열에 서게 되었다. 이 감격으로 우리는 신앙의 길을 가로막는 그 어떤 도전과 위협 속에서도 여호와의 군사로서 살아가야 한다. 그들이 바로 세찬 재앙의 바람이 몰아쳐도 승리하는 사람들이다.

요한계시록 7장 10, 13-14절

[10] 큰 소리로 외쳐 이르되 구원하심이 보좌에 앉으신 우리 하나님과 어린 양에게 있도다 하니 [13] 장로 중 하나가 응답하여 나에게 이르되 이 흰 옷 입은 자들이 누구며 또 어디서 왔느냐 [14] 내가 말하기를 내 주여 당신이 아시나이다 하니 그가 나에게 이르되 이는 큰 환난에서 나오는 자들인데 어린 양의 피에 그 옷을 씻어 희게 하였느니라

Αποκάλυψις Ιωάννου

18. 거꾸로 읽는 큰 환난

들어가며

> 내려갈 때 보았네.
> 올라갈 때 보지 못한 그 꽃

"그 꽃"이라는 짧고 간단하지만 깊이 음미하게 되는 시다. 우리에게 이런 경우가 허다하지 않은가? 우리는 늘 그저 올라가는 것에 혈안이 되어 마땅히 보아야 하는 '그 꽃'을 보지 못하는 슬픈 족속이다. 무슨 대단한 것을 얻겠다고 기를 쓰고 오르고 또 오르기만을 그리도 반복하면서 하늘 한번 쳐다보지 못하고 사는 것인지 모르겠다. 들에 피어 있는 아름다운 꽃 한 송이 음미해 볼 마음의 여유도 없이 무한 질주를 하고 있다. 어떤 경우에도 빼앗겨서는 안 되는 너무나 소중한 것들을 놓치고 살아간다. 그러다 후회를 하게 된다.

언제? 뉘엿뉘엿 지는 인생 황혼이 돼서야…

언제? 우리 식구들이 마음의 상처로 우울증 치료를 받는 것을 보고서야…

언제? 시한부 인생의 선고를 받고서야….

그제야 비로소 우리는 올라가는 것에만 너무나 몰두해서 마땅히 보아야 할 바로 그 꽃을 보지 못하고 살았다고 후회를 한다. 가슴을 치며 아쉬워하지만 너무나 늦어 버리고 만다.

14절에 나오는 '큰 환난'에 주목하면서, 우리가 그동안 생각했던 방식과는 반대로 뒤집어서 본문을 읽어보려고 한다. 거꾸로 읽는 것을 통하여, 그동안 놓쳐버린 소중한 교훈을 발견해 보기를 원한다. 사실 그동안 한국 교회 안에서 가르쳐온 큰 환난의 메시지는 본문에서 마땅히 보았어야 할 부분을 보지 못하게 만들었던 것이 사실이다. 신앙생활을 하는 동안 우리가 들어온 큰 환난 혹은 대재앙에 대한 메시지는 음악으로 말하면 매우 무거운 단조의 장송곡 같다. 또한, 기상도로 말한다면 천둥 번개가 치고 어두컴컴한 날씨로 설명될 수 있을 것이다. 보통 그동안 우리가 들어온 큰 환난의 메시지는 이런 식이다.

"지금은 말세지말(末世之末) 입니다. 앞으로 도적같이 지구상에서 큰 환난이 불어닥칠 것입니다."

"만일 깨어서 준비하지 못한다면, 대재앙을 맞이하게 될 것입니다."

물론 이런 '큰 환난'에 대한 이야기는 신앙적인 경각심을 갖게 하려는 좋은 의도를 가지고 있음이 분명하다. 그러나 그러한 좋은 의도에도 불구하고, 부정적인 결과들이 만들어지게 된 것을 부인할 수 없다. 한국 교회의 주류를 형성한 '큰 환난'에 대한 교훈은 주로 두려움, 공포, 낙심, 절망, 도피, 자포자기의 자리로 성도들을 몰아세운 것이 사실이다. 이렇게 될 때, 요한계시록은 마치 미래에 일어날 심판이나 큰 환난을 예고하는 말씀 정도로 취급되고 만다. 이런 분위기가 대세였기에 14절에 있는 '큰 환난'에 대한 언급은 묻지도 따지지도 않고 무서운 경고와 질타의 메시지로 사용되어왔다. 그렇다면 이제 질문하지 않을 수 없다. 과연 그런 메시지가 타당한 것일까? 본문에 소개된 것처럼, 성도들이 '큰 환난'을 겪고 천국에 입성하게 된다는 것은 언뜻 보면 우리의 간담을 매우 서늘케 하는 메시지로 보인다. 그러나 전체적인 문맥을 살피면서 거꾸로 뒤집어서 읽는다면 큰 환난의 교훈은 전혀 정반대의 방향을 제시해 줄 것이다. 뒤집어 읽는 큰 환난의 교훈을 살펴보기로 하자.

거꾸로 읽는 큰 환난의 교훈

큰 환난을 거꾸로 읽을 때, 두려움 대신에 성도가 과연 어떤 존재인지를 분명하게 확인하게 된다. 성도는 악의 세력의 그 어떤 방해 공작에서 불구하고, 결코 빼앗겨서는 안 되는 '위대한 것'을 소유한 존재이다. 요한계시록 7장 13-14절은 영광스러운 하나님 나라에 들어갈 수 있는 주님의 백성들에 대한 환상 가운데 한 부분이다. 7장은 천국 백성이 되는 사람들을 두 그림으로 소개하고 있다. 먼저 1-8절에서 그들은 십사만 사천으로 소개되어 있다. 이는 그저 천국을 들어갈 문자적인 숫자를 의미하는 것이 아니다. 문자적인 십사만 사천을 주장한다면 이단이다. 다시 말하지만 십사만 사천은 상징적인 숫자로 보아야 마땅하다. 12 곱하기 12 곱하기 1,000이다. 이스라엘을 대표하는 12지파와 교회를 대표하는 12사도로 대변되는 모든 주님의 백성들을 의미한다. 1,000은 완전수로서 주님을 믿는 모든 백성이 구원의 반열에 서게 됨을 알려 준다. 또한, 동시에 1,000은 군대 수이기도 하다. 천국에 입성하게 되는 주님의 백성들은 여호와 군대로 부르심을 받은 사람들을 말한다.

계속해서 9-17절에서는 구원받은 주님의 백성들을 또 다른 장면과 각도에서 소개하고 있다. 앞에서 십사만 사천이던 사람들이 여기서는 어떻게 소개되고 있는가? 그들은 '각 나라와 족속과 백성과 방언에서 아무도 능히 셀 수 없는 큰 무리'이다. 허다한 무리라는 표현 속에서 천국에 들어가는 사람들의 범위가 전 세계적인 것을 알게 해 준다. 십사만 사천이 구약의 영적인 유산을 이어오는 사람들로서의 특수성을 강조한다면, 허다한 무리는 각 나라와 족속과 백성과 방언에서 나오는 사람들로서 보편성에 초점을 맞추고 있다. 동일한 그룹에 대한 다른 관점을 제시해 주고 있다.

우리가 주목하려고 하는 7장 13-14절은 바로 이 허다한 흰옷 입은 무리가 과연 누구인지를 묻고 답하는 장면이다. 13절에 "장로 중 하나가 응답하여 나에게 이르되 이 흰옷 입은 자들이 누구며 또 어디서 왔느냐" 질문한다. 이에 대한 답이 14절에서 이렇게 주어진다. "내가 말하기를 내주여 당신이 아시나이다 하니 그가 나에게 이르되 이는 큰 환난에서 나오는 자들인데 어린 양의 피에 그 옷을 씻어 희게 하였느니라." 여기서 중요한 구절은 "큰 환난에서 나오는 자들"이다. 천국에 입성한 사람들이 환난을 통과한 사람들이라는 말이다. 그것도 그저 가벼운 환난이 아니라, 말 그대로 큰 환난을 통과한 사람들이다.

큰 환난이라는 단어로 상상되는 그림은 무엇인가? 너무나 무섭고 소름 끼치도록 두려운 광경일 것이다. 그래서 많은 분이 이 큰 환난에 대한 표현을 지구 종말의 때에 맞이할 역사 이래로 한 번도 경험하지 못한 극심한 재앙에 대한 예고로 보는 것이다. 그러다 보니 '큰 환난'에 대한 교훈이 두려움의 방향으로 나아간 것을 지극히 당연한 귀결이라고 할 수 있다.

그러나 이에 대하여 새로운 읽기를 제안하고 싶다. 거꾸로 읽어 보자는 것이다. 두려움 쪽으로 읽지 말자. 오히려 악의 세력이 우리가 걸어가야 하는 길을 큰 환난으로 저지해야 할 만큼 귀한 것을 소유한 사람들임을 강조하고 싶다. 우리는 결코 시시한 인생들이 아니다. 그저 세상에 의해서 휩쓸려가는 생애들이 아니다. 세상이 주는 몇 가지 떡고물이나 얻어먹고 떨어져야 할 사람들이 아니다. 세상이 주는 좋은 자리에서 머물러 있는 것으로 무게나 잡고 살다가 떠날 사람들이 아니다. 필요하다면 모든 대가를 지불하고라도 반드시 지켜야 할 고귀하고 아름다운 것을 지켜야 하는 사람들이다. 거꾸로 대 환난을 읽으면, 두려움과 공포의 메시지는 사라지고, 우리가 주님 안에서 어떤 인생인지를 확인하게 된다. 위로를 준다. 그렇다고 값싼 위로만 주시는 것이 아니라, 그것과 함께 매우 뼈 있는 권면을 주신다. 결코, 빼앗겨서는 안 되는 소중한 것을 지키라고….

결국, 대 환난을 거꾸로 읽으면, 얼마나 무서운 날들이 신자들의 앞길을 기다리고 있는가가 아니라, 천국 백성 된 우리는 절대로 빼앗겨서는 안 되는 소중한 것을 가지고 있는 사람들임을 역설적으로 강조하게 된다. 우리가 가지고 있는 것을 빼앗기 위해서 악의 세력들이 총력전을 펼쳐야 할 만큼 위대한 것을 소유한 생애들이라는 말씀이다. 천국에 입성한 주님의 자녀들은 모든 악의 세력들이 최후의 발악으로 공격해 오는 것을 이겨낸 사람들이다. 요한계시록에서 큰 환난을 동원하여 신자들을 가로막는 세력을 굳이 하나 꼽자면 13장에서 나오는 바다에서 올라온 짐승, 즉 적그리스도의 세력일 것이다. 적그리스도의 세력들이 하나의 힘으로 결집하여 주님의 백성들을 공격하게 된다.

이렇게 큰 환난을 맞이하게 된다는 것은 역사 끝에나 있을 7년 대환난과 같은 문자적인 대대적인 환난을 예고하는 말씀이 아닌 것으로 보인다. 이 땅의 신자는 모두 '대환난'을 겪게 된다. 악의 세력들이 필사의 노력으로 우리가 가지고 있는 것을 빼앗으려고 한다. 우리가 소유한 존귀한 것을 총력전을 기울여 빼앗고 싶을 정도로 소중한 것을 가지고 있는 사람들이기 때문이다.

그렇다면 신자들이 가지고 있는 것이 과연 무엇인가? 주님으로 인하여 선물로 받아 누리게 된 것들이다. 그 가운데 가장 중요한 것은 우리가 주님의 소유가 된 것이다. 그뿐만이 아니라, 이 땅을 살아가도록 허락하신 온갖 선물들이다. 믿음의 항해를 위해서 허락해 주신 고귀한 선물들이다. 히브리서 11장 1절에 있는 "믿음은 바라는 것들의 실상이요"라는 표현으로 다시 말한다면, 사단의 세력들이 총력전을 통하여 빼앗고 싶은 것은 '우리가 바라는 것들'이 아니라,

'우리로 바라보게 하신 것들'이다. 오히려 악의 세력들은 '우리가 바라는 것들'을 미끼로 던져 주님께서 '우리로 바라보게 하신 것들'을 빼앗으려고 하는 경우가 허다하다. 믿음은 내가 원하는 소원의 목록들이 이뤄질 것을 믿는 것이 아니다. 우리 주님께서 그분 안에서 우리로 바라보게 하신 것들이 그대로 성취될 것을 믿는 것이다. 주님이 주시겠다고 약속하신 것들이 확실히 주어지게 될 것을 믿는 것이다. 우리가 원하는 것은 항상 주님이 약속하신 것이 아닐 수 있다. 주님이 약속하신 것은 주로 영적인 것, 내적인 것, 눈에 보이지 않는 것들이다. 이것을 다시금 요한계시록으로 말한다면, 사단의 세력이 온 힘을 다해 앗아가려고 하는 것은 '바벨론 안에서의 성공'이 아니라, '어린 양의 신부로 사는 신앙적 승리의 삶'인 것이다. 악의 세력들은 몹시 화가 나 있다. 우리를 자신들의 수하에 두었다가, 주님께 빼앗겨 버렸기 때문이다. 할 수만 있다면 다시 자신들의 수하에 두고 싶어 할 것이다. 그러나 예수 믿는 자들을 자신의 종이 되게 하는 것은 이제 불가능하다는 것을 안다. 그래서 대환난까지 동원한 총력전을 펼쳐서 빼앗으려는 것은 바로 우리가 주님 안에 소유하게 된 소중한 것을 풍성히 누리지 못하게 방해하는 것이다. 그러므로 절대로 주님이 우리에게 주신 소중한 것들을 빼앗기지 말아야 한다. 이를 위해 우리도 총력전으로 맞서야 한다.

우리들의 일상은 치열한 전투이다. 악의 세력들이 소중한 것들을 누리지 못하게 하려고 우리를 고단하게 한다. 지치게 만든다. 그것으로 우리 안에 있는 귀하고 아름다운 것들을 무너지게 한다. 우리 인생의 가장 소중한 사람들을 소중하게 대하지 못하게 만든다. 오히려 상처를 입히게 한다. 예를 들어보자. 우리 시대 젊은이들은 너무나 힘겨운 몸짓으로 살고 있다. 고단한 일상을 살면서 다음 세대를 이끌어 가야 할 우리 자녀들이 지쳐 가고 있다. 그러다가 어디로 가는가? 안타깝게도 내적으로, 내부적으로 너무나 소중한 것을 잃는 자리로 나아간다. 소중한 사람들에게 분노를 폭발해 버리고 만다. 아군을 적군으로 여기며 살게 된다.

그런가 하면 우리 시대의 가장들은 어떤가? 그들도 역시 기본적으로 짊어지고 있는 삶의 무게 가운데 휘청거린다. 언제 해고될지 모르는 현실 가운데서 치열한 경쟁을 계속 치르다 보니 지칠 대로 지치고 만다. 그러는 과정에서 분노가 쌓이게 된다. 그러다가 어디로 가는가? 가장 소중한 사람들에게 온갖 스트레스를 풀게 된다. 주님이 주신 소중한 선물인 아내와 자녀들의 가슴에 상처를 입힌다. 역시 소중한 것을 잃어버린 모습으로 살아가게 된다. 이렇게 악의 세력들은 우리의 일상에 침투해서 우리 안에 귀한 것들을 잃어버리게 만든다. 이것이 사실이라면, 절대로 그들의 전략에 넘어가서는 안 된다. 그 어떤 틈을 주어서는 안 된다. 사단의 세력들이 무엇을 빼앗아 가려고 하는지를 분명히 분별해야만 한다.

마지막까지 소중한 것을 사수하려면

이렇게 거꾸로 읽을 때 큰 환난이 주는 메시지는 그동안의 선입견을 넘어서는 권면을 제시한다. 전력을 다해 큰 환난까지 동원해서 우리 안에 있는 것들을 빼앗으려고 하는 악의 세력들과 맞짱 뜨기 위해서 우리로 총력전을 펼칠 것을 촉구한다. 절대로 악에 지지말고 분투하여 이겨야 한다. 그러나 누구이 강조하지만 이러한 이기기 위한 분투를 향한 권면보다 필자가 더 강조하려는 것은 이긴 자로 분투하는 것에 있다. 이를 위해서는 큰 환난에 맞서 싸워야 하는 사람들이라는 교훈 앞뒤에 무엇이 강조되고 있는지를 주목해야 한다. 큰 환난이라는 말에만 시선이 고정되면 결코 두려움을 피할 수가 없다. 그러나 큰 환난을 맞이하는 자들이 누구인지를 밝히는 이전과 이후의 강조를 보면 위로의 메시지를 발견하게 된다. 큰 환난에서 나온 자들은 그 앞에 구절(1-8절)을 보면 주님이 인 치신 자들이다. 주님이 신자들을 인 치셨다면 그 누구도 빼앗을 수가 없다. 신자들의 확실한 안전이 보장된 것이다. 이것이 바로 큰 환난 앞에 있는 메시지이다.

그렇다면 큰 환난 뒤에는 어떤 장면이 나오는가? 15-17절에 이에 대한 답이 제시되고 있다. 여기에는 최후의 영원한 복락의 상태에 있는 성도들의 모습이 그려지고 있다. 주님이 우리와 한 텐트 안에 거하시고, 다시는 주리거나 목마르거나 해나 뜨거운 기운에 상하지 않게 하실 것을 약속하신다. 그뿐만 아니라, 17절에 보시면 어린 양 예수님이 우리의 목자가 되시어, 생명수 샘으로 인도하시고 눈물을 씻어주실 것이다.

우리는 누구도 예외 없이 '큰 환난'을 통과해야 하는 사람들이다. 예수님을 믿는 자로 세상을 사는 것 자체가 큰 환난이 아니고 무엇이랴! 누구도 피할 수가 없다. 중요한 것은 큰 환난이 있다는 것이 아니라, 큰 환난 속에서 끝까지 주님이 허락하신 소중한 것을 지켜

내야만 한다는 것이다. 성경은 힘겨운 분투가 요청되지만 이길 수 있는 싸움임을 힘주어 강조한다. 아니 이길 수 있는 정도가 아니라 넉넉히 이길 수 있는 싸움이다. 성도들이 당하는 큰 환난 앞에 주님의 인치심과 보호가 있고, 그 뒤에 상상할 수 없는 축복과 영광이 기다리고 있기 때문이다. 그렇게 이미 확정된 이김과 최종적인 이김 사이에서 우리는 큰 환난을 통과하는 것이다. 이러한 문맥에서 보면 큰 환난은 무서워할 그 무엇이 아니라, 하나님의 승리에 참여하는 기쁨을 누리게 하시려는 장치인 셈이다. 마치 이런 것이다. 모든 안전장치를 다 마련한 상태에서 고공 훈련을 하는 것과 같다고 할 수 있다.

우리의 현실이 답답하고 미래는 좀처럼 답이 보이지 않는다. 그러한 현재와 미래 사이에서 분투하며 살아가는 것이기에 그야말로 사는 게 전쟁이다. 본문으로 말하면 큰 환난이다. 그러나 고개를 들어 주님을 응시하면 큰 환난은 '신남이 있는 분투의 시간'인 것이 분명하다. 앞에 인치심과 보호가 있고, 뒤에 준비된 놀라운 축복이 기다리고 있는 사이에 분투를 명하고 계시는 것이기에 싸워 볼 만한 싸움이다. 다시 강조하고 싶다. 우리는 이겨야만 하는 사람이 아니라, 이길 수 있는 사람들이다. 아니 넉넉히 이길 수 있는 사람들이다. 이 사실을 명심하고 그 어떤 환난의 자리에서도 어깨를 쫙 펴고 진검 승부로 나아가자. 이미 주님이 이기셨기에 그분을 의지해서 싸운다면 승리는 반드시 신자들의 차지가 될 것이다. 큰 환난이 있다고 두려워할 필요가 없다. 큰 환난을 넉넉히 이기게 하시는 주님이 있기에 신자는 그 어떤 경우에도 담대할 수 있는 것이다.

요한계시록 8장 1-5절

¹ 일곱째 인을 떼실 때에 하늘이 반 시간쯤 고요하더니 ² 내가 보매 하나님 앞에 일곱 천사가 서 있어 일곱 나팔을 받았더라 ³ 또 다른 천사가 와서 제단 곁에 서서 금 향로를 가지고 많은 향을 받았으니 이는 모든 성도의 기도와 합하여 보좌 앞 금 제단에 드리고자 함이라 ⁴ 향연이 성도의 기도와 함께 천사의 손으로부터 하나님 앞으로 올라가는지라 ⁵ 천사가 향로를 가지고 제단의 불을 담아다가 땅에 쏟으매 우레와 음성과 번개와 지진이 나더라

Αποκάλυψις Ιωάννου

19. 기도와 재앙의 조합

들어가며

6장에서 여섯 가지 인의 재앙이 소개되고, 7장에서 그 재앙에서 살아남을 수 있는 자들이 바로 인치심을 받은 십사만 사천(7:1-8)이 자, 능히 셀 수 없는 허다한 무리(7:9-18)임을 알게 되었다. 실상 그들은 두 개의 다른 그룹들이 아니라 구원받은 하나님 백성들의 다른 측면이다. 즉 십사만 사천은 허다한 무리인 셈이다.

그렇다면 이단이나 사이비 종말론에서 주장하는, 문자적인 십사만 사천의 구원은 잘못된 억측에 불과하다. 또한, 유대인들의 구원에 관한 것으로 이해하는 주장도 설 근거를 잃게 된다. 왜냐하면, 7장 5절에서 유다 지파가 제일 먼저 언급되고 있는 것과 7장 14절에 능히 셀 수 없는 큰 무리가 어린 양의 피에 옷을 씻어 희게 되었다는 것이 이를 방증해 주고 있다. 기독론적인 재해석을 통해 십사만 사천을 말하고 있다. 또한, 예수 그리스도 보혈의 공로로 구원함을 받은 허다한 무리임을 밝히고 있다. 7장이 마치고 8장에 이르면 일곱 번째 인을 떼게 된다(8:1). 일곱 번째 인을 떼면 일곱 나팔 재앙이 시작하게 된다(8:6). 그러니까 일곱 번째 인은 나팔 재앙을 연결하는 역할을 하는 셈이다. 이렇게 일곱 번째 인으로 인하여 나팔 재앙이 시작되는 시점에 등장하는 기사가 하늘이 반 시간쯤 고요해지면서 성도들의 기도가 하늘로 올라가는 장면이다. 굳이 말하면 작은 삽입의 장면이라고 해도 무방할 것이다. 성도들의 기도가 금향로에 담겨서 하늘로 올라가고, 그것이 땅에 쏟아지매 우레와 음성과 번개와 지진이 생기는 재앙 상태로 전환되기에 이번 장의 제목을 기도와 재앙의 조합이라고 붙여보았다.

요한계시록 8장 1-5절은 성경에 나오는 마지막 기도의 장면이라고 할 수 있다. 그것은 흥미롭게도 극적인 휴지(dramatic pause)를 통하여 긴장감을 고조시키는 방식으로 소개되고 있다. 흔히 강하게 계속 악센트를 주다가 잠시 숨 고르기를 하면서 톤을 낮추면 더 잘 들리게 되듯이, 본문에서 바로 그런 기법을 사용하고 있는 것이다. 잠시 고요함 속에서 다시 깊이 음미해 보게 하는 주제가 있다. 그것이 바로 성도들의 기도이다. 극적 휴지 기법을 통하여 기도에 대하여 강조하는 교훈이 무엇인지를 다음의 세 가지로 살펴보기로 하자.

극적인 휴지 기법을 통한 강조점 (1):
우리에게 기도의 소중함을 알게 하심

> 또 다른 천사가 와서 제단 곁에 서서 금향로를 가지고 많은
> 향을 받았으니 이는 모든 성도의 기도와 합하여 보좌 앞 금
> 제단에 드리고자 함이라 향연이 성도의 기도와 함께 천사의
> 손으로부터 하나님 앞으로 올라가는지라(계 8:3-4).

여기에 기도와 관련하여 중요한 방향 표시를 제시하고 있다. 그것
은 바로 '위를 향하여'라는 것이다. 기도가 금향로에 담겨 하나님께
상달되는 것을 보여준다. 기도를 믿지 않는 시대에 기도의 가치성에
대하여 알려 주고 있다. 우리는 지금 지독히도 기도를 신뢰하지 않
는 시대를 살아가고 있다. 자크 엘룰(Jacques Ellul)의 통찰에 의하면 기
술 문명의 극대화가 기도에 대한 신뢰를 땅에 떨어뜨리게 만든다.
키보드 하나 누르면 원하는 모든 것을 순식간에 얻을 수 있는 기술
문명이 극대화된 세상에서 기도는 가장 비효율적인 방식이 될 수밖
에 없는 것이다. 눈에 보이지 않는 하나님께 언제 이루어질지 모르
는 기도의 제목들을 아뢰고 기다린다는 것은 현대인들에게는 어리
석은 행동이다. 이러한 이유로 현대인은 기도를 믿지 않는다. 기도
를 부정하며 산다. 주변에서 일어나는 모든 것을 우연의 일치로 본
다.

그러나 우리가 기도에 대하여 어떤 소견을 가지고 있든지 간에
하나님께서는 기도를 향으로 여기신다. 현대인의 판단으로는 기도

는 가장 미련하게 보이는 방식이겠지만, 하나님에게 기도는 매우 소중한 가치로 여겨지고 있다. 금향로에 담겨서 하나님의 보좌 앞 금제단에 드려지고 있기 때문이다. 금은 존귀함 혹은 최고의 가치를 상징하는 것으로 볼 수 있다. 극적 휴지 기법을 통하여 제시하고자 하는 첫 번째 기도에 대한 교훈은 기도를 신뢰해야 한다는 것이다.

극적인 휴지 기법이 주는 강조점 (2): 기도가 하늘과 땅을 연결하는 다리임을 알게 하심

요한계시록의 마지막 기도의 장면은 기도의 막막함을 경험하던 사람들에게 큰 위로와 용기를 주기에 충분하다. 기도가 하나님의 보좌 앞으로 올라가는 향이라면 우리는 기도를 신뢰하며 그분께 나아갈 수 있을 것이다. 이것이 첫 번째 교훈이다. 그러나 요한계시록 8장에서 그저 기도의 소중함만을 강조하는 것이 전부가 아니다. 이것이 전부였다면 기도가 향으로써 위를 향하는 장면만을 부각하면 됐을 것이다. 그런데 그것이 전부가 아니기에 하늘로 올라간 그 기도가 아래를 향하여 부어지는 것을 보게 된다. 이를 위해서 5절을 읽어보자. "천사가 향로를 가지고 제단의 불을 담아다가 땅에 쏟으매 우레와 음성과 번개와 지진이 나더라." 위로 올라간 기도가 땅에 쏟아져서 우레와 음성과 번개와 지진이 발생하고, 인 재앙보다 더 강도가 높은 나팔 재앙이 임하게 되는 것이다. 첫 번째 방향 표시가 '위를 향하여'였다면, 두 번째 방향 표시는 '아래를 향하여'가 될 것이다. 이것은 무엇을 말하려는 의도로 보아야 하는가? 기도가 있어서 이 땅에 재앙이 임하게 되는 것을 알려 주려는 것이다. 기도가 아래로 내려오고 땅에 나팔 재앙이 시작된다는 것은 단지 나팔 재앙에만 기도가 영향력을 행사한다는 것을 말하지 않는다. 이미 살펴본 것처럼, 인 재앙, 나팔 재앙, 그리고 대접 재앙은 세 가지 국면을 가지고 있는 하나의 재앙이기 때문이다. 일곱째 인 재앙(8:1)이 나팔 재앙으로 이어지고, 일곱째 나팔 재앙(11:15-19) 이후 대접 재앙으로 나아가고 있다. 기도가 나팔 재앙을 촉발하고 있다는 것은 일곱 재앙 시리즈가 기도로 인한 것이라고 해도 결코 지나치거나, 과장된 주장이 아닐 것이다.

그렇다면 기도가 하늘로 올라갔다가 땅으로 내려오는 것을 통하여 주시려는 교훈은 분명해진 셈이다. 기도가 하늘과 땅을 연결하는 가교임을 말씀하시려는 것이다. 기도는 하나님의 구속 역사의 완성에 가장 요긴하게 필요한 도구이자 무기임을 알려 준다. 하나님은 성도들의 기도를 통하여 당신의 계획을 이루어가고 계신다. 이것이 사실이라면, 우리가 드려야 할 기도의 핵심 내용은 우리의 원함이 아니라, 하나님 나라의 도구가 되기를 염원하는 것이 되어야 한다.

극적인 휴지 기법이 주는 교훈 (3): 기도가 하나님의 일하심의 방식임을 알게 하심

두 가지 방향 표시를 통한 극적인 휴지 기법이 주는 교훈은 이제 자연스럽게 마지막 교훈으로 이동해 가게 한다. 그것은 조금은 생소한 단어일지 모르지만 신율적 상호주의(theonomic reciprocity)에 관한 것이다. 하나님이 기도를 사용하여 일하시는 것은 그분의 '주권적 일하심'이라는 면에서 신율적이면서, 동시에 인간의 협력을 요청한다는 점에서 상호적이다. 영역을 구분해서 말한다면, 신율이 하나님의 주권과 통치와 통하는 것이라면, 상호주의라는 것은 우리와 협력을 의미하는 것이다.

그렇다면 이제 우리는 질문하지 않을 수 없다. 왜 하나님께서 이러한 신율적인 상호주의 방식을 사용하시는 것일까? 하나님이 주권적으로(혹은 신율적으로) 일하시는 것이 더 수월한 방법이 아닐까? 인생들을 파트너로 삼는 것은 어찌 보면 하나님의 사역을 더디게 만드는 원인이 될 수 있다. 적어도 인생들과 함께 일하시면 많은 시간이 지체될 수밖에 없다. 대표적인 예로 모세를 보라. 하나님께서 모세를 사용하시기 위해서 40년을 기다려야만 하지 않았는가? 그런데도 인생들을 초대하시는 하나님을 보게 된다. 왜일까? 아무리 묵상해 보아도 답은 하나이다. 결코 그분에게 우리가 필요해서가 아니다. 오히려 그분에게 쓰임 받는 것이 우리에게 절대적으로 필요하기에 함께 동역하게 하시는 것이다. 그분이 우리를 쓰시는 이유는 우리를 가장 영광스럽고 복되게 하려는 의도 때문이다. 우리가 그분의 손에 붙들려 사용되는 행복을 주시려는 것이다. 결국, 우리를 귀하게 대접하려고 부르신 것이다. 하나님이 홀로 다 하실 수 있는 사역에 인생들이 협력하게 해서 영광의 트로피를 수상하는 자리에 우뚝 서게 하시려는 것이다. 그렇다면 하나님은 우리의 기도를 쓰시는 것 정도가 아니라 기도하는 사람으로 쓰시는 것이다. 우리를 기도하는 사람으로 사용하기 위해 기도하라고 하시는 것이다. 기도하는 자에게 가장 귀한 선물, 즉 하나님 나라 사역에 동참하는 기쁨과 보람과 만족을 주시려는 것이다. 이러한 하나님의 배려 속에서 초대된 인생임을 알게 된다면 우리에게 없어야 하는 것은 원망과 피해의식일 것이다. 반대로 우리에게 반드시 있어야 할 것은 목메이는 감사와 감격이다. 원망을 버리고 주님이 그분의 위대한 사역에 파트너로 불러 주신 것에 감격하면서 맡겨주신 일들을 신실하게 감당하는 우리가 되자.

맺음말

요한계시록에 나오는 마지막 기도는 극적인 휴지 방식 안에서 제시되고 있다. 그 내용의 핵심 골자는 기도의 가치성에 대하여, 하늘과 땅을 연결하는 기도의 가교로써 역할에 대하여, 그리고 기도를 통해 기도하는 사람을 쓰시려는 신율적 상호주의에 대한 값진 교훈을 제시해 주고 있다. 기도를 상실한 시대에 다시 기도하는 자리로 나아가는 우리 모두가 되자. 기도하는 사람들과 함께 하나님 나라의 위대한 역사를 완성해 가실 주님의 모습을 상상하면서….

Αποκάλυψις Ιωάννου

20. 종말론적 출애굽을 위한 나팔 재앙

들어가며

그동안 일곱 재앙 시리즈의 본문 앞에 붉은색으로 쓰인 이런 팻말들이 붙어 있었다.

"위험 접근 금지!"

"입산 금지"

그래서인지 전통 교회에서는 나팔 재앙과 같은 본문을 다루는 경우는 거의 없었다. 간혹 자세히 다루는 경우를 보게 되는데 그런 교회는 아주 이상한 오해를 받곤 했다. 이렇게 보수를 자처하는 교회에서 요한계시록은 침묵의 책이 되어 버리고 만 것이다. 그러는 사이에 광신적인 종말론자들이나 기독교 이단들이 기존 교회에서 전혀 설명해 주지 않는 부분들을 전매특허처럼 다루면서 성도들을 미혹해 왔다.

일단 너무도 두려운 내용이라 성경에 대한 기존 지식이 없는 성도들을 두려움과 공포에 빠뜨리는 데 있어 안성맞춤이다. 나팔 재앙과 같은 본문을 자기 멋대로 해석하여 자신들의 소기의 목적을 달성하기 위한 증빙 구절(proof text)로 사용하였던 것이 사실이다. 이제 더는 물러설 곳이 없다. 나팔 재앙에 대하여 논의해야 할 때이다. 그러기 위해서 무엇보다도 이 재앙 시리즈를 더 쉽게 이해하고 바르게 가르칠 수 있는 길을 모색해야만 한다.

그렇다면 과연 재앙 시리즈를 쉽게 이해하는 길은 무엇인가? 오늘은 본격적인 나팔 재앙의 내용을 상세히 살펴보기에 앞서서, 나팔 재앙을 보다 쉽게 풀 수 있는 단서를 포착하여 그것을 설명하려고 한다. 과연 그 단서가 무엇인지에서부터 논의를 시작해 보기로 하자.

일곱 (나팔) 재앙 이야기를 풀 수 있는 단서를 포착하라

이번 장에서 다룰 요한계시록 8장 6-7절의 내용은 첫 번째 나팔 재앙에 관한 것이다. 그 내용은 첫째 천사가 나팔을 부니 피 섞인 우박과 불이 나와서 땅에 쏟아지니 땅의 삼 분의 일이 타 버리고 수목의 삼 분의 일도, 각종 푸른 풀도 타 버리게 되었다는 것이다. 이러한 장면은 과연 무엇을 배경으로 하는 것일까? 이 부분에 학자들에게 공유된 지식은 다름 아닌 출애굽을 위한 열 가지 재앙을 배경으로 하고 있다는 것이다. 한마디로 단서는 출애굽 모티브(exodus motif)라고 할 수 있다. 이 출애굽 모티브가 요한계시록의 재앙 시리즈를 푸는 실마리가 될 수 있어 보인다.

이를 위하여 일단 출애굽기 9장 22-26절을 보자.

> 여호와께서 모세에게 이르시되 너는 하늘을 향하여 손을 들
> 어 애굽 전역에 우박이 애굽 땅의 사람과 짐승과 밭의 모든
> 채소에 내리게 하라 모세가 하늘을 향하여 지팡이를 들매 여
> 호와께서 우렛소리와 우박을 보내시고 불을 내려 땅에 달리
> 게 하시니라 여호와께서 우박을 애굽 땅에 내리시매 우박이
> 내림과 불덩이가 우박에 섞여 내림이 심히 맹렬하니 나라가
> 생긴 그때부터 애굽 온 땅에는 그와 같은 일이 없었더라 우박
> 이 애굽 온 땅에서 사람과 짐승을 막론하고 밭에 있는 모든
> 것을 쳤으며 우박이 또 밭의 모든 채소를 치고 들의 모든 나
> 무를 꺾었으되 이스라엘 자손이 있는 그곳 고센 땅에는 우박
> 이 없었더라(출 9:22-26).

이렇게 요한계시록에 나오는 첫 번째 나팔 재앙은 출애굽기에 나
오는 일곱 번째 우박 재앙의 모습에서 연유된 것임을 알 수 있다.
이러한 증거들은 계속된다. 세 번째 나팔 재앙은 첫 번째 애굽에 내
린 재앙과 연결돼 있다. 다섯 번째와 여섯 번째 나팔 재앙은 각각
출애굽을 위한 여덟번째 재앙인 메뚜기 재앙과 열번째 장자의 죽음
과 연결된 것을 볼 수 있다. 그렇다고 한다면, 나팔 재앙은 '새로운
출애굽'을 위한 것이다. 조금 더 신학적인 용어로 말한다면, '새로운
종말론적 출애굽'을 위한 것이라고 할 수 있다.

단서를 통하여 나팔(일곱 재앙 전체) 재앙의 의미를 포착하라

이제 그렇다면 이러한 출애굽기의 빛 아래에서, 더 자세히 나팔 재앙을 살펴보면서 교훈을 얻으려고 한다. 요한계시록의 재앙 시리즈가 그냥 읽으면 도무지 무엇을 의미하는 것인지 종을 잡을 수 없지만, 구약의 출애굽 사건과 연결 지어서 생각해 보면 아주 쉽게 그 의미를 파악할 수 있게 된다.

출애굽 열 재앙의 대상과 목적을 확인하는 것으로 나팔 재앙의 대상과 목적을 이해하라

출애굽 열 재앙의 대상과 목적: 출애굽 열 가지 재앙의 대상은 누구이고 그 목적은 무엇인가? 그 재앙의 대상자(피해자)는 애굽 사람인가? 이스라엘 백성인가? 당연히 하나님을 믿지 않았던 '애굽'사람들에게 임한 재앙이다. 이스라엘을 괴롭히고 학대하는 애굽을 처벌하기 위한 재앙이다. 그렇다면 그 출애굽 열 재앙의 목적은 무엇이라고 볼 수 있는가? 그것은 하나님의 백성들을 애굽의 압제에서 건져 내어 하나님을 예배할 수 있는 땅으로 인도하기 위한 것이다.

나팔 재앙의 대상과 목적: 같은 맥락에서 나팔 재앙의 대상은 애굽에 해당하는 세상 속에 있는 불신자들이다. 결코 하나님의 백성을 표적으로 삼고 있는 것이 아니다. 그렇다면 그 목적은 무엇인가? 하나님의 백성들을 구원하여 온전히 하나님께만 예배할 수 있는 자로 세우기 위한 것이다. 이미 밝힌 것처럼, 요한계시록을 '예배를 위한 책'이라고 주장한 이유가 바로 이 때문이다. 요한계시록의 저술 의도는 예배를 독려하기 위한 것이다.

위의 주장이 맞는다면, 나팔 재앙의 이야기는 더는 우리를 두려움의 자리로 몰아넣지 않는다. 얼마 전에 방영된 "교회 오빠"라는 다큐멘터리에서 대장암 말기로 고통받고 있는 남편에게 혈액암으로 투병하고 있는 아내가 자주 하는 말이 이것이었다. "쫄지 마!" 요한계시록도 우리에게 같은 말을 건네고 있다고 확신한다. "나팔 재앙으로 쫄지 마!" 나팔 재앙은 결코 주님의 백성 된 우리를 망하게 하시려는 재앙이 아니다. 절대 그렇지 않다.

오히려 정반대이다. 우리가 다른 운명으로 사는 생애라는 것을 알려 주고 있다고 보아야 한다. 세상은 소유를 행복의 기준으로 삼는 곳이다. 무엇을 소유하고 무엇을 성취하느냐에 행복이 달려 있다고 말한다. 그러니까 당연히 무엇인가를 적게 소유하고, 상대적으로 다른 사람보다 낮은 지위에 있는 사람들은 행복하지 않아야 한다. 불행하다고 느낄 수밖에 없을 것이다. 그렇다면 정반대로 참으로 무엇인가를 넉넉히 소유한 사람은 행복할까? 천만의 말씀이다. 소유는 더 큰 갈증을 안겨다 줄 수 있고 잠시 안락함과 편안함을 줄 수 있을지는 몰라도, 지속적이고 영구적인 행복을 안겨주지는 못한다. 세상이 이토록 발전하고, 진보를 이루어, 그 어느 때보다도 기술 문명의 이기 속에서 살아가지만, 사람들의 표정이 더 밝아지고 더 행복해지지 않다는 것이 그 증거가 아닐까? 성경은 끝없이 우리에게 이런 소유적인 행복을 추구하는 것이 신기루를 잡는 것과 같다고 말한다. 그런 행복이 허상임을 폭로시켜 준다. 대신에 신자가 된 우리에게 계속해서 강조하는 것이 바로 우리가 가지고 있는 운명을 확인케 하는 것이다. 주님은 끝없이 우리가 누구인지를 확인시킨다. 왜 그러시는 것일까? 그 의도가 무엇일까? 답은 분명하다. 세상과는 차원이 다른 존재로 부르심을 받고 있고 다른 운명의 사람이라는 것을 확인시키는 것으로 행복을 누리게 하시려는 것이다. 사도 바울은 이것을 하늘에 속한 신령한 복으로 인하여 감격하게 되는 것임을 피력한다. 에베소서 1장 3절로 가보기로 하자.

> 찬송하리로다 하나님 곧 우리 주 예수 그리스도의 아버지께서 그리스도 안에서 하늘에 속한 신령한 복을 우리에게 주시되(엡 1:3).

다시 한번 더 강조하고 싶다. 나팔 재앙이 쏟아지는 세상 속에서 절대로 쫄지 말라. 이제 곧 무너질 것 같은 현실 앞에서도 기죽지 말자. 대신에 우리의 운명을 확인하는 일을 멈추지 말자. 우리에게 궁극적으로 실상이 될 단어는 부활, 승리 그리고 완성이다. 그것을 나팔 재앙은 우리에게 분명히 확인시키고 있다. 이젠 일곱 재앙을 가지고 엉뚱한 적용을 하는 사람들에게 미혹될 것이 아니라, 그들과 결별하고 과감히 돌아서야 할 때이다.

출애굽 열 재앙이 이스라엘을 '불 속에서의 구출'하기 위한 것이듯 나팔 재앙을 같은 의도로 이해하라

출애굽 열 재앙을 통한 이스라엘의 구출 방식: 출애굽기에 나오는 열 가지 재앙이 애굽 사람을 목표로 한 것이라고 해도, 안심은 금물이다. 성경은 우리에게 언제 어디서나 '불로부터 구출'을 허락해 주겠다고 말하지 않는다. 오히려 이스라엘을 향한 하나님의 의도는 '불 속에서의 구원'이다. 애굽을 향한 재앙이 열 가지나 계속되는 과정 가운데, 이스라엘 백성들 또한 많은 박해와 고통을 당하게 된 것이 이를 방증해준다.

나팔 재앙에서의 구출 방식: 동일하게 요한계시록의 나팔 재앙에서도 하나님은 우리를 '불로부터 구출'하지 않으시고 '불 속에서 구원'을 하신다. 이 나팔 재앙이 우리 신자들을 표적으로 삼고 있는 것은 아니지만, 신자들도 역시 세상과 악한 자들이 가하는 박해와 핍박의 자리를 살아가야 한다. 신자에게도 고통과 어려움이 있다. 또한 그 고난 속에서 신음하는 가운데 구출을 경험하기도 한다. 이 부분이 우리가 긴장해야만 하는 대목이다. 영적으로 깨어 있어야 함을 강조한다. 우리가 '치열하게 구원을 살아내야 함'을 말씀하신다.

왜 치열한 구원인가 하면 사력을 다해 우리를 방해하여 소중한 것을 빼앗아 가려는 자와 지키려는 우리와의 싸움이 필연적으로 벌어질 수밖에 없기 때문이다. 우리는 악의 세력에 의해 박해를 받게 될 것이다. 그러나 분명히 기억할 것은, 우리에게 오는 재앙과 박해는 하나님의 진노와 멸망의 차원으로 주어지는 것이 아니다. 분명히 박해는 있다. 출애굽 하는 이스라엘을 향해 바로가 그러했듯이, 악의 세력들은 우리를 마지막까지 호락호락하게 하나님의 나라로 넘겨주지 않을 것이다. 우리가 가지고 있는 소중한 것을 빼앗으려고 할 것이다. 사탄의 세력은 자신들의 가치를 따르지 않는 우리를 미워한다. 세상 안에 있지만, 세상에 속하지 않았기에 악의 세력에게 박해를 받는다고 봐야 한다.

그렇지만 박해는 있으나, 낙심은 없다. 방심은 금물이지만, 낙심도 역시 금물이다. 핍박이 없는 기독교는 진정한 기독교가 아니다. 그렇기에 우리에게 핍박은 있다. 핍박은 복된 걸음을 걷고 있음을 역설적을 반증한다는 것이 성경의 지론이다. 마태복음 5장 10절 "의를 위하여 핍박을 받는 자는 복이 있나니 천국이 그들의 것임이요"라고 하신다. 그렇다. 핍박에는 복이 있다. 핍박 자체가 복인가? 그렇지는 않다. 핍박의 의미와 결과로 복이 있다는 뜻이다. 모든 핍박이 다 복이 되지는 않는다. 중요한 것은 '의를 위하여' 핍박을 받는 것이다. 득이 되는 핍박도 있고, 독이 되는 핍박도 있다. 의를 위하여 받는 핍박은 득이 되지만, 우리가 잘못해서 받는 핍박은 독이 된다.

의를 위하여 핍박을 받을 때 기뻐하고 즐거워하라고 하신다. 기뻐하고 즐거워하라는 것은 기뻐할 수 있다는 말이 된다. 그 이유는 주님의 나라와 그의 의를 위해 당하는 핍박이 특권이라는 것을 알기 때문이다. 그분의 나라가 완성되는 사역에 내가 쓰임 받는 특권을 누리기에 기쁨이 될 수 있다. 그런데 기뻐하는 것이 마땅하지만 온전히 기쁘지 않을 수 있다. 그 이유는 무엇일까? 시야가 좁아서 그렇다. 핍박이 커 보여서 기뻐할 수 없는 것이다. 그럴 땐, 시야를 더 넓혀서 큰 그림을 보자. 우리는 천상을 향해, 예수님과의 혼인 예식을 향해 가고 있다. 예비된 축복과 영광을 앞에 두고 우리는 잠시 인내의 때를 지나는 것이다. 그래서 우리는 어떤 핍박에서도 기뻐할 수 있다.

또한, 의를 위하여 핍박을 받는 자에게 큰 상을 줄 것이다(마 5:12).

주님께서 보상하실 것이다. 우리가 상급을 목적으로, 상급 받기 위해서 핍박을 받는 것은 아니다. 주님을 향한 사랑으로 핍박의 길을 가는 것이다. 그런데 그 결과는 상급이다. 우리는 주님을 바라보고 가지만 주님은 우리에게 상을 베풀어 주시는 분이시다.

맺음말

지금까지 출애굽 모티브를 중심으로 요한계시록의 재앙들(특히 나팔 재앙)을 살펴보니 재앙 이야기는 그다지 무섭거나 어려운 내용이 아닌 것을 확인했다. 우리들의 '이겨 놓은 싸움'을 감당하라는 메시지임을 알게 되었다. 우리가 이미 승리한 자임을 확인시키려는 의도다. 그러면서도 긴장하고 분투하며 구원을 이루어가도록 하기 위함이다. 그러므로 우리는 '담대한 긴장'으로 이 싸움을 이겨내야 하는 사람들이다.

또 한 가지 중요한 점은 혼자서는 이 싸움을 싸울 수도 없고 이길 수도 없다. 이스라엘이 함께 있었기에 출애굽이 가능했듯이, 우리의 종말론적인 출애굽도 신앙 공동체 안에서 이루어져야 할 것이다. 공동체 안에 단단히 뿌리를 내리는 사람이 되자.

요한계시록 8장 6-13절

⁶ 일곱 나팔을 가진 일곱 천사가 나팔 불기를 준비하더라 ⁷ 첫째 천사가 나팔을 부니 피 섞인 우박과 불이 나와서 땅에 쏟아지매 땅의 삼분의 일이 타 버리고 수목의 삼분의 일도 타 버리고 각종 푸른 풀도 타 버렸더라 ⁸ 둘째 천사가 나팔을 부니 불 붙는 큰 산과 같은 것이 바다에 던져지매 바다의 삼분의 일이 피가 되고 ⁹ 바다 가운데 생명 가진 피조물들의 삼분의 일이 죽고 배들의 삼분의 일이 깨지더라 ¹⁰ 셋째 천사가 나팔을 부니 횃불 같이 타는 큰 별이 하늘에서 떨어져 강들의 삼분의 일과 여러 물샘에 떨어지니 ¹¹ 이 별 이름은 쓴 쑥이라 물의 삼분의 일이 쓴 쑥이 되매 그 물이 쓴 물이 되므로 많은 사람이 죽더라 ¹² 넷째 천사가 나팔을 부니 해 삼분의 일과 달 삼분의 일과 별들의 삼분의 일이 타격을 받아 그 삼분의 일이 어두워지니 낮 삼분의 일은 비추임이 없고 밤도 그러하더라 ¹³ 내가 또 보고 들으니 공중에 날아가는 독수리가 큰 소리로 이르되 땅에 사는 자들에게 화, 화, 화가 있으리니 이는 세 천사들이 불어야 할 나팔 소리가 남아 있음이로다 하더라

Αποκάλυψις Ιωάννου

21. 두 마음을 품으시는 하나님(?)

들어가며

야고보서는 믿음 없이 의심하는 자를 바람에 물결치는 존재 혹은 두 마음을 품어 정함이 없는 자라고 질타한다. 이렇게 두 마음을 품는다는 것은 불경건한 신자의 모습을 그대로 노출하는 것이다. 그래서 이번 장의 제목, "두 마음을 품으시는 하나님"은 오해를 사기에 충분하다. 과연 하나님이 가지고 계신 두 마음이 무엇인지를 생각해 보기로 하자.

출애굽 모티브로 돌아가서 확인해야 하는 하나님의 이미지

이 문제에 대하여 답을 풀기 위해서는 다시 한번 더 출애굽 모티브로 되돌아가야 할 필요가 있다. 일곱 인-일곱 나팔-일곱 대접 재앙은 출애굽 모티브에서 왔음을 강조했다. 이렇게 일곱 재앙 시리즈가 출애굽 당시의 열 가지 재앙과 주제적인 유사성을 갖는다는 것을 알게 될 때, 요한계시록의 일련의 세 가지 재앙 시리즈는 도무지 점령할 수 없는 난공불락의 성이 아니다. 물론, 이해하는 게 쉽지는 않지만 그 의미를 충분히 파악할 수는 있다. 출애굽을 위한 열 가지 재앙의 대상이 이집트 사람이듯이 나팔 재앙의 대상도 역시 불신자인 것을 알 수 있다. 또한, 출애굽을 위한 열 가지 재앙의 목적이 언약 백성을 구출하기 위해서인 것처럼, 나팔 재앙의 궁극적인 목적도 종말론적인 구원이라는 것을 알 수 있다.

그렇지만, 출애굽을 위한 열 가지 재앙이 진행되는 동안 이스라엘 백성에게 고역이 심해진 것처럼, 나팔 재앙 또한 성도들이 직접적인 표적은 아니지만, 성도에게 핍박과 환난을 일으킬 수 있음도 주목해 보아야 한다.

이제 이번 장에서 확인할 것은 출애굽을 위한 열 가지 재앙을 통해 나팔 재앙을 내리시는 하나님의 이미지이다. 왜 하나님은 이스라엘을 이집트의 압제로부터 즉각 건져 주지 않으셨을까? 왜 이집트인들에게 재앙이 열 번이나 필요했던 것일까? 그 이유는 하나님이 바로와 이집트인들을 향해, 오래 기다리신다는 메시지를 전하기 위해서다. 그렇다면 이집트를 향해 쏟아붓는 열 가지 재앙은 표면상으로는 심판의 이야기이지만, 더 깊은 이면적인 측면에서 보면 사랑과 긍휼의 이야기인 셈이다.

요한계시록 8장을 읽을 때 떠오르는 장면은 '탕자 이야기'다. 출애굽의 재앙에서 탕자의 아버지 이미지가 겹치는 건 지나친 상상력

인가? 우리에게 잘 알려진 렘브란트(Rembrandt Harmenszoon van Rijn)는 황
혼기에 '탕자의 귀환(The Return of The Prodigal Son)'이란 그림을 그렸다.
예수님이 들려주신 탕자의 비유에 대한 그림이다.

(렘브란트의 The Return of The Prodigal Son)

이 작품의 놀라운 점 가운데 하나는 아버지의 손이다. 아들을 감싸 안고 있는 아버지의 양손은 서로 다르다. 왼쪽 손은 힘줄이 두드러진 남자 손이고 오른쪽은 매끈한 여자의 손이다. 아버지의 강함과 어머니의 부드러움을 양손을 통해 말하고 있다. 그 안에 화해와 용서, 치유가 함께 담겨 있다. 이것을 하나님은 왼손으로 진노와 심판을 하시지만, 오른손으로 구원과 회복을 이루신다고 해석하는 사람도 있다. 출애굽을 위한 열 가지 재앙을 통해 하나님의 왼손으로 하시는 사역과 오른손으로 하시는 사역을 동시에 보아야 한다. 우리는 양손의 균형을 놓치지 말고 읽어야 한다. 열 가지 재앙과 같은 주제가 요한계시록의 일곱 재앙 시리즈라고 한다면, 이제 우리는 하나님의 양손을 구별해 보는 방식으로 오늘 본문을 해석할 수 있다. 이를 통하여 하나님이 가지고 계시는 두 마음을 확인해 보자.

일곱 나팔 재앙에서 확인하게 되는 하나님의 두 마음

이제 우리는 나팔 재앙의 이야기를 통해 하나님의 왼손(진노, 심판)만 아니라, 하나님의 오른손(구원, 회복)도 보아야 한다. 양손의 균형을 고려하되, 하나님의 왼손보다는 오른손의 기능을 더 집중해서 보아야만 한다. 먼저 하나님의 왼손 기능을 살피고, 이후에 하나님의 오른손 기능에 대하여 살펴보겠다.

하나님의 왼손 기능

두 가지 실례를 통하여 하나님의 왼손 기능에 대하여 살펴보자.

실례(1) 자연계에 불어 닥치는 심판의 모습(8:6-12):

8-9장 전체를 통해서 보아야 하지만 이번 장에서는 8장만을 통해 확인해보려 한다. 8장에서 하나님의 왼손은 쉽게 찾을 수 있다. 재앙이 쏟아진다. 4가지 재앙이 자연계에 임한다. 첫 번째 나팔 재앙은 피 섞인 우박과 불의 재앙으로 땅과 수목이 파괴되는 심판이다. 여기 주목할 것은 "피"이다. 어떤 사람은 피에 대한 대조적인 모습을 보이는 것으로 심판의 면을 부각한다고 해석한다. 성도들은 세상에 의해 피 흘림을 당했다. 이제는 대조적으로 첫째 나팔이 울리자 세상에 우박과 불이 섞인 피가 뿌려지는 것이다. 보응 하시는 하나님의 모습을 보게 된다.

그 피의 이미지는 두 번째 나팔 재앙에서도 그대로 보인다. 불붙은 큰 산 같은 것이 바다에 던져져 바다의 삼 분의 일이 피가 된다. 세 번째 나팔 재앙에서는 횃불같이 타는 큰 별이 하늘에서 떨어져 물이 오염된다. 네 번째 나팔 재앙에서는 해, 달, 별이 어두워진다. 하나님의 맹렬한 왼손의 역할로 임하게 되는 재앙이다.

실례(2) 앞으로 전개될 심판의 모습 예고(8:13):

이제 이어지는 구절에서 독수리를 통하여 화, 화, 화가 세 번에 걸쳐 선포되는 것을 보게 된다. 4+3은=7이다. 더 정확히 말하면, 4+3

은 '4'+'2'+'1'이라고 보아야 한다. '4'는 같은 성격의 처음 네 가지 재앙으로 8장에서 등장하고, '2'는 다섯 번째와 여섯 번째 재앙으로 9장에 나온다. "첫째 화는 지나갔으나 보라 아직도 이후에 화 둘이 이르리로다(요 9:12)"라는 말씀을 보면 아직도 화가 두 개가 더 있으니까 그중에 하나는 여섯 번째 나팔 재앙이 될 것이고, 마지막 화는 일곱 번째 화가 될 것이다. 그런데 6번째와 7번째 사이에 막간이 있다. 요한계시록 11장 14절에 "둘째 화는 지나갔으나 보라 셋째 화가 속히 이르는 도다."라는 말이 나온다. 여기서 언급하는 세 번째 화는 요한계시록 11장 15-19절에 나온다. 세 번째 화는 요한계시록 15-16장의 대접 재앙으로 연결된다. 결국, 그렇다면 8장 13절의 말씀도 하나님의 왼손의 역할과 기능에 대한 언급이라고 할 수 있다.

하나님의 오른손 기능

그러나 심판의 역사 속에서도 하나님은 심판이 아직 삼 분의 일에 지나지 않는다는 것을 지속적으로 강조하고 있다. 삼 분의 일이라는 것은 심판이 맹렬하기는 하지만 아직은 부분적임을 강조하는 것이다. 부분적이라는 것은 전체적인 심판이 아니라는 것으로 하나님의 기다림과 사랑의 손짓은 여전히 강력하다는 것을 의미한다. 다시 조금 전에 보았던 8장 13절을 보면, 네 가지 재앙이 나온 후에 독수리라는 소품을 등장시켜 주의를 환기시킨다. 이는 경고 방송을 하는 것과 같다. 화, 화, 화가 있을 것이다. 더 피할 수 없을 것이다. 그것은 그저 '확정된 운명'에 대한 선언이 아니라, 마치 요나에게 니느웨가 40일 후에 무너지리라는 것을 선포케 하신 것과 같다. 요나가 화가 났던 이유는 40일 후에 닥칠 심판에 대한 경고가 니느웨를 향한 피할 수 없는 운명의 선언이 아니었다는 것 때문이다. 심판은 피할 수 있는 운명이었다. 니느웨가 회개하고 돌아온 광경을 보고 요나가 항변하는 가운데 하나님에 대해 말하는 부분 중 흥미로운 표현이 있다. "주께서는 은혜로우시며 자비로우시며 노하기를 더디 하시며 인내가 크시사 뜻을 돌이켜 재앙을 내리지 아니하시는 하나님이신 줄을 내가 알았음이니이다(욘 4:2)."

이처럼 독수리를 통한 화의 선언은 강력한 경고 방송이기는 하지만, 아직은 기회가 있다는 선언이기도 하다. 하나님께서 은혜로우시고, 자비로우시며, 노하기를 더디 하시며, 인내가 한없이 크신 분이기 때문이다.

이제, 하나님의 두 마음이 무엇인지 분명히 드러났다. 한쪽 마음은 그의 자녀들을 위하여 악인을 심판하셔야 하시는 것이고, 또 다른 한쪽 마음은 그 악인들을 살려내시려는 것이다. 이 두 가지 하나님의 이미지가 균형을 이뤄야 한다. 이것이냐 저것이냐의 양자택일(either-or)이 아니라, 이것도 취하고 저것도 버리지 않는 양자 종합(both-and)이어야 한다. 하나님은 진노를 기뻐하시는 분이 아니시다. 오히려 그 어떤 진노 중에서도 긍휼을 잃어버리지 않는 분이시다. 그러기에 하나님은 인생의 죄 앞에서 고뇌하시는 분이다. 죄를 그에 상응하는 심판으로 갚아 주어야 하지만, 심판으로 끝장내는 게 아니라, 그것으로 돌아오게 하는 기회로 삼으시려는 분이다. 앞문을 닫으시지만, 여전히 뒷문을 열어놓으시는 하나님이시다. 그 하나님의 모습을 나팔 재앙에서도 다시 한번 더 분명하게 확인하게 된다.

하나님의 두 마음을 품고 살아가기 위한 우리의 자세

첫째, 고뇌가 없으면 피상적인 답으로 나아가게 되는 것을 명심하자. 우리에게 주님의 고뇌에 동참하는 자세가 있어야 한다. 주님이 고뇌하시는데, 우리는 너무 단편적으로 답을 찾는 건 아닌지 모르겠다. 전후좌우를 살펴보지 않고, 악을 들추어내어 심판하는 쪽으로 몰아가서는 안 된다. 반대로, 온갖 자행되는 악을 사랑 혹은 관용이라는 이름으로 덮어주어서도 안 된다. 왼손과 오른손의 균형과 긴장이 있어야 한다. 이 균형을 존중하는 자세와 함께 왼손의 기능만으로는 충분하지 않고, 오른손의 기능으로 인하여 온전한 완성이 이뤄진다는 것을 명심해야 한다.

둘째로, 우리에게 요구되는 자세는 어려움 앞에서 비겁하게 도피하지 않는 것이다. 주님이 가지신 두 마음을 품고 살아가려면 우리가 일곱 재앙으로 대변되는 하나님의 재앙과 진노의 시대를 통과해야 한다. 어떤 이들은 휴거를 말하기도 한다. 불건전한 휴거 사상으로 계시록의 일곱 재앙 시리즈가 모두 교회가 휴거 한 이후에 세상에 벌어질 일이라고 주장하면서 거짓된 위안을 주려고 한다. 믿는 우리는 재앙을 당하지 않고 휴거 하는가? 절대 그렇지 않다고 생각한다. 그것은 성경이 말하는 기독교가 아니라 비겁한 기독교이다. 우리가 주님의 마음으로 서 있으려면 주님의 기다림 또한 이해해야 한다. 우리에게도 고통이 당연히 올 것이다. 하나님께서 단지 그의 백성들만 생각하신다면 악인을 속히 처단하시면 된다. 하지만 하나님은 악인도 생각하셔서 기다림의 시간이 필요하시기에 하나님의 역사가 지체(delay)되는 것이다. 그 사이에 신자들도 함께 핍박을 당하고 어려움을 겪게 된다. 그때 피하지 않고, 용기 있게, 담대하게 그 어려움 앞에 설 수 있는 우리의 모습이 필요하다.

마지막 세 번째로는 나의 이야기보다 그분의 이야기를 중시하는 자세가 필요하다. 나의 이야기가 아니라 그분의 이야기를 중시할 때, 하나님의 왼손으로 인한 심판만이 아니라 하나님의 오른손으로 인한 회복의 손길에 동참하게 된다. 이를 위해서는 언제나 그분의 이야기가 중심에 있어야 한다. 우리가 믿음을 가진다는 건, 그분의 이야기를 중심에 두고 살아간다는 것을 의미한다. 작은 내 삶이 아닌 큰 그림에 집중하는 것이다. 주님을 믿는다고 하면서도 아직도 나의 이야기에만 집중하는 신자들의 모습을 보고 있자면 안타까운 마음이 든다. 그들 안에 '나를 위한 주님'만 있는 것을 본다. 자기만을 돌보는 삶이 아니라 '주님을 위한 나'로 살아가는 것이 더 중요하다. 나의 이야기는 원망, 억울함, 원통함, 상처, 아픔의 이야기로 가득 차 있다. 거기에만 집중하지 말아야 한다. 나를 통해 하나님이 하시고 싶은 사역, 하나님이 그리고 싶은 그림이 있다. 그것은 나를 힘들게 하는 사람도 변화시키시며 나를 넘어뜨리는 원수에게도 회복의 기회를 주시는 것이다. 내가 왜 그래야 하냐고 항변해서는 안 된다. 그분의 용서와 화해의 이야기가 내 상처와 원한의 이야기보다 더 중요하기 때문이다.

우리들의 남은 생애의 목표는 그분과 발맞춰 나가며 하나님이 쓰시는 이야기의 일부가 되는 것이다. 그분의 사역에 신실한 배역을 감당하는 사람이 되는 것이다. 매일 다른 이들로 인한 상처로 인하여 아프다고만 하지 말고, 이제는 더욱 성숙한 기도를 드려야 할 때이다. "나의 이야기를 넘어서 하나님의 이야기 안에 살아가게 하옵소서." "하나님이 써 내려가실 구원, 회복, 사랑과 용서의 이야기 안에 동참하는 생애가 되기를 원하나이다. 나를 주님의 고뇌를 해결하시는 통로로 사용하여 주옵소서."라고.

내 아픔은 외면당한 채, 마땅히 나아가야 할 용서와 화해의 길만 말하는 기독교에 대하여 불만이라면, 그만한 이유가 있다는 것을 알아야 한다. 그 이유는 그분의 이야기 안에 사는 것만이 상처를 넘어서는 길이기 때문이다. 우리의 이야기가 아니라 하나님의 이야기를 중시하며 산다는 것은 우리가 결코 소모품이 된다는 뜻이 아니다. 그것이 우리가 살 수 있는 길이기에 명령하시는 것이다. 그분이 명하시는 걸음을 걸을 때만이 우리에게 기쁨이 있는 것이다.

맺음말

우리는 하나님이 가지신 두 마음을 품고 살아가야 한다. 나의 이야기를 내려놓고 그분의 이야기를 소중히 붙잡고 나아가야 한다. 나의 이야기에만 집중하면 그분의 이야기가 살아날 수가 없다. 그러나 그분의 이야기에 집중하면 나의 이야기도 새로운 의미로 채워지게 될 것이다. 그때만이 상처로 얼룩진 나의 삶의 이야기가 아름다운 치유와 회복의 이야기로 승화될 수 있을 것이다.

요한계시록 9장 20-21절

20 이 재앙에 죽지 않고 남은 사람들은 손으로 행한 일을 회개하지 아
니하고 오히려 여러 귀신과 또는 보거나 듣거나 다니거나 하지 못하는
금, 은, 동과 목석의 우상에게 절하고 21 또 그 살인과 복술과 음행과
도둑질을 회개하지 아니하더라

Αποκάλυψις Ιωάννου

22. 진노 속에 드러나는 하나님의 긍휼

들어가며

요한계시록의 일곱 재앙을 보는 시선을 다시 강조하고 싶다. 일곱 재앙 시리즈가 무슨 내용을 말하고 있는지 보다는, 그 재앙의 의도가 무엇인지를 파악하는 것이 더 중요하다. 8장에 이어 계속되는 다섯 번째와 여섯 번째의 재앙 속에 드러난 하나님의 마음 혹은 의도를 파악하는 것이 중요하다. 9장에 이르러 세상을 향해 쏟아 부어지는 재앙은 더욱 더 강력해진다. 그러나 그러한 진노 속에 하나님의 긍휼도 빛나고 있는 것을 또한 확인할 수 있다. 이를 구체적으로 살펴보기 위해 계시록의 시간 이해를 먼저 논의하고, 본격적으로 진노 속에 비친 하나님의 긍휼을 생각해 보고자 한다.

일곱 재앙(특히 나팔 재앙)의 특징:
계시록에 나타난 시간 이해를 중심으로

재앙은 더욱더 강도를 더하면서 미래를 향하여 나아가고 있지만, 그것은 단지 미래에 일어날 사건들을 '연대기적인 시간'을 따라서 하나씩 기록한 것이 아니다. 오히려 저자가 분명한 의도를 가지고 반복 재현하는 '점진적 반복의 구조(recapitulation)'로 진행된다. 다시 말해, 인 재앙이 있고 난 뒤에, 나팔 재앙이 있고, 그리고 대접 재앙이 최종적으로 일어나는 것이 아니다. 일곱 재앙 시리즈에 심판의 강도가 강해지고, 점차 미래로 나아가는 것은 맞지만, 그것은 연대기적이라기보다는 같은 사건을 여러 가지 앵글로 잡아 동일한 메시지를 강조하는 방식으로 전개되고 있다. 그것은 단순 반복 재현이 아니다. 점진적인 반복 재현으로 점차 시간이 진행될수록 점점 강도가 깊어지면서 미래로 나아가는 면을 그리고 있다. 마치 어느 학교의 40년사를 다큐멘터리로 만들어 낸다고 가정할 때, 연대기적 시간 순서로 다큐멘터리를 만들 수도 있다. 하지만 그것은 가장 원초적이고 초보적인 구성이다. 조금 더 감각이 있는 연출가라면 말하고자 하는 핵심 주제에 대한 메시지를 위해 과거, 현재, 미래를 넘나들면서, 학교의 40년사를 전개할 것이다. 이것을 '논리적인 시간 구성'이라고 한다.

요한계시록에 조예가 깊은 어느 학자는 말하기를, 요한계시록의 인 재앙, 나팔 재앙, 그리고 대접 재앙들이 연대기적으로 지구상에 펼쳐진다면 지구는 한번이 아니라, 여러 번 파괴되고 말 것이라고 주장한다. 요한계시록을 단순한 연대기적인 시간으로 볼 수 없다는 의미다. 오히려 점진적으로 반복되는 구조를 통해 계시록의 저자가 의도한 중대한 메시지를 전달하고 있는 형태로 구성됐다고 보아야 한다.

1980년대 매주 재미나게 보았던 외화 프로 중, 2차 대전 당시 유럽을 배경으로 한 미군 보병소대의 활약상을 그린 '전투(Combat)'라는 미니시리즈가 기억이 난다. 늘 언제 총격전이 벌어질지 모르는 긴장감을 주었던 프로로 기억한다. 흥미로운 대목은 지난주 전투에서 총에 맞아 죽거나(?) 혹은 치명적인 중상을 입었던 군인이 다음 주에 보면 언제 그랬냐는 듯이 멀쩡한 모습으로 다시 등장하여 소대의 일원으로 전투 장면에 참여하고 있는 것이 아닌가! 이 흥미로운 대목을 요한계시록의 재앙 시리즈 장면들에서도 유사하게 발견할 수 있다. 인 재앙으로 파괴된 세상이 나팔 재앙에서 다시 멀쩡하게 등장해서 파괴되고, 대접 재앙에서 또다시 등장해 최종적이고 전면적인 심판을 받게 되는 것을 볼 수 있다. 아무리 보아도, 인-나팔-대접이라는 세 개 재앙이 차례로 직선적인 시간관을 따라서 서술되어 있지 않다는 증거이다. 오히려 하나의 재앙이 세 가지 양상과 국면으로 반복되며 종말로 나아가는 장면 묘사를 통해 독자들에게 무엇인가 중요한 교훈을 반복 또 반복하는 것이라고 할 수 있다.

더 구체적인 예로, 전 우주적인 재앙과 멸망이, 여섯째 인 재앙을 서술하는 요한계시록 6장 12-17절에 소개되어 있다. 여기서 온 세상이 무너졌다고 볼 수 있는데, 요한계시록 8장 7-12절에서는 다시 하늘과 천체가 원래대로 회복되어 있다가 다시 어두워지는 광경을 보게 된다. 또한, 16장 8절의 "넷째 천사가 그 대접을 해에 쏟으매, 해가 권세를 받아, 불로 사람들을 태우니"라는 말씀과도 충돌이 일어난다. 이미 요한계시록 6장 12절에 해는 검은 털로 짠 상복같이 검어졌는데, 어떻게 다시 불로 사람을 태울 수 있다는 말인지 이해가 되지 않는다. 또한, 계 8장 7절에서는 푸른 풀이 모두 다 타 버렸는데, 9장 4절에는 푸른 불이 다시 등장하고 있다. 이러한 증거들은 요한계시록의 시간개념이 결코 지구의 시간대별 멸망을 위한 일정표(time table)를 보여주는 것이 아니라, 저자가 말하고자 하는 바를 강조하면서 종말론적인 진리를 생생하게 보여주려는 의도인 것을 알게 한다. 다시 강조하면, 요한계시록은 '연대기적'이 아니라 '주제적'인 시간개념을 통하여 글을 전개해 나가고 있다. 요한계시록의 점진적인 반복을 아래 도표에서 확인해보라.

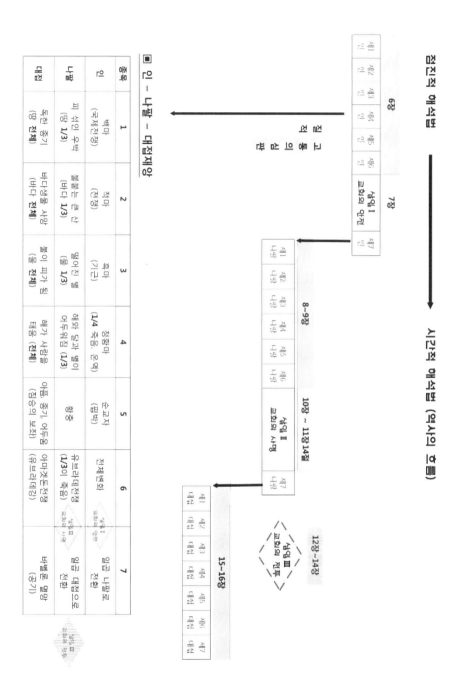

점진적 해석법 ━━━━━▶ 시간적 해석법 (역사의 흐름)

점진적 반복 재현을 통한 주제적인 의도(Thematic Intention)

그렇다면 점진적 반복 재현을 통해 말하려는 주제는 무엇인가? 그것을 통해서 말하려는 의도가 무엇인가?

첫째, 거짓된 안도감을 느끼지 못하게 하려는 의도

일차적으로 강조하려는 주제적인 의도는, 하나님의 심판을 비웃고 살아가는 사람들을 향하여 하나님 심판의 확실성을 알게 하려는 것이다. 하나님의 재앙으로 인해, 그들이 구축해 놓은 세상이 안전하다는 근거들이 더는 설 수 없음을 분명히 하려는 것이다. 세상에서 찾는 그 어떤 안전도 거짓됨을 폭로하는 것이다. 이번 장에서 다루게 되는 요한계시록 9장의 다섯째와 여섯째 재앙에서는 재앙이 직접 사람들에게 쏟아지는 것을 보게 된다. 재앙의 강도가 더 심해진 것이다. 이를 통해 다시금 한 번 더, 세상은 인생들이 의존할 만한 안전을 제공해주지 못함을 보게 한다. 타락한 세상 속에 그 어떤 인생도 심판에서 벗어날 수 없음을 역설한다.

둘째, 진노 중에도 은혜와 긍휼의 잃지 않으시는 하나님을 알게 하려는 의도

점진적인 반복과 재현을 통한 전반적인 메시지는 하나님의 심판은 맹렬해서 누구도 빠져나갈 수 없다는 사실을 알려 준다. 그러나 그것이 전부가 아니다. 더 나아가 진노 중에서도 은혜와 긍휼을 잃지 않는 하나님의 모습을 소개하고 있다. 어느 가수가 부른 노래 제목 중에 '미소 속의 비친 그대'가 있는데 그것을 조금 패러디해서 말하면 '진노 속에 비친 긍휼'이 된다. 이제 진노 속에 비친 긍휼의 측면들을 제시해 보고자 한다.

5번째 나팔 재앙으로 본 진노 속에 긍휼: 여기서부터 인간이 직접적인 재앙의 대상이 된다. 인간에게 고통을 주는 것은 메뚜기다. 이는 출애굽 당시의 메뚜기 재앙을 연상시킨다. 그러나 차이가 있다. 구약에서는 자연계의 메뚜기를 말하고 있다면, 요한계시록에서는 초자연적인 악마적 메뚜기를 말한다. 또한 구약(출 10:13-15)에서는 자연계의 피해를 말하는데 집중했다면, 여기서는 메뚜기에게 직접적인 공격을 받는 사람의 피해를 말한다. 이 메뚜기의 임무는 사람을 죽이려고 공격하는 것이 아니라 사람을 괴롭히는 데 있다. 5절에 있는 것처럼, 고통을 겪으면서도 죽지는 못하는 무서운 재앙이 사람에게 임한다. 악마적 메뚜기로 인해 극심한 고통 속에서 살아야 한다면 차라리 죽음이 복이 될 텐데 그러지도 못한다. 죽을 만큼 고통스럽지만 죽지는 못하는 재앙이 참으로 두려움을 준다. 여기까지가 진노의 장면이다.

이제 진노 속에 비친 은혜와 긍휼을 보기로 하자. 모두가 이 재앙을 받는 것이 아니라, 보호되는 존재도 있다. 먼저 4절에 있는 것처럼, 이 재앙은 하나님의 인을 맞지 않은 자들에게만 주시는 재앙이다. 신자는 이 재앙에서 살아남을 수 있는 존재이다. 다음으로 1절, 5절, 10절에 있는 하나님의 주권적인 통치와 악이 활동할 수 있는 기한을 제한하고 있는 부분 또한, 진노 속에 숨겨진 긍휼을 베푸시는 하나님 모습이다.

여섯 번째 나팔 재앙으로 본 진노 속에 긍휼: 여섯 번째 재앙은 전쟁을 통한 재앙이다. 여기에 매우 중요한 장소가 거명된다. 그것은 바로 '유브라데(14절)'이다. 거기에서부터 결박된 네 천사가 결박으로부터 풀려난다. 그들이 악한 천사인지 선한 천사인지에 대해서는 논란이 있지만, 그들의 임무만은 분명하다. 그들이 풀려난 이후 엄청난 전쟁이 시작된다. 그 장소는 구약성경에서 약속의 땅 가나안의 동쪽 경계를 형성하고 있는 곳이었다. 구약에서는 '앗수르'와 '바벨론'과 같은 가장 무서운 적들이 유브라데에서 나왔다. 그 유명한 격전지 유브라데는 이 당시 로마 제국의 가장 동쪽 경계 지역에 있었으며, 거기서 로마의 방위선을 뚫고 들어오는 파르티아 군대가 지속해서 로마를 공격하였다. 파르티아 군대의 승리는 로마 편에서 볼 때, 하나님을 반역한 로마 제국을 향한 심판이 되는 것이다. 계속 이어서 유브라데에 마병대가 모이는 광경을 소개한다. 2억의 군대가 모여든 것이다. 이 군대는 조금 전에 말했듯이 로마가 직면했던 파르티아 군대를 연상케 해서 초자연적인 군대의 모습을 떠올리게 한다. 이러한 배경 속에서 본다면 이 전쟁을 세상에서 벌어질 '물리적인 전쟁'으로 여길 필요가 없다. 3차 세계 대전이 이곳에서 일어나 종말이 온다고 주장하는 사람들이 있는데 이는 무리한 해석이다. 물리적인 전쟁이기보다는 영적 전쟁이라고 보아야 한다. 후에 나오는 아마겟돈 전쟁도 같은 차원의 영적인 전쟁이다(17절).

앞에서 본 다섯 번째 나팔 재앙이 사람들에게 고통만 주고 죽지 못하게 한 것에 반하여, 여섯 번째 나팔 재앙으로는 죽음이 찾아온다. 특히 19절의 그 꼬리에 대한 설명이 재미있다. 꼬리가 뱀과 같다는 것은 본문에 소개된 마병대에게 사단의 본성과 기원이 있다는 것을 말하려는 의도이다. 또한, 꼬리에 머리가 있다는 것은 사상적으로 사람을 파멸에 이르게 하는 특성을 강조하는 것이기도 하다. 따라서 이 전쟁은 다시 강조하지만, 물리적인 전쟁이 아니라 상징적이고 영적이고 (사상적) 종말론적인 전쟁으로 보아야 할 것이다. 여기까지가 진노의 장면들이다.

이제는 진노 속에 있는 긍휼을 살펴 보기로 한다. 9장에서 가장 중요한 구절은 20-21절이다. 여기서 강조하는 것은 하나님의 기다림이다. 재앙 속에도 하나님의 긍휼함이 여전히 존재하고 있음을 여실히 입증해 주고 있는 대목이다. 하나님은 재앙을 통하여 사람들을 절망케 하신다. 그러나 그저 절망케 하시려는 의도가 아니다. 오히려 '거룩한 절망'으로의 초대이다. 거룩한 절망을 통하여 어디로 이끄시려는 것인가? 9장 20-21절이 답이 될 것이다. 진정한 회개를 만드시려는 것이다. 거룩한 절망은 심령의 가난함으로 나아가게 한다. 여기에 하나님의 마음이 담겨 있다. 하나님은 세상의 죄악에 대하여 진노하시지만, 그 하나님의 진노 때문에, 절망하여, 하나님에게로 귀향하는 탕자를 찾고 계시는 것이다. 정리하면, 하나님은 그분의 자녀 된 우리를 향해 긍휼함이 풍성하신 분이신 것은 말할 것도 없고, 세상을 향해서도 다함 없는 기다림으로 함께하시는 분이시다.

진노 속에 비친 긍휼에 대한 적용

요한계시록 9장이 강조하는 바는 비록 세상을 향한 회개에 대한 메시지이지만, 이에 대한 적용을 위해 주목하려는 것은 신자들의 회개이다. 회개와 연결되는 세 가지 키워드를 중심으로 회개의 주제를 생각해 보기로 하겠다.

회개와 기회: 회개는 기회를 선용하라는 메시지이다. 하나님은 넘어져도 다시 일어날 기회를 주시는 분이시다. 세상을 향하여도 이 정도로 기회를 주시는 분이시다면, 그의 자녀 된 우리에게는 얼마나 더 오래 참으시겠는가? 본문을 통해 이런 응원의 음성을 듣게 된다. "넌 다시 일어날 수 있어." "힘내라 힘!"

예를 들어 서커스를 생각해 보자. 곡예를 하는 사람에게 실수해서 넘어져도 자신을 받아줄 수 있는 안전그물이 있다면, 믿는 구석이 있기에 더 멋진 연기를 자유자재로 펼치게 될 것이다. 이처럼 하나님은 우리에게 안전 그물망이 돼주신다. 그러기에 우리는 마음껏 다시 도전할 수 있다. 언제나 어느 자리에서든지, 우리 자신을 성찰하고 심기일전하여 새로운 시작을 하면 되는 것이다.

회개와 수준: 회개의 수준을 높여야 회개할 수 있는 심령이 될 수 있다. 다시 말해서, 회개의 기준점을 상향 조절하는 것으로 회개할 수 있는 심령이 되어야 한다. 회개는 우리가 비교하는 비교의 대상이 누구냐에 달려 있다고 할 수 있다. 비교의 기준점이 낮으면 회개

가 이루어지기가 힘들다. 기준점이 세상이거나 불신자 정도의 수준이라면 우리는 나름 괜찮은 사람이 된다. 거기서 회개가 사라져 버리고 남는 것은 오직 '자기 의'다. 기준점이 높아야 회개할 수 있다. 우리의 비교점 혹은 기준점이 하늘 생명의 위대함을 보여준 성도들이라면, 우리는 여전히 회개 거리로 가득 차게 된다. 더 나아가 우리의 기준점이 주님의 성품을 닮는 것이라고 한다면, 우리는 여전히 침상을 눈물로 적셔야 하는 사람들이다. 세상과 비교해서 그들보다 높은 계단에 올라서 있는 자신을 보며 자랑거리가 있을 수 있지만, 우리가 서 있는 계단 위에 너무도 높은 수준의 사람들이 끝도 없이 서 있기에, 아니 감히 흉내 낼 수도 없는 주님이 서 계시기에 우리는 늘 회개하게 되는 것이다.

이제 우리는 그저 행하지 말아야 할 것을 행한 죄를 회개하는 것이 아니라 행해야 할 것을 행하지 않은 죄를 회개하는 수준으로 나가야 한다. 또한, 자신이 저지른 죄에 대해 회개하는 것만이 아니라, 자신의 죄성에 대하여 회개하는 수준으로 나가야만 한다. 단순히 '잘못한 행위'를 고백하는 것을 넘어서 자신이 '잘못된 존재'라고 고백해야 하는 것이다.

회개와 억울함: 회개는 단순히 종교적인 몸짓이거나 잘못에 대한 넋두리가 아니다. 또한, 감상적인 자기 연민의 자리로 나아가는 것도 아니다. 회개란 나의 자아에 대한 종말을 선언하는 것이다. 다른 말로 '자기 부인'이라고 할 수 있다. 지속해서 회개하는 사람은 죄를 더 많이 짓는 사람이 아니다. 오히려 반대이다. 더 윤리적이고 도

덕적으로 살수록 가슴을 치는 자리로 가게 된다. 그러한 인생의 자리로 가라고 회개를 명하시는 것이다. 그래서 더 깊이 회개하는 사람은 회개하지 않거나 피상적으로 회개하는 사람보다 훨씬 더 자기 성찰적인 인생의 자리로 나아가게 된다. 자기를 합리화하거나 자기 방어적이지 않고 자기희생적인 길을 간다. 자기 정당성을 주장할 수 있는 자리에서도 자기 애통으로 나아간다. 더 성숙하게 상대를 끌어안지 못한 것을 회개한다. 모든 문제의 원인을 자신에게서 찾고, 더 아파하는 자리, 더 애통해하는 자리로 나아간다. 누구보다도 의로우면서도 누구보다도 자신이 죄인임을 철저히 고백한다. 악인들이 득실거리는 세상에서 더욱 자기 성찰적인 사람이 되어 산다는 것은, 더 참고 인내하고 인고의 시간을 보내는 자리로 나아간다는 뜻이기에 더 억울할 수도 있다. 과연 그럴까? 그것이 억울함일까? 그렇지 않다. 반대로 생각해야 한다. 하나님께서 그만큼 기대하고 계신다는 뜻이다. 하나님께서 모든 사역을 믿고 부탁할 수 있는 사람이 되어 간다는 뜻이다. 이런 의미에서 신자로 산다는 것은, 어쩌면 평생 약함을 가지고 사는 사람이 된다는 뜻이기도 하다. 무슨 약함일까? 더 거룩해야 하고 더 성숙해야 하는 성도이기에 더 손해 보고, 더 뉘우치고, 더욱 더 네 탓이 아니고 내 탓이라고 말하며 살아야 하는 약함이다. 그것이 어찌 보면 억울함일 수 있지만, 절대 억울하지 않다. 하나님께서 믿고 상의하시고 마침내 그분의 사역을 맡기는 사람이 되었다는 뜻이기에 억울함보다 감격의 자리로 나아가게 될 것이다. 하나님께서 더 아파하고 더 회개하는 사람과 함께 동역하신다는 것을 한시도 잊지 말고 살아가자.

요한계시록 10장 11절
11 그가 내게 말하기를 네가 많은 백성과 나라와 방언과 임금에게 다시
예언하여야 하리라 하더라

Αποκάλυψις Ιωάννου

23. "하필이면"의 변화를 향하여 (1)

들어가며

살다 보면 "하필이면 나만 왜 이런가?" 하는 생각이 들 때가 있다. 한평생 목발을 짚고 살았던 서강대 영문학과 장영희 교수는 〈하필이면〉이라는 수필에서 '남을 보면 잘 되는 것 같은데, 왜 하필이면 내 인생은 공짜 호박은 커녕 내 몫도 못 챙기는가?' 하는 이야기를 써 내려 간다. 그러면서 '하필이면'의 실례를 나열한다. '하필이면 열쇠 두 개 중에, 매번 다른 키를 사용하고, 하필이면 새똥이 내 차에, 하필이면 내가 목발을 짚고….' 좋은 글에는 언제나 반전이 있듯이, 그녀의 글 후반에 가면 '부정적인 하필이면'이 '긍정적인 하필이면'으로 바뀐다. 그녀는 '하필이면 나에게 이렇게 좋은 것들을 주셨는가?'를 열거하며 글을 맺는다. 오늘은 이런 '원망의 하필이면'에서 '감사의 하필이면'으로 바뀌는 길을 모색해보고자 한다.

요한계시록 10-11장은 '교회의 사명'을 다룬다. 10장의 핵심 구절(11절)은 다시 가서 예언하라는 것이고, 11장은 실제로 그 명령에 따라 나가는 두 증인의 모습을 그린다. 이를 통해 사명의 걸음을 이야기한다. 선교사만 증인이라고 생각할 필요는 없다. 광의적인 의미로는 하나님의 말씀을 듣고 삶의 현실로 나가는 자 모두가 증인이다. 본문에서 책을 먹고 다시 나가는 자들이란 내면에 복음을 가지고, 포기할 수 없는 현실로 나가는 자 모두를 지칭하는 것이다. 우리가 모두 포기하고 싶은 삶의 현실로 다시 들어가야 한다고 할 때 생기는 질문은 "왜 하필 나에게?"가 될 것이다. 이렇게 '원망의 하필이면'이라는 불평이 터져 나올 수 있다. 이를 극복하기 위해서는 '감사의 하필이면'이 만들어져야만 한다. 어떻게 '원망의 하필이면'이 '감격의 하필이면'으로 바뀔 수 있을까?

'원망의 하필이면': 다시 가라(11절)는 주님의 명령을 대할 때

'다시 예언해야 하리라(10:11).'는 말씀은 하나님의 결연한 의지를 표명한다. 아무리 힘들고 어려워도 다시 세상을 향하여 나아가야 할 것을 촉구하는 것이다. 여기서 중요한 단어는 **'다시'**이다. 감당하기 힘든 사람들을 향해서 다시 나가야만 한다는 것이다. 하나님은 언제나 다시 시작하라고 하신다. 그것이 하나님의 준엄한 명령이다. 주목해야 할 또 다른 단어는 **'예언'**이다. 이는 앞 일을 예측한다는 의미가 아니라, 하나님의 뜻을 '대언 한다'라는 의미이다. 하나님의 분명한 뜻을 분별하고 밝히 드러낼 때, 우리는 모두 일종의 예언자 역할을 감당하는 것이다.

여기서 우리가 생각해 보아야 할 것은 이 명령이 주는 황당함과 어려움일 것이다. 다시 나아가 품어야 할 대상이, 많은 백성과 나라와 방언과 임금이다. 그들의 변화가 보장돼 있지 않다. 아직도 패역의 길을 걷고 있는 사람들에게로 다시 나아간다면, 극심한 고난이 증인들의 현실이 될 것은 불을 보듯 뻔한 것이다.

요한계시록은 회람용으로 전달되었다. 요한계시록 1장 3절의 말씀처럼 읽는 자는 단수이고, 듣고 지키는 자는 복수이다. 아마 예배적 세팅에서 글이 전달되었을 것이다. 한 장씩 성도들에게 낭독 되었을 때 그 감격이 어떠했을까? 10장 전까지는 말씀을 듣는 모든 성도가 아멘으로 화답했을 것이다. '역시 하나님이 우리를 버리지 않으시구나.' 상상해 보자. 4-5장의 하늘 보좌가 보이며 6장의 재앙이 쏟아지는 자리에서 7장의 하나님의 백성들을 향한 특별한 보호가 있었다. 하늘로 기도가 올라가고 그것이 땅으로 쏟아지매 세상이 8-9장에 있듯이 나팔 재앙의 심판을 받는다. 이런 내용이 펼쳐지면서 청중들은 신이 났을 것이다. 주먹을 불끈 쥐고 환희에 찬 모습으로 연신 고개를 끄덕이며 감격의 눈물을 흘리게 되었을 것이다.

그런 성도들을 가장 충격 속으로 몰아넣은 구절이 11절이다. 하나님께서 다시 가라고 명령하신다. 당시는 도미티안 황제의 시대이다. 황제가 회심의 자리로 돌아오는 것이 가능한 일인가? 패역을 일삼고 교회를 박해했던 자이다. 바뀔 희망이 희박하다. '만약 너희가 가기만 하면 사람들을 다 바꿔 줄게.' 이런 약속을 주셨다면 몰라도 극심한 박해를 받고 이제 겨우 위로를 얻고 있는 사람들에게 다시 가라고 하시니 항변이 터져 나오는 것은 당연하다.

어느 식인종 부족에게 복음을 전하던 선교사가 잡히고 아내와 아이들은 수풀에 숨었다. 아버지가 식인종들에게 처참하게 순교 당하는 장면을 보고 큰아들이 크게 상처를 받았다. 하나님이 살아 계시면 어떻게 이런 일이 있을 수 있는가? 주님께서 그런 아들의 꿈에 찾아와 위로해 주심으로 겨우 상처가 회복됐다. 그런데 20세가 되던 해, 평온하게 사는 선교사의 큰아들에게 하나님께서 다시 찾아오시더니 아버지를 죽인 그 부족에게 들어가라고 명령하셨다. 그때 그 아들이 느끼는 감정은 무엇이었을까? 이건 가상의 이야기다. 아마도 이 이야기 속에서 그 아들이 느꼈을 감정이 다시 가라는 명령을 받은 요한계시록 당시의 사람들이 느꼈을 감정이었을 것이다. 이렇게 그저 11절의 명령 앞에만 서면 '원망의 하필이면'이 만들어지게 된다. 그렇다면 이제 '원망의 하필이면'이 어떻게 '감격의 하필이면'으로 바뀔 수 있는지 살펴볼 차례이다.

'감격의 하필이면': 주님의 명령 속에 숨겨진 교훈을 찾을 때

언뜻 보면 다시 가라는 말씀은 차가운 명령으로 들린다. 그러나 더 깊이 묵상해 보면 거기에 담긴 하나님의 마음을 읽을 수 있다. 그 명령 속에 숨겨진 깊은 교훈을 찾을 때 '원망'은 변하여 '감격'이 될 것이다. 두 가지 하나님의 마음을 생각해 보고자 한다.

첫째, 잃어버린 영혼들을 다시 찾으시는 하나님의 마음으로 인하여

주님이 관심을 가지고 계신 것은 잃어버린 한 마리 양이다. 잃어버린 양의 비유에서 목자는 99마리 양들을 대적과 맹수의 위협 앞에 그냥 놔두고 잃어버린 한 마리 양을 찾아 나선다. 결코, 생산적인 일은 아니다. 잃어버린 양을 다시 찾게 된다는 보장이 어디 있는가?

11절의 말씀을 따라서 증인들이 다시 세상에 들어가도 눈에 띄는 확연한 변화가 나타나지 않을 수도 있다. 16장의 전면적인 재앙은 대접 재앙이다. 세상이 회개하는가? 아니다. 재앙이 최종적으로 마쳐지는 자리에서도 회개하지 않는다.

> 아픈 것과 종기로 말미암아 하늘의 하나님을 비방하고 그들
> 의 행위를 회개하지 아니하더라(계 16:11).

이처럼 회개가 없는 패역한 무리에게 다시 간다는 것은 무모한 일처럼 느껴진다. 그런데도 다시 가라고 하신다. 길 잃어버린 한 마리 양을 찾아야 하기 때문이다. 오래전에 화제가 된 영화 "라이언 일병 구하기"에서 한 병사를 구출하기 위해서 한 소대가 투입된다. 하나님은 이런 무모할 만큼 '낭비적인 사랑'으로 한 영혼을 바라보신다. 길 잃어버린 한 마리 양을 찾아가야 한다는 것은 황당한 명령이다. 99마리 양들의 편에서 보면 목자는 비정상적이다. 바보 목자인 셈이다. 그러나 그 잃어버린 한 마리 양이 '나'임을 알게 될 때 이야기는 달라진다. 내가 바로 그 한 마리 양이라는 생각을 할 때 감격하게 된다. 그 잃어버린 양이 어제의 나의 모습, 어쩌면 오늘 나의 모습이라는 것을 잊지 않을 때, 나를 향한 하나님의 집요한 사랑

을 느낀다. 성경에서 가장 강조하는 단어 중의 하나가 '기억하라'이다. 망각은 패역의 길이다. 하나님이 어떤 은혜로 우리를 이끌어 오셨는지 기억해야 한다. 그때 주님의 사랑이 너무 감격스러워진다. 이렇게 '원망의 하필이면'이 '감격의 하필이면'으로 바뀌려면, 그 사랑의 가장 큰 수혜자가 '나'라는 것을 깨달아야 한다. 그때 '원망의 하필이면'이 '감격의 하필이면'으로 바뀌게 된다.

둘째, 우리가 후회 없는 삶을 살도록 하시는 하나님의 마음으로 인해
대부분 사람은 죽음 앞에서 지난 살아온 삶을 후회하게 된다. 주로 죽음 앞에서 후회하는 것은 무엇인가? 상대를 더 사랑하고 더 용서하지 못한 것이다. 그래서인지 어느 사람은 인생의 여행을 사랑없이 해서는 안 된다고 조언한다. 주님은 우리가 한 생애 동안 뜨겁게 사랑하며 살기를 원하신다. 주께서 친히 우리에게 그런 삶의 길을 알려 주신다.

사실 우리는 현명한 것 같으나 어리석다. 어떻게 살아가는 것이 가치 있게 사는 것인지를 잘 모른다. 예수님을 안 만났다면 어떻게 살았을까? 더 나은 성공의 고지를 향해 달리다가 끝나고 말았을 것이다. 그렇게 살다가 떠나갈 삶인데, 주님을 알게 되어서 의미 있고 가치 있게 사는 것이 무엇인지 깨닫게 된 것이다. 주님이 볼 때 의미 있는 삶은 바로 증인이 되는 것, 다른 이의 짐을 지고 사는 삶이다. 그렇다면 다른 이들을 향해 다시 들어가야 하는 것은 실상은 다른 이들을 위해서가 아니라, 우리 자신을 보람 있게 만들기 위해서이다. 우리로 후회 없는 삶을 살게 하시기 위함이다. 이러한 주님

의 마음을 알게 될 때, 우리의 '하필이면'이 바뀔 것이다. '원망'에서
'감격'으로.

맺음말

"사랑하라. 한 번도 상처 입지 않은 것처럼."

우리가 어떻게 살아야 하는지를 잘 말해주는 표현이라고 생각된
다. 주님이 우리에게 원하시는 것은 어떤 경우에도 사랑하기를 포기
하지 않는 것이다. 아무리 힘들어도 아픔의 현실 속으로 다시 들어
가는 삶이다. 하나님의 말씀을 명령으로만 생각하지 말고 그 명령
속에 깊이 배어 있는 그분의 마음을 읽어야 한다. 잃어버린 나를 찾
으시려는 마음, 후회 없이 살아가도록 하시려는 마음을 알게 될 때
'원망의 하필이면'은 변하여 '감격의 하필이면'이 될 것이다.

> 다윗 왕이 여호와 앞에 들어가 앉아서 이르되 주 여호와여 나
> 는 누구이오며 내 집은 무엇이기에 나를 여기에 이르게 하셨
> 나이까(삼하 7:18).

¹ 내가 또 보니 힘 센 다른 천사가 구름을 입고 하늘에서 내려오는데 그 머리 위에 무지개가 있고 그 얼굴은 해 같고 그 발은 불기둥 같으며 ² 그 손에는 펴 놓인 작은 두루마리를 들고 그 오른 발은 바다를 밟고 왼 발은 땅을 밟고 ³ 사자가 부르짖는 것 같이 큰 소리로 외치니 그가 외칠 때에 일곱 우레가 그 소리를 내어 말하더라 ⁴ 일곱 우레가 말을 할 때에 내가 기록하려고 하다가 곧 들으니 하늘에서 소리가 나서 말하기를 일곱 우레가 말한 것을 인봉하고 기록하지 말라 하더라 내가 본 바 바다와 땅을 밟고 서 있는 천사가 하늘을 향하여 오른손을 들고 ⁶ 세세토록 살아 계신 이 곧 하늘과 그 가운데에 있는 물건이며 땅과 그 가운데에 있는 물건이며 바다와 그 가운데에 있는 물건을 창조하신 이를 가리켜 맹세하여 이르되 지체하지 아니하리니 ⁷ 일곱째 천사가 소리 내는 날 그의 나팔을 불려고 할 때에 하나님이 그의 종 선지자들에게 전하신 복음과 같이 하나님의 그 비밀이 이루어지리라 하더라 ⁸ 하늘에서 나서 내게 들리던 음성이 또 내게 말하여 이르되 네가 가서 바다와 땅을 밟고 서 있는 천사의 손에 펴 놓인 두루마리를 가지라 하기로 ⁹ 내가 천사에게 나아가 작은 두루마리를 달라 한즉 천사가 이르되 갖다 먹어 버리라 네 배에는 쓰나 네 입에는 꿀 같이 달리라 하거늘 ¹⁰ 내가 천사의 손에서 작은 두루마리를 갖다 먹어 버리니 내 입에는 꿀 같이 다나 먹은 후에 내 배에서는 쓰게 되더라 ¹¹ 그가 내게 말하기를 네가 많은 백성과 나라와 방언과 임금에게 다시 예언하여야 하리라 하더라

Αποκάλυψις Ιωάννου

24. "하필이면"의 변화를 향하여 (2)

들어가며

지난 장에 이어 두 번째 막간인 "교회의 사명(10-11:14)"에 해당하는 요한계시록 10장을 "하필이면의 변화를 향하여"라는 주제로 다루고 있다. 11절의 명령이 초대 교회 성도들에게 얼마나 부당하게 느껴졌을까? 도미티안의 박해 속에 있던 당시 교회가 이 명령을 어떻게 느꼈을까? 여전히 바뀌지 않는 백성과 나라와 임금에게 다시 가야 한다는 것이 얼마나 어려운 일인가! 우리에게는 별로 대수롭지 않게 들릴 수 있지만, 요한계시록의 1차 독자들에게는 너무나 억압적이고 황당한 명령이었다. 당시 교회는 황제 숭배를 요구한 로마의 위협에 직면한 가운데, 그 명령을 따르지 않아서 극심한 어려움에 빠져있었다. 특히 초대 교회의 영적인 지도자인 요한이 밧모섬에 갇히는 모진 고초를 당하였던 것을 알 수 있다. 그런데 그러한 사람들에게, 더욱이 임금에게 다시 가라고 말씀하신다. "다시 가서 예언하라"라는 말씀이 고난 속에 있는 성도들에게 어떤 감정을 갖게 했을까? 너무나 말이 안 되는 명령으로 느꼈을 것이다. '원망의 하필이면'이 생기게 되었을 것이다.

그러나 신앙인은 '원망의 하필이면'의 자리에 언제까지 멈추어 서서 머뭇거려서는 안 된다. 그것이 '감격의 하필이면'으로 바뀌도록 해야 한다. 지난 장에서 '원망의 하필이면'을 넘어서 '감격의 하필이면'으로 갈 수 있으려면 두 가지, 잃어버린 영혼을 다시 찾으시는 하나님의 마음과 우리를 후회 없이 살아가게 하시려는 하나님의 마음을 품어야 할 것을 제안하였다.

이제 1-10절을 통해 하필이면의 변화를 위한 약속의 말씀을 확인해 보려고 한다. 하나님은 무지막지하게 그의 자녀들을 밀어붙이는 분이 아니시다. 가라고 하시면 분명히 갈 수 있는 환경을 만드시고 보내실 것이다. 그것이 무엇일까? 11절의 명령과 함께 주어지는 약속이 있을까? 있다면 그것이 무엇일까? 11절 앞의 1-10절에서 무슨 약속과 함께 가라고 하시는지 생각해 보고자 한다. 1-10절에서 우리는 하나님의 위로와 격려의 약속들을 발견할 수 있을 것이다. 하나씩 논의해 보기로 하자.

복음의 위대한 승리와 성취로 인하여 (1-7절)

주님께서 증인(교회)들에게 그냥 가는 것이 아니라, 복음의 위대한 승리를 붙잡고 나가라고 하신다. 그 복음의 위대한 승리가 곧 이루어질 것이다. 그것은 그 누구도 알 수 없는 놀라운 것이다. 너무 광

대해서 모든 것을 다 기록하지 못한다(4절). 그중 일부만을 알려 주게 하셨다. 그 정도로 복음의 세계는 풍성한 것이다. 모든 것을 알려 주어도 세상이 다 감당할 수 없어서 그 눈높이에 맞는 메시지를 전하게 한 것이다. 힘센 천사가 등장한다. 힘센 천사가 손에 작은 두루마리를 가지고 있는데, 특기할 점은 2절에 있는 말씀처럼 펴 놓인 작은 책이라는 것에 주목할 필요가 있다(5:1-5).

> 그 손에는 펴 놓인 작은 두루마리를 들고 그 오른발은 바다를 밟고 왼발은 땅을 밟고(계 10:2).
>
> 내가 보매 보좌에 앉으신 이의 오른손에 두루마리가 있으니 안팎으로 썼고 일곱 인으로 봉하였더라 또 보매 힘 있는 천사가 큰 음성으로 외치기를 누가 그 두루마리를 펴며 그 인을 떼기에 합당하냐 하나(계 5:1-2).
>
> 그 두루마리를 펴거나 보거나 하기에 합당한 자가 보이지 아니하기로 내가 크게 울었더니 장로 중의 한 사람이 내게 말하되 울지 말라 유대 지파의 사자 다윗의 뿌리가 이겼으니 그 두루마리와 그 일곱 인을 떼시리라 하더라(계 5:4-5).

이 "펴 놓인"이라는 구절을 통해 증인을 향한 약속을 제시한다고 보아도 무방하다. 이 책이 5장에서 처음 등장할 때는 닫혀 있었다. 어린 양 예수님께서 인을 떼시니 봉인되었던 책이 열리게 되었다. 이제 10장에 와서 이러한 사실을 상기시키면서 책이 펴졌다고 이야기한다. 닫혔다는 것은 이 책의 내용이 집행될 수 없다는 의미이다. 책 내용의 골자라고 할 수 있는 '심판'과 '구원'이 집행될 수 없다는 것이다. 이에 반해서 책이 열렸다는 것은 이제 주님의 일하심을 통해 이 책의 내용이 실제로 구체화 된다는 뜻일 것이다. 책이 열려 있어야만 하나님께서 로마와 같은 악의 세력을 공의대로 판단하시어 심판하시고, 하나님의 백성을 그들의 손에서 건지시는 구원의 역사가 펼쳐지게 되는 것이다. 그래서 10장에서 그냥 책이 놓여 있는 것이 아니라, "펴 놓인" 책이 거기에 있는 것이다.

11절의 다시 가라는 명령을 하시기 전에, 천사를 통해서 열린 책을 보여주시는 것으로 우리 주님께서 구원 역사의 온전한 승리를 위한 도구로 그의 증인 공동체를 다시 가게 하심을 말씀하는 것이다. 이처럼 증인들은 그냥 막무가내로 가는 것이 아니라, 지금 자신들이 위대한 승리의 역사에 동참하고 있다는 사실을 깨닫고 나아가는 것이다. 이렇게 승리가 보장된 위대한 사역의 동참자로 우리를 부르심은 결코 부담이 아니고 은혜이며 영광이다. 우리가 증인이 된다는 건 억울하게 손해 보는 삶이 아니라, 주님의 위대한 구원 역사의 승리와 완성의 사역에 동참하게 된다는 뜻이다. 그것을 우리에게 맡기시는 것이 얼마나 큰 은혜인지 모른다. 하나님의 위대한 역사에 동참하고 있다는 영광이 부담감을 넘어서게 한다. 하나님이 우리를 그렇게 소중하게 여겨주신다는 것이 영광스러운 것이다. 하나님이 거리낌 없이 일을 맡기시는 그런 사람이 되었다는 것을 생각할 때, 아무리 힘든 곳으로 다시 가라고 해도 '감격의 하필이면'을 외치며 나아갈 수 있다. 마치 사도행전 9장의 아나니아와 같은 부르심이다. 사울이 주님을 만나고 눈이 잠시 멀었을 때, 하나님은 아나니아에게 사울에게로 가라고 하신다. 아나니아가 사울은 교회를 핍박하던 자라고 대답하자 하나님은 내가 사울을 불렀다고 하신다. 이에 아나니아는 더는 두말하지 않고 간다. 이러한 면에서 존 스토트는 아나니아를 교회가 주목해야 할 잊혀진 영웅이라고 부른다(Stott. 1992. 263).

언뜻 생각하면 다시 가라는 말이 매우 억압적이고 불평등해 보인다. 왜 하필이면 나에게 이런 부담을 주느냐고 항변할 수 있지만, 다시 보면 위대한 하나님의 역사에 부름을 받는 사역은 보람 있는 일이다. 감격스러운 일이다. 그래서 '원망의 하필이면'이 변하여 '감격의 하필이면'이 되는 것이다.

복음의 쓴맛을 능가하는 복음의 단맛으로 인하여 (8-10절)

8-10절에 보면 이제는 요한에게 책을 먹으라고 하신다. 책을 먹어야 하는 이유는 말씀과 하나가 되어야 함을 강조하는 것이다. 구약에서 시작되어 5장에서 닫혔던 그 책을 요한에게 먹으라고 하신다. 그것을 먹으니 어떤 일이 벌어지는가? '책을 먹는다'라는 것의 의미가 무엇인지를 생각해 보면 답이 될 것이다. 두루마리 책을 먹는다는 것은 하나님의 말씀이 일종의 어떤 견해 정도로 들어온다는 것이 아니다. 우리를 살리는 생명의 복음이 되어 혈관을 타고 흘러가야 한다는 의미이다. 책을 먹는 행위는 말씀을 내면화시키는 것이다. 하나님의 말씀이 '레마'가 되는 것이다. 객관적인 진리가 주관적이고 내면적이고 경험적인 진리가 되는 것이다. 말씀-사건(word event)이 되는 것이다. 은혜가 된다는 것은 말씀이 내 가슴을 치는 것이다. 나를 거룩하게 지배하는 메시지가 되는 것이다. 그렇게 되는 것이

먹는 것이다.

책을 먹었더니 두 가지 현상이 일어난다. 입에는 꿀같이 달지만, 배에는 쓰게 된다. 달다는 것은 일차적으로 하나님의 말씀을 받을 때 은혜가 된다는 것이다. 아멘으로 화답하게 되고 달콤하게 말씀이 내면화된다. 그런데 문제는 그것을 실천할 때는 어렵다. 말씀대로 살아보려고 하면 참 힘들다. 그것이 복음의 쓴맛이다. 하나님의 말씀을 들을 때와 실천할 때는 천양지차이다. 그냥 가면 안 된다. 말씀을 먹고 다시 가야 한다. 말씀을 먹으면 단맛도 있지만, 쓴맛도 분명히 있다. 단맛과 쓴맛이 순환적으로 계속된다. 책을 먹으면 달고, 그것을 실천하려면 쓰다. 그리고 다시 먹으면 달고 또 살아가려면 쓰다. 이렇게 연속적인 순환의 과정을 지나면서 놀라운 현상이 펼쳐진다. 단맛으로 그 어떤 쓴맛이라도 끝내 극복하게 하신다. 그렇게 갈 수 있게 하신다. 이러한 이유로 그냥 가라고 하지 않고 책을 먹고 가라고 하신다. 그러면 어려움이 있지만, 복음의 단맛이 생겨서 복음으로 인한 쓴맛을 견딜 수 있는 그런 경험을 하게 될 것이다. 이렇게 궁극적으로는 우리가 책을 먹고 가면 단맛이 쓴맛을 이기는 형태로 사역을 할 수 있게 하심을 약속하는 것이다.

증인의 사역은 반드시 어려움이 있다. 녹록하지 않은 현실이 기다리고 있다. 그러나 힘든 만큼 은혜의 역사도 그것에 비례해서 커진다. 그래서 사명을 감당할 수 있도록 역사하신다. 고통이 아예 없는 삶이 귀한 삶인 것 같지만 실상은 그렇지 않다. 쓴맛이 없다는 것은 회피하면서 적당히 산다는 것을 뜻한다. 복 있는 삶은 쓴맛이 없는 삶이 아니라, 더 큰 단맛으로 쓴맛을 이기는 삶, 쓴맛을 극복하면서 넘어가는 삶이다. 주님은 참된 이김의 자리로 우리를 초대하신다. 어떤 사람도 쓴맛만을 상대해서 이길 수는 없다. 쓴맛을 능가하는 단맛이 있기에 기쁨으로 사역을 감당하게 되는 것이다. 증인의 사역이 힘들지만, 더 큰 기쁨이 있어서 실천할 수 있다. 복음의 단맛이 쓴맛을 넉넉하게 이기게 하신다. 그래서 다시 부르심 앞으로 걸어가게 되는 것이다.

심지어 우리 주님조차도 단맛으로 쓴맛을 극복하시는 형태로 승리하신 분이시다.

> 믿음의 주요 또 온전하게 하시는 이인 예수를 바라보자 그는 그 앞에 있는 기쁨을 위하여 십자가를 참으사 부끄러움을 개의치 아니하시더니 하나님 보좌 우편에 앉으셨느니라(히 12:2).

예수님으로 하여금 십자가를 능히 견딜 수 있게 하신, 그 앞에 있는 기쁨이란 무엇인가? 십자가를 참음으로 생기게 될 주의 백성과 교회가 만들어질 것을 바라보는 기쁨이다. 그것을 기쁨으로 붙잡으시고 끝까지 십자가를 참으셨다.

맺음말

다시 가라는 말씀은 결코 '원망의 하필이면'을 만들게 하는 명령이 아니다. 깊이 묵상해 보면 다시 가라는 말씀은 나 같은 인생을 통해 일하시려는 주님의 놀라운 은총임을 알게 된다. '감격의 하필이면'이 될 것이다. 하나님의 역사는 결코 증인이 걸어가야 하는 사역의 어려움, 즉 쓴맛만을 주시는 것은 아니다. 우리가 얼마나 영광스러운 부르심 앞에 서 있는지 알게 한다. 이를 위해 반드시 책을 먹고 가야 한다. 그러면 복음의 단맛으로 우리와 함께해주시고 도와주신다. 증인들은 원래부터 어려움을 잘 견디는 자들이 아니라, 맞춤형 은혜로 어려움을 견딜 수 있게 하셔서 승리하는 자들이다. 더 높은 고난의 경지로 나아가면, 주님은 그보다 더 큰 은혜로 붙잡아주신다. 이렇게 주님의 역사는 강력하다. 주님은 우리가 정말 힘들어하면 업고라도 가신다. 주님이 이런 분이시기에 그 어떤 힘겨운 부르심의 자리도 결코 원망의 현실만은 아니다. 주님과 함께 가면 충분히 이길 수 있는 현실이 된다. 정말 억울하면 예수님을 보자. 정말 억울한 분이 예수님이시다. 무죄한 분으로 고난을 겪으시고 끝내 십자가에 달리셨으니 얼마나 억울한가! 그러나 예수님은 억울한 피해를 받으셨으나 억울한 피해자의 길을 걷지는 않으셨다. 억울한 현실을 딛고 일어서셔서 승리하셨다. 우리도 예수님의 길을 따라가야 한다. 한 번도 상처받지 않은 사람처럼 늘 다시 일어나서 사명의 땅으로 나아가야만 한다. 하나님이 주시는 은혜를 더 누리기 위해서라도 사랑해야 한다. 한 번도 상처받지 않은 것처럼. 그 누구도 결단코 포기하지 말자. 우리의 심령에 늘 요한계시록 10장 11절의 말씀이 고동치게 하자.

요한계시록 11장 7-8절
7 그들이 그 증언을 마칠 때에 무저갱으로부터 올라오는 짐승이 그들과 더불어 전쟁을 일으켜 그들을 이기고 그들을 죽일 터인즉 8 그들의 시체가 큰 성 길에 있으리니 그 성은 영적으로 하면 소돔이라고도 하고 애굽이라고도 하니 곧 그들의 주께서 십자가에 못 박히신 곳이라

Αποκάλυψις Ιωάννου

25. 두 개의 시나리오(scenario)

시나리오란 두 가지 뜻이 있다. (1) 영화를 만들기 위해 쓴 각본. 장면이나 배우의 행동, 대사 따위를 상세히 표현한 것. (2) 어떤 사건에서 예측되는 가상의 결과. 또는 그것을 이루기 위한 계획이나 구체적인 과정.

요한계시록 11장 7-8절을 통해 두 개의 시나리오, 즉 두 개의 각본에 관하여 이야기하려고 한다. 하나는 우리들의 시나리오이고 다른 하나는 하나님의 시나리오이다. 두 개의 시나리오를 제시하는 진짜 의도는 우리가 원하는 시나리오와는 다른 하나님이 원하시는 시나리오를 조명하는 데 있다. 이를 통하여 단지 우리가 원하는 대본이 아닌 우리가 따라야 할 대본을 구체적으로 밝히는 데 있다.

우리가 원하는 시나리오(각본)

요한계시록 11장에서 확인하게 되는 하나님의 시나리오가 무엇인지를 분명히 알기 위해서는 먼저 우리가 진정으로 원하는 인생에 대한 시나리오는 어떤 것인지 설명할 필요가 있다. 우리가 간절히 갈망하는 인생의 시나리오는 11장 3-6절의 권능을 드러내는 삶을 살다가 11절 이하의 부활과 승리 그리고 그로 인해 13절에 펼쳐지는 자리로 나아가는 것이다. 우리는 중간에 있는 고난을 건너뛰고, 바로 능력 있게 살다가 부활의 새 아침을 맞이하고 싶어 한다. 즉 무슨 일을 만나든지 만사형통의 삶이 펼쳐지기를 원한다. 우리가 진정 주님이 사랑하시는 자녀라면, 주님께서 우리를 위해 그 험한 십자가를 지셨다면, 주님이 가지신 그 힘과 능력으로 우리의 인생을 고난과 핍박, 패배를 모르는 삶으로 초대해 달라고 간구한다. 머리가 될지언정 꼬리가 되지 않게 해달라는 것이다. 만일 기독교 신앙이 신자들에게 이런 시나리오의 삶을 약속하고 있다면, 세상 사람들을 교회 안에 끌어들이기가 훨씬 수월할 것이다. 세상이 가장 간절히 염원하는 것도 이것이니, 웬 떡이냐 하고 교회로 나오게 될 것이다. 신학자들은 이것을 '영광의 신학'이라고 말한다. 오직 영광만을 누리는 것을 원한다. 예수님 믿어서 팔자 고치기에 초점을 맞추는 것이다.

하나님이 원하시는 시나리오(각본)

이에 반해서 하나님이 원하시는 시나리오는 우리가 원하는 그것과는 다르다. 가장 분명한 차이는 권능을 행하고 부활, 승리 그리고 하나님의 영광으로 나아가는 길목에서 우리에게 반드시 7-10절의 고난과 핍박의 과정을 지나게 하시는 것이다. 성경은 곳곳에서 하나님께서 이러한 시나리오를 고집하시는 분으로 묘사하고 있다. 이러한 시나리오를 지지하는 성경 구절은 지천에 깔려 있다.

대표적인 구절로 "우리가 하나님의 나라에 들어가려면 많은 환난을 겪어야 할 것이라(행 14:22)."라는 말씀을 들 수 있다. 우리가 환난의 과정을 통과하지 않고서는 하나님의 나라에 입성하지 못한다고 하신다. 환난은 있어도 되고 없어도 되는 것이 아니라, 신자들 옆에 늘 붙어 있는 필요악 같은 것이라고 해도 무방하다. 좋은 것은 아니지만 필요한 것으로 판단하시기에 환난의 시간을 지나게 하신다. '이미'와 '아직' 사이가 고난의 시간이 될 것이라고 말씀하는 것이다.

"그리스도를 위하여 너희에게 은혜를 주신 것은 다만 그를 믿을 뿐 아니라 또한 그를 위하여 고난도 받게 하려 하심이라(빌 1:29)." 놀랍지 아니한가? 우리에게 주님이 은혜를 주신 것이 믿음을 갖게 하려는 것일 뿐만 아니라, 고난도 받게 하시려는 것이라고 말씀하신다.

하나님의 시나리오(대본)를 따라야 할 고난의 증인 공동체

하나님이 원하시는 시나리오의 '다름'은 우리의 '따름'을 위한 것이다. 즉 교회 공동체가 반드시 가야만 하는 길을 제시하기 위함이다. 그러기에 신자 된 우리는 영광의 증인으로 온전해지기 전까지 고난의 증인이 돼야 한다. 이런 면에서 교회를 "고난의 증인 공동체"라고 해도 무방하다.

베드로전서 5장 1절로 가보자. "너희 중에 장로들에게 권하노니 나는 함께 장로 된 자요. 그리스도의 고난의 증인이요 나타날 영광에 참여할 자니라." 장로들이 누구인가? 영광의 증인으로 드러나기 전에 반드시 고난의 증인으로 길을 가야 하는 사람들이다. 장로들만 그런가? 장로들이 그 길을 가야 한다는 것은 '대표성'을 말하는 것이다. 그렇다면 신자 된 우리 모두 바로 이 길을 가야 한다.

이제 그러면 하나님께서 고난의 과정이 있는 시나리오를 고집하시는 이유를 생각해 보자. 우리가 원치 않는 시나리오를 살게 하시는 이유가 궁금하다. 이에 대한 답은 증인의 사역과 관계가 깊다. 증인의 사역을 통해 '다른 이들의 출생과 성장을 위하여'라고 답할 수 있다. 특히 다른 이들의 영적인 출생과 그 이후의 성장을 위해서 고난의 시나리오를 고집하시는 것이다. 언뜻 보면 세상을 돌이키게 하려면 신자들(증인들)로 능력과 영광의 길을 걷게 해야 할 것 같다. 그러나 세상에 진정한 충격이 전달되는 자리는 꼭 능력과 기적을 드러내는 자리가 아니다. 오히려 고난의 자리에서 견디고, 핍박의 자리에서도 그리스도를 붙잡고 서 있는 모습을 세상이 보게 될 때이다. 오늘 증인들이 바로 그러한 모습을 보여주고 있다. 이러한 측면에서 댄 G. 맥카트니(Dan G. McCartney)라는 신학자는 우리의 고통이 "대속적인 구속"은 아니지만, 그래도 "구속적인 것"은 된다고 주장한다. 고통이 주변 사람들을 그리스도에게 초대하는 길이 되기 때문이다.

그 이유를 보다 구체적으로 살펴보자. 우리가 하나님이 이끄시는 시나리오를 따라서 고난을 받되, 세상과 다른 모습으로 그 어려움을 헤쳐나가는 모습을 보여주게 될 때, 사람들이 길을 물어보게 될 것이다. 세상은 언제 결정적으로 변화의 길을 걷게 되는가? 그들이 반환점을 도는 때는 그들이 꿈꾸는 현실(혹은 이야기)을 사는 사람을 만날 때가 아니라, 자신들이 아예 꿈꿔 보지도 못한 이야기를 사는 사람을 만날 때일 것이다. 즉 세상 사람들이 흉내 낼 수 없는 다른 이야기(different story)를 사는 사람을 만날 때이다. 다른 이야기가 분명하게 드러날 때는 환난과 핍박의 때이다. 그때 우리 안에 무엇이 있는지가 드러나게 된다. 우리 안에 있는 실력이 그대로 드러나는 것이다. 우리가 어디에 기반을 두고 살아가는지가 드러난다. 우리가 무엇으로 움직이며 기동하고 있는지가 입증된다. 우리 안에 계신 분이 세상보다 크신 분임을 핍박의 자리에서 입증하게 되는 것이다. 그런 자리에 서면 일반적으로 환경을 원망하지만, 만일 그 자리에서도 흔들림이 없을 때 세상은 충격을 받게 될 것이다. 그때 세상은 그 담대함의 원인이 무엇인지를 알고 싶어 할 것이다. 소망의 이유에 대하여 질문하게 되는 것이다. 세상 사람들은 영웅호걸들에게 자신들의 마음을 주는 것 같지만, 실상은 그렇지 않다. 다시 강조하지만,

세상은 그들이 감히 한 번도 경험하지 못한 다른 가치를 사는 사람에게 마음을 내어주게 된다. 자신들이 감히 흉내 낼 수도 없는 다른 세계를 가진 자로 다른 삶의 스토리를 만들어 내는 사람 앞에서 무너지게 된다. 주님께서 고난을 통한 영광의 길이라는, 우리가 받아들이기 힘든 시나리오를 고집하시는 이유가 바로 여기에 있다. 한마디로 우리가 원하는 시나리오보다 더 파급 효과가 크기 때문이다. 절대적인 힘으로 세상을 설득할 수 있기 때문이다.

그러나 이 시나리오 때문에 너무 절망하지는 말자. 증인들의 이야기는 고난의 과정을 지나지만, 행복한 결말로 끝이 난다. 하나님의 시나리오는 해피엔딩으로 마치게 될 것이다. 우리는 성경의 증언을 신뢰해야 한다. 행복한 결말이 아직은 미래의 일이기에 의심과 회의가 찾아올 수도 있다. 그때 어떻게 해야 할까? 예수님을 주목해야 한다. 이 증인의 길의 실상을 먼저 보여주신 예수님을 보아야 한다. 본문 8절에서는 예수님이 고난의 증인으로 십자가의 길을 가셨음을 확인시킨다. 증인들은 바로 예수님이 가신 길을 따르는 것이다. 우리가 부활과 승리에 이르게 되는 것은 예수님이 이미 그 길을 열어놓으셨기 때문이다. 아무도 가보지 않았고 갈 수도 없는 길을 예수님이 먼저 걸어가셔서 길을 열어놓으셨기에 우리는 그 길을 따라 위대한 영광의 자리로 나아갈 수 있다.

> 믿음의 주요 또 온전케 하시는 이인 예수를 바라보자 그는 그 앞에 있는 기쁨을 위하여 십자가를 참으사 부끄러움을 개의치 않으시더니 하나님 보좌 우편에 앉으셨느니라(히 12:2).

예수님께서 바로 고난을 통한 영광, 십자가를 통한 승리로 하늘 보좌에 이르게 되셨기에 우리의 미래도 확실한 것이다. 고난의 과정을 지나서 영영 버림받게 되는 것이 증인들의 운명이 아니다. 우리 대장 되신 예수님의 최종적인 승리가, 그분의 영광이 우리의 것이 될 것이다. 이 사실을 확신하면서 하나님의 시나리오에 따라 맡기신 배역을 신실하게 살아내자. 억울한 일을 당한다고 해서 억울해하지 말자. 하나님의 시나리오를 살아내는 배역의 특징은 원망과 보복 그리고 원한이 없다. 해피엔딩으로 시나리오의 대미가 장식될 것을 알기 때문이다. 하나님의 시나리오에 붙들려 내 배역을 신실하게 살아내는 우리가 되자.

요한계시록 12장

¹ 하늘에 큰 이적이 보이니 해를 옷 입은 한 여자가 있는데 그 발 아래에는 달이 있고 그 머리에는 열두 별의 관을 썼더라 ² 이 여자가 아이를 배어 해산하게 되매 아파서 애를 쓰며 부르짖더라 ³ 하늘에 또 다른 이적이 보이니 보라 한 큰 붉은 용이 있어 머리가 일곱이요 뿔이 열이라 그 여러 머리에 일곱 왕관이 있는데 ⁴ 그 꼬리가 하늘의 별 삼분의 일을 끌어다가 땅에 던지더라 용이 해산하려는 여자 앞에서 그가 해산하면 그 아이를 삼키고자 하더니 ⁵ 여자가 아들을 낳으니 이는 장차 철장으로 만국을 다스릴 남자라 그 아이를 하나님 앞과 그 보좌 앞으로 올려가더라 ⁶ 그 여자가 광야로 도망하매 거기서 천이백육십 일 동안 그를 양육하기 위하여 하나님께서 예비하신 곳이 있더라 ⁷ 하늘에 전쟁이 있으니 미가엘과 그의 사자들이 용과 더불어 싸울새 용과 그의 사자들도 싸우나 ⁸ 이기지 못하여 다시 하늘에서 그들이 있을 곳을 얻지 못한지라 ⁹ 큰 용이 내쫓기니 옛 뱀 곧 마귀라고도 하고 사탄이라고도 하며 온 천하를 꾀는 자라 그가 땅으로 내쫓기니 그의 사자들도 그와 함께 내쫓기니라 ¹⁰ 내가 또 들으니 하늘에 큰 음성이 있어 이르되 이제 우리 하나님의 구원과 능력과 나라와 또 그의 그리스도의 권세가 나타났으니 우리 형제들을 참소하던 자 곧 우리 하나님 앞에서 밤낮 참소하던 자가 쫓겨났고 ¹¹ 또 우리 형제들이 어린 양의 피와 자기들이 증언하는 말씀으로써 그를 이겼으니 그들은 죽기까지 자기들의 생명을 아끼지 아니하였도다 ¹² 그러므로 하늘과 그 가운데에 거하는 자들은 즐거워하라 그러나 땅과 바다는 화 있을진저 이는 마귀가 자기의 때가 얼마 남지 않은 줄을 알므로 크게 분내어 너희에게 내려갔음이라 하더라 ¹³ 용이 자기가 땅으로 내쫓긴 것을 보고 남자를 낳은 여자를 박해하는지라 ¹⁴ 그 여자가 큰 독수리의 두 날개를 받아 광야 자기 곳으로 날아가 거기서 그 뱀의 낯을 피하여 한 때와 두 때와 반 때를 양육 받으매 ¹⁵ 여자의 뒤에서 뱀이 그 입으로 물을 강 같이 토하여 여자를 물에 떠내려 가게 하려 하되 ¹⁶ 땅이 여자를 도와 그 입을 벌려 용의 입에서 토한 강물을 삼키니 ¹⁷ 용이 여자에게 분노하여 돌아가서 그 여자의 남은 자손 곧 하나님의 계명을 지키며 예수의 증거를 가진 자들과 더불어 싸우려고 바다 모래 위에 서 있더라

Αποκάλυψις Ιωάννου

26. 뒤집힌 실상

들어가며

"나의 갈길 다 가도록 예수 인도하시니… 무슨 일을 만나든지 만사형통하리라. 무슨 일을 만나든지 만사형통하리라." 이 찬송가의 가사는 우리 시대의 신자들이 신앙을 통해 그토록 갈망하는 것이 무엇인지를 말해준다. 대부분의 신자가 기독교에 입문했을 때 꿈꾸는 것은 세상보다 나은 복, 세상보다 윤택한 생활, 세상보다 더 풍성한 소출이다. 그런데 문제는 신자가 갖는 이런 기대는 신앙생활의 연수가 길어질수록 점차로 깨어지기 시작한다는 점이다. 우리가 기대했던 기독교의 이미지와 실제로 경험하는 것 사이에서 현실적인 믿음의 갈등이 생긴다. 점차로 환상은 무너지고, 고달픈 고난의 상황들을 직면하게 된다.

우리가 원하는 것은 투쟁 없는 삶이거나, 나의 투쟁을 대신해줄수 있는 하나님에 대한 기대이지만, 우리가 만나는 것은 냉엄한 투쟁의 현실과 눈 앞에 펼쳐지는 악의 실체인 것이다. 공룡처럼 커져가는 세상의 힘, 사람들의 마음을 움직이는 세상의 허탄한 신화들, 거짓된 인생의 가치를 좇게 하는 세속적 담론들, 거침없이 큰소리를 치며 살아가는 하나님 없는 자들의 허세를 끝없이 만나면서, 신자들은 자신들의 존재와 자신들이 믿는 기독교에 대해 형언할 수 없는 초라함을 느낀다. 하박국의 항변처럼, 우리의 부푼 기대는 탄식으로 바뀌게 된다. 어찌하여 세상의 강포함 앞에 신자를 서 있게 하시는 것일까? 신자는 이 험한 세상을 무엇으로 어떻게 살아야 하는가?

사단을 이기신 주님(계 12:1-6)

이 물음에 답하기 위해서 요한계시록 12장은 하나님의 전 구원 역사 가운데 펼쳐지게 되는 투쟁의 결과와 그와 깊게 맞물려 있는 하나님 백성의 운명을 한눈에 조망토록 한다. 전 구원 역사의 드라마를 통해 우리의 의문에 대한 실제적인 답을 제공해준다. 요한계시록 12장이 강조하려는 것은 여인이 낳은 아이와 용의 세력 간에 펼쳐지는 영적 세계의 운명이다. 그뿐만 아니라 그 두 세계의 운명과 관계된 여인(교회)의 운명이다. 12장은 여인이 상징하는 교회의 광채와 영광스러움으로 시작한다. "해를 입은… 그 발아래는 달이 있고 그 머리에는 열두 별의 면류관을 썼더라(1절)."

마치 하나님이 원래 그의 백성(교회)에게 부여하셨던 지위가 어떤 것인지 보여주는 듯 하다. 이러한 여인의 모습은 세상에서 우리가 교회에 대해 갖는 태도가 무엇이든지, 하늘의 관점에서 교회는 주님의 신부 된 영광을 누리는 존재임을 보여주고 있다.

신구약 교회로 상징되는 이 여인이 낳는 아이는 분명 예수 그리스도를 가리킨다. 성경은 그 아이가 "장차 철장으로 만국을 다스릴 남자"라고 말하고 있다. 이 아이가 탄생하는 데 마귀로 상징되는 큰 용의 세력이 등장하여 방해한다. 그 용이 아이를 멸망시키려는 목적이 적나라하게 드러나는 구절은 바로 4절에 "삼키고자 하더니" 이다. 얼마나 철저히 그리스도의 탄생을 저지하고 있는지를 보여준다. 이 용의 위협이 구원 역사 가운데서 끝없이 긴장을 일으키고 있지만, 하나님은 실패하지 않으신다. 5절에서 "그 아이(예수)를 하나님 앞과 그 보좌 앞으로 올려가더라."라고 말씀하신다. 이 구절은 대조적인 두 운명을 대비시키는 것으로, 어린아이를 죽이려는 용의 실패와 하나님의 인도하심 안에서 예수의 승천을 통한 승리를 드러내고 있다. 예수님이 결정적으로 사단을 이기신 사건은 십자가와 부활이지만, 단지 승천하심만을 말씀하심으로써 축약해서 예수 그리스도의 승리 사역의 전 과정을 함축적으로 제시하고 있다. 교회의 운명을 결정하는 싸움의 결국이 무엇인지를 말해주는 셈이다. 사단은 예수님의 사역을 필사적으로 방해했으나 결국은 주님이 승리하셨다고 요약할 수 있다. 우리가 현실에서 겪게 되는 경험은 사단으로 인한 심령의 상함과 고난이지만, 더 깊은 영적인 세계를 바라보면서 깨닫게 되는 것은 참된 승리가 승천하신 주님에게 있음을 알게 된다.

사단을 이긴 천상의 교회(계 12:7-12)

더 나아가 요한계시록 12장 7-12절은 주님과 사단의 싸움 결과가 성도들에게 미친 영향을 말하고 싶어 한다. 주님의 승리가 그를 따르는 그리스도인들에게 주는 결과는 무엇인가? 먼저 이 전쟁을 다시 정리하면서, 하늘에서 벌어진 전쟁의 결과를 보고한다. 미가엘과 그의 부하가 사탄과 그의 부하를 이긴다. 그렇다면 용과 그의 부하는 어떻게 되는가?

> 이기지 못하여… 얻지 못하고… (8절)
>
> 땅으로 내어 쫓기니… (9절)
>
> 함께 내어 쫓기니라… (9절)
>
> 밤낮 참소하는 자가 쫓겨났고… (10절)
>
> 자기 때가 얼마 남지 않았음을 알므로…너희에게 내려갔음이라… (12절)

이와는 대조적으로 궁극적으로 교회(증인들)는 어떻게 되는가? 그들은 어린 양의 피와 증거하는 말씀으로 죽기까지 헌신함으로 이기는 자가 된다. 다시 7장에서 보았던 허다한 무리의 찬양이 울려 퍼지고 있다(12:10-12). 그것은 그분의 전적인 구원과 능력, 주님께서 승리한 나라에 대한 찬양인 동시에 어린 양과 함께 승리한 교회의 함성이기도 하다.

이렇게 13-17절에서부터 펼쳐지는 지상에서 전투하는 교회의 싸움을 말하기에 앞서서, 예수님의 승천과 그분의 승리 안에 참여하게 되는 과거-현재-미래의 모든 교회의 찬양을 들려주는 이유가 있다. 전반적으로 요한계시록이 신자의 실존과 관계없는 그저 묵시적인 내용이나, 구속 역사의 지식적인 교훈에는 관심이 없기 때문이다. 요한계시록은 훨씬 목회적인 시각을 요구하고 있다. 주로 신자가 경험하는 것을 다시 새롭게 바로 볼 수 있게 하는 안목 즉, '고난받는 신자가 가지고 있는 것의 실상'이 무엇인지를 알린다. 진정으로 무엇이 실상이고 무엇이 허상인가에 대한 답을 주려고 한다. 신자들의 실상은 주님이 보이신 승리와 허다한 증인들이 보여주는 세계이며, 눈에 보이는 세계는 결코 실상의 세계가 아님을 강조하려는 것이다. 흔히 사람들은 눈에 보이는 세계가 진짜 실상의 세계요, 보이지 않는 세계가 허상의 세계라고 말한다. 기술문명이 무한속도로 진보하는 것과 함께 특별히 과학적이고 실험적 지식이 전부가 되어 버린 세상에서 보이는 세계, 눈 앞에 펼쳐진 세계에 대한 신뢰도는 더욱 높아만 간다. 보이는 세계만이 진리로 받아들여지는 세상이 되어가고 있다. 그러나 그것이 언제나 성경이 말하는 진리가 아니다. 성경은 항상 세상은 우리가 보는 것과 같지 않을 수 있다고 충고한다. 아니, 많은 경우에 보이는 것이 허상이요, 보이지 않는 세계가 실상이라고 말한다. 경험적으로 눈에 보이는 상황이 절망일 수 있지만, 그 절망 같아 보이는 현실을 비집고 들어가면 그것이 결코 보이는 것 같지 않음을 알게 된다. 이와 반대로 보이는 현실이 대단한 부러움을 안겨지만 깊게 들여다보고, 더 멀리 보게 되면 그것은 궁극적으로 파멸의 첫걸음으로 드러나는 경우가 허다하다. 허상과 실상의 세계가 역전

되는 현상은 성경 안에 가득 차 있다. 이런 허상과 실상을 뒤집는 성경 증언의 절정은 예수님의 십자가 사건이다. 눈에 보기에 십자가는 저주와 진노의 상징이다. 십자가에 달린 예수의 모습은 기독교가 실패로 끝났음을 말하는 듯했다. 이로써 세상은 예수의 죽음을 확인한 후 즐거워하고, 샴페인을 터뜨리며, 축하공연을 했다. "하나님의 침묵은 예수가 참 아들이 아니라는 것을 반증하는 것이지…." 악의 세력들은 축배를 높이 들고 있다. 그러나 보이는 것은 언제나 눈에 나타나는 것과 같지 않다. 십자가는 예수의 이김과 그 백성의 승리를 위한 신호탄이다. 그분은 마침내 승리하셨고, 십자가로 하늘의 전쟁에서 사단은 땅으로 쫓겨나게 된 것이다. 눈에 보기에는 예수님이 진 것 같으나, 실상은 사단의 결정적인 패배였다.

사단을 이기는 지상의 교회(계 12:13-17)

드디어 용과 그의 세력은 땅으로 내려오게 된다. 성도들과 싸워 이기기 위해 그들은 총력전을 펼친다. 요한의 초대 공동체가 바로 이 사단의 역사로 핍박을 받고 있었다. 또한 일제의 통치 아래서 한국 교회는 사단의 공격을 받았다. 오늘날에도 지구촌 곳곳에서 사단의 궤계(詭計)로 수없이 많은 그리스도인이 어려움에 부닥쳐 있다. 세상 끝날까지 교회가 행진해 가는 길목마다 사단은 방해 공작을 일삼을 것이다. 오직 교회를 넘어뜨리는 것이 그들의 존재 목적이다. 용과 용의 세력을 누구도 과소평가하거나 필요 이상으로 과대평가해서도 안 된다. 아무리 그들의 공격이 우리의 피부에 와 닿는 것일지라도, 주님은 그들이 위협하고 회유하며 우리를 미혹하는 세계는 허상의 세계일 뿐이라고 말씀하신다. 진정한 실상의 세계는 하늘에서 펼쳐진 광경을 통해 밝혀진 세계이다. 그렇다면 이제 우리는 어떻게 이 사단이 지배하는 세상에 맞서야 할까?

먼저 우리가 분명히 해야 하는 것은 눈에 보이는 허상이 아니라 눈에 보이지 않는 세계가 실상이라는 사실을 굳게 붙잡는 것이다. 신자에게는 고난이 있다. 그것은 피할 수 없는 엄연한 현실이다. 주님이 십자가로 사탄의 머리를 깨트려 사탄은 결정적으로 패배하였다. 그 패배의 실상을 분명히 확인해야 한다. 이미 승리하여 승천하신 주님을 바라볼 수 있는 믿음의 눈을 가져야 한다. 위기의 순간마다 당신의 백성을 양육하시는 하나님의 보호하시는 손길을 우리의 것으로 확신해야 한다. 그리고 이미 우리처럼 고난을 겪었으나, 어린 양의 보혈로 승리한 허다한 증인들의 간증, 찬양, 응원의 소리를 들어야 할 것이다.

마음의 눈을 감고 상상해 보자. 역사를 진두지휘하시며 사탄을 언제나 패배케 하시는 보좌에 계신 하나님이 보이는가? 그의 오른손에 권능의 홀을 쥐고 계신 죽임 당한 어린 양이 보이는가? 이 하나님과 예수 그리스도의 협동작전으로 하늘에서 부하들과 함께 땅으로 쫓겨나고 있는 사단과 하수인들의 모습도 보이는가?

귀 기울여 하늘의 음성을 들어보자. 주님의 음성이 들리는가? "내가 사탄과 세상을 이기었노라….""내가 이 승리를 너희에게 주노라…."

먼저 요단을 건너간 우리 믿음의 선배들의 함성이 들리는가? "신자에게는 좌절은 있어도 궁극적인 실패는 없다." "어린 양의 피와 능력을 의지하면 이길 수 있다." 이것이 우리의 실상이며, 경험되어지는 현실은 허상에 불과하다.

다음으로 우리가 잊지 말아야 할 것은 주님이 주시는 승리는 불로부터의 구출이 아니라, 불 속에서의 구출이라는 사실을 분명히 하는 것이다. 사단의 세력이 허상이라고 해서 사단이 아예 공격하기도 전에 우리를 죄로부터 차단, 위험으로부터 차단, 고난으로부터 차단하는 것이 아니다. 주님은 우리로 고난을 지나게 하시고, 그 속에서 우리를 보호하사 이기게 하신다. 오히려 천상에서 이미 승리한 자들은 주님을 믿었기 때문에 말씀에 붙들려 죽기까지 헌신한 사람들이다. 성경 어디에도 기독교를 값싼 은혜의 종교로 간주하는 구절은 없다. 기독교는 제자들에게 값비싼 대가와 제자의 도를 요구한다.

우리의 승리에 대한 확신이 안도의 숨을 쉬게 하거나 나태의 잠을 자게 해서는 안 된다. 사단은 만만한 적이 아니다. 사단과의 싸움은 많은 희생이 뒤따를 것이다. 성경은 그런 사람들을 '여자의 남은 자손 곧 하나님의 계명을 지키며 예수의 증거를 가진 자들'이라고 하신다.

맺음말

눈 앞에 펼쳐진 고난의 현실 가운데서 이 험한 세상을 어떻게 살아야 하나? 절규하는 신앙인에게 주님은 그 고통은 현실이지만 분명히 기억할 것은 그것은 단지 일시적으로 지나가는 허상일 뿐이라고 말씀하신다. 진정한 신앙인의 실상은 하늘 광경이 보여준 승리와 찬양임을 알게 하신다. 이 확신은 우리에게 값싼 위로보다 오히려 실상의 세계에 대한 깊은 확신 가운데서 소망이 있는 싸움을 싸우게 한다. 진리를 위해 죽기까지 헌신하도록 만든다. 이제 우리는 허상의 세계에 몰두하거나 마음을 빼앗길 여유가 없다. 실상의 세계에 우리의 전 인생을 걸고 투자해야 한다. 그 세계가 있기에 허상의 세계를 너털웃음과 함께 이길 수 있다. 실상을 뚜렷이 응시하고 허상을 상대한, 한 초대 교부는, 원형 경기장에서 굶주린 사자의 밥이 되는 그 순간에도 입가의 미소와 함께 기쁨의 찬양을 부를 수 있었다. 오직 실상의 세계를 아는 사람만이 도달할 수 있는 삶의 경지이다.

우리가 입성하는 천국 문에 이런 현수막이 있을 것이다. "오직 어린 양의 피와 증거 하는 말로 인하여 사단을 이기고 죽기까지 헌신한 이들을 환영합니다."

참고 문헌

Bauckham, Richard. 이필찬 역. (2006). 요한계시록의 신학. 서울: 한들 출판사.

Cilliers, Johan H. (2014). 설교 심포니: 살아있는 복음의 음성. 서울: CLC.

Dawn, Marva. 박규태, 정소영 역. (2007). 약할 때 기뻐하라. 서울: 복 있는 사람.

Gorman, Michael. 박규태 역. (2014). 요한계시록 바르게 읽기. 서울: 새물결 플러스.

Green, Joel. 이우제 역. (2006). 내러티브 읽기 내러티브 설교. 고양: 크리스챤 출판사.

Jacobsen, David. (1999). *Preaching in the New Creation*. Louisville: Westminster John Knox Press.

Keller, Timothy J. (2016). 설교. 서울: 두란노.

Koester, Craig. 최홍진 역. (2011). 인류의 종말과 요한계시록. 서울: 동연.

Lewis, Scott. 김병모 역. (2012). *최근 신약 묵시 사상 연구 동향*. 서울:CLC.

Long, Thomas G. (1995). *성서의 문학 유형과 설교*. 서울: 대한기독교서회.

Osborne, Grent. (2008). 요한계시록. 서울: 성서 유니온.

Peterson, Eugene. 홍병룡 역. (2002). *묵시: 현실을 새롭게 하는 영성*. 서울: IVP.

Poythress, Vern. 유상섭 역.(2002). 요한계시록 맥 잡기. 고양: 크리스챤 출판사.

Rogers, Cornish & Jeter, Joseph. (1992). *Preaching through the Apocalypse: Sermons from Revelation*. St. Louis: Chalice Press.

Stott, John R. (1992). *사도행전 강해*. 서울: 한국기독학생회출판부.

이필찬. (2019). 요한계시록 어떻게 읽을 것인가. 서울: 성서 유니온.